国学经典藏书

汉　书

胡永杰　译注

吉林大学出版社
长　春

图书在版编目（CIP）数据

汉书 / 胡永杰译注 . — 长春 : 吉林大学出版社,
2021.12
（国学经典藏书）
ISBN 978-7-5692-8967-1

Ⅰ . ①汉… Ⅱ . ①胡… Ⅲ . ①《汉书》- 注释 Ⅳ .
① K234.104.2

中国版本图书馆 CIP 数据核字（2021）第 210075 号

国学经典藏书：汉书
GUOXUE JINGDIAN CANGSHU: HAN SHU

作　　者：胡永杰 译注
策划编辑：魏丹丹
责任编辑：李卓彦
责任校对：高珊珊
装帧设计：蒋宏工作室
开　　本：880mm × 1230mm　1/32
字　　数：212 千字
印　　张：10.25
版　　次：2021 年 12 月第 1 版
印　　次：2023 年 5 月第 2 次印刷

出版发行：吉林大学出版社
地　　址：长春市人民大街 4059 号（130021）
0431-89580028/29/21
http://www.jlup.com.cn
E-mail:jdcbs@jlu.edu.cn
印　　刷：天津鑫旭阳印刷有限公司

ISBN 978-7-5692-8967-1　　定价：40.00 元

编者的话

经典是人类知识体系的根基，是人类的精神家园，是我们走向未来的起点。莎士比亚说过："生活里没有书籍，就好像没有阳光；智慧里没有书籍，就好像鸟儿没有翅膀。"21 世纪中国国民的阅读生活中最迫切的事情是什么？我们的回答是阅读经典！

中国有数千年一脉相传、光辉灿烂的文化，并长期处于世界文化发展的前列，尤其是在近代以前，曾长期引领亚洲乃至世界文化的发展方向。长期超稳定的社会发展形态和以小农生产为基础的、悠闲的宗法农业社会，塑造了中华民族注重实际、过分地偏重经验、重视历史的文化心理特征。从殷商时代的"古训是式"（《诗经·大雅·烝民》），到孔子的"述而不作，信而好古"（《论语·述而》），可以清楚地看出这种文化心理不断强化的轨迹。于是，历史就被赋予了神圣的光环，它既是人们获得知识的源泉，也是人们价值标准的出处。它不再是僵死的、过去的东西，而是生动活泼、富有生命力，并对现世仍有巨大指导作用的事实。因而就形成了这样一种固定的文化思维方式，也就是"以铜为鉴，可正衣冠；以古为鉴，可知兴替；以人为鉴，可明得失"（《新唐书·魏徵传》）。中国的文化人世代相承，均从历史中寻求真理，寻求"修身、齐家、治国、平天下"的崇高理想模式。

这种对于历史所怀有的深沉强烈的认同感，正是历史典籍赖以发展、繁荣的文化心理基础。历史上最初给历史典籍的研究和整理工作涂上政治、道德和伦理色彩的是春秋时期的孔子。当时的孔子因感“周室微而礼乐废，《诗》《书》缺”，于是乃删订了《诗》《书》《礼》《乐》《易》《春秋》等“六经”（见《史记·孔子世家》），寄托了自己在政治上“复礼”和道德上“归仁”的最高理想。孔子以后，历史典籍的编撰无不遵循着这一最高原则。所以《隋书·经籍志》总序中就说：“夫经籍也者，机神之妙旨，圣哲之能事。所以经天地，纬阴阳，正纲纪，弘道德，显仁足以利物，藏用足以独善……其王者之所以树风声，流显号，美教化，移风俗，何莫由乎斯道？……其教有适，其用无穷，实仁义之陶钧，诚道德之橐籥也。……夫仁义礼智，所以治国也；方技数术，所以治身也。诸子为经籍之鼓吹，文章乃政化之黼黻，皆为治国之具也。”（《隋书·经籍志一》）由此可见，历史典籍的编撰整理工作，已不仅仅是文化技术问题，更重要的是它还负有“正纲纪，弘道德”的政治和道德使命。于是，在两千多年的历史发展过程中，先人们为我们留下了汗牛充栋的文化典籍。这些宝贵的精神财富，不仅是我们中华民族的骄傲，也是全人类的骄傲，并已成为世界文化宝藏的重要组成部分。

中国的先哲们一向对古代典籍充满崇敬之情，他们认为，先王之道、历史经验、人伦道德以及治国安邦之术、读书治学之法等等，都蕴藏于典籍之中。文献典籍是先王之道、历史经验、人伦道德等赖以传递后世的重要手段。离开书籍，后人将无法从前朝吸取历史经验，无法传承先王之道。在日新月异的当代，如何对待这份优秀的文化遗产？毛泽东同志早就指出：“中国的长期封建社会中，创造了灿烂的古代文化。清理古代文化的发展过程，剔除其封建性的糟粕，吸取其民主性的精华，是发展民族新文化、提高民族自信心的必要条件。……中国现时的新文化也是从古代的旧文化发展而来，因此，我们必须尊重自己的历史，决不能割断历史。但是，这种尊重是给历史以一定的科学地位，是尊重历史的辩证法的发展，而不是颂古非今。”（毛泽东《新民主主义论》）古代典籍，不仅对中华民族的形成与发展历史地发挥了巨大的凝聚力作用，而且在当今中华民族伟大复兴中，依然会发挥无可替代的重要作用。

在科学技术迅猛发展的当代社会，人们的生活、观念正在发生着巨大而深刻的变革，面对蓬勃发展的现代科技和汹涌而至的各种思潮，人们依然能深切地感受到中国传统文化无所不在的巨大力量。人们渴望了解这种无形的力量源泉，于是绚丽多姿的中华典籍就成了人们首要的选择。它能够使我们在精神上成为坚强、忠诚和有理智的人，成为能够真正爱人类、尊重人类劳动、衷心地欣赏人类的伟大劳动所产生的美好果实的人。所以，在今天，我们要阅读经典；当数字化、网络化带来的“信息爆炸”占领人们的头脑、占用人们的时间时，我们要阅读经典；当中华民族迈向和平崛起和民族复兴的伟大征程时，我们更要阅读经典。因此，读经典，这个我们习以为常的平凡过程，实际上就成了人的心灵和上下古今一切民族的伟大智慧相结合的过程。但由于时代的变迁，这些经典对现代人来说已是谜一样的存在。为继承这份优秀的文化遗产，帮助人们更好地利用这些经典，在全国学术界诸多专家学者的支持下，我们策划了这套“国学经典藏书”丛书。

丛书以弘扬传统、推陈出新、汇聚英华为宗旨，以具有中等以上文化程度的广大读者为对象，从我国古代经、史、子、集四部典籍中精选50种,以全注全译或节选的形式结集出版。在书目的选择上,重点选取我国古代哲学、历史、地理、文学、科技、教育、生活等领域历经岁月洗礼、汇聚人类最重要的精神创造和知识积累的不朽之作。既注重选取历史上脍炙人口、深入人心的经典名著,又注重其适应现代社会的人文价值趋向。丛书不仅精校原文,而且从前言、题解,到注释、译文,均在吸收历代学者研究成果的基础上精心编撰。在注重学术性标准的基础上,尽量做到通俗易懂。我们相信,本丛书的出版,对提高人们的古代典籍认知水平,阅读和利用中华传统经典,传播中华优秀文化,提高人们的民族自信心和文化自豪感,进而为中华民族伟大复兴做贡献,均将起到应有的作用。高尔基说:"书籍是人类进步的阶梯。""要热爱读书,它会使你的生活轻松,它会友爱地帮助你了解纷繁复杂的思想、感情和事件;它会教导你尊重别人和你自己;它以热爱世界、热爱人类的情感,来鼓舞智慧和心灵。""当书本给我讲到闻所未闻、见所未见的人物、感情、思想和态度时,似乎是每一本书都在我面前打开一扇窗户,并让我看到一个不可思议的新世界。""每一本书是一级小阶梯,我每爬一级,就……更接近美好生活的观念,更热爱这书"(《高尔基论青年》,中国青年出版社1956年版)。流传千年的文化经典,让我们受益匪浅,使我们懂得更多。正如德国著名作家歌德所说:"读一本好书,就是和一位品德高尚的人谈话。"的确,读一本好书,就像是结交了一位良师益友。我们真诚希望,这套经典丛书能够真正进入您的生活,成为人人应读、必读和常读的名著。

陈　虎

庚子岁孟秋

前　言

《汉书》也称《前汉书》，继司马迁《史记》之后，整齐了纪传体史书的形式，开创了“包举一代”的断代史体例，后世编修正史基本沿袭其编纂方法。该书文辞渊雅、叙事详赡，记述了汉高祖元年（前206）至王莽地皇四年（23）共计二百三十年的西汉历史，具有重要的史学价值和学术成就。

《汉书》的主要作者为东汉史学家班固（32—92），字孟坚，扶风安陵（今陕西咸阳东北）人。九岁“能属文诵诗赋”，十六岁入洛阳太学，二十三岁时他的父亲班彪（3—54）去世而回归乡里居丧。班彪是当时著名的儒学大师，因为司马迁所著的《史记》“自太初以后，阙而不录”，虽然有褚少孙、扬雄、刘向、刘歆、冯商等人为之作续，但“或缀集时事，然多鄙俗，不足以踵继其书”，所以他就收集史料，博采异闻，作《史记后传》六十余篇。而班固因为班彪所撰《史记后传》叙事未详，就潜心继续撰述，以继承父亲的遗志。明帝永平五年（62），他被人告发私改国史而下狱，他的弟弟班超上书力辩以表明著书的意义，当地官吏还把书稿送到了京师。明帝阅览后十分欣赏，班固才得以释放并被任命为兰台令史，而后升迁为郎官，典校秘书。班固曾奉命撰述东汉开国以来史事，与陈宗、尹敏、孟异等共同撰成《世祖本纪》；又自撰功臣、平林、新市、公孙述等事，作列传、载记二十八篇。之后明帝允许他撰述之前没有完成的《汉书》，经过二十余年的努力，直到汉章帝建初中叶，他终于写成《汉书》这部伟大的史学名著。和帝永元元年（89），他跟从大将军窦宪出征匈奴，为中护军，并参与谋议。永元四年（92），窦宪因擅权失势被杀，班固受其牵连免官被捕，最终死于狱中，时年六十一岁。班固去世时，八表及《天文志》还未完成，后由班昭及马续续成。所以《汉书》的成书历时近四十年，始自班彪，经班固、班昭、马续三人之手得以完成，而主要作者为班固。

《汉书》是我国第一部纪传体断代史书，与《史记》《后汉书》《三国志》并称“前四史”。全书八十余万字，共一百篇，由十二本纪、八表、十志、七十列传四部分组成，后人将其中部分篇幅较长的纪、表、志、传分为上、下卷或上、中、下卷，形成今本一百二十卷。在体例上，基本因袭《史记》而有所创新，用“本纪”记录君主和国家大事，弃用“世家”而并入“列传”（列传编次上一改司马迁以编次明褒贬，以时代先后为序，先专传后类传再边疆传），又改“书”为“志”，“八表”也有重大突破，为后世断代体正史定下格局，正如清代史学家章学诚在《文史通义·书教下》所言“迁史不可为定法，固因迁之体，而为一成之义例，遂为后世不祧之宗焉”。

《汉书》所记载的汉武帝中期以前的西汉历史，常沿用《史记》的文字，但由于班固有着与司马迁不同的尊汉正统、独尊儒学的思想倾向以及所掌握的文献材料，全书又有所增补、修改与创新，使其具有很高的史学价值和文献价值。正如《汉书·叙传》所言："凡《汉书》，叙帝皇，列官司，建侯王。准天地，统阴阳，阐元极，步三光。分州域，物土疆，穷人理，该万方。纬《六经》，缀道纲，总百氏，赞篇章。函雅故，通古今，正文字，惟学林。"例如，班固补写了《惠帝纪》及武帝以下帝纪，还在昭、宣、元、成、哀、平六帝纪中增补了发布的诏令。列传中还保留了许多珍贵的文献，如贾谊的《治安策》、晁错的《教太子疏》《言兵事疏》《募民徙塞下疏》、邹阳的《讽谏吴王濞邪谋书》、董仲舒的《天人三策》、司马谈的《论六家要旨》、司马迁的《报任安书》等，不仅丰富了汉代史，还对现今的学术研究大有裨益。《汉书》的"八表"中，《古今人表》总结了远古至秦末的重要历史人物，却没有列入汉代人物，而《百官公卿表》第一次叙述了继承秦制基础上的汉代官制，为研究古代官制和政治制度提供史料支撑。《汉书》的"十志"是以《史记》"八书"为基础，将《礼书》《乐书》合为《礼乐志》，将《律书》《历书》合为《律历志》，将《平准书》改为《食货志》，将《封禅书》改为《郊祀志》，将《天官书》改为《天文志》，将《河渠书》改为《沟洫志》，并首次创立了《刑法志》《地理志》《艺文志》《五行志》，对研究中国古代的法律体制沿革、疆域政区变迁、古代典籍目录、学术流派的源流、阴阳五行学说等提供了重要依据，丰富了历史研究材料，还对《通典》《文献通考》等书的著述产生积极影响。另外，《汉书》还对汉代边疆各少数民族和周边国家有重要记载,《匈奴传》《西南夷两粤朝鲜传》在《史记》基础上有所补充,《西域传》全面论述了西域五十一国,较之《史记·大宛列传》有所发展,对西域史研究有重要贡献。

《汉书》多古字古训,又征引许多诗赋、典故、奏章、诏令等,所以较为难读。《后汉书·班昭传》有"时《汉书》始出,多未能通者。同郡马融伏于阁下,从昭受读"。由于该书受到了历代统治者的利用和重视,所以对其进行研究、为其作注的人有很多。刘知幾在《史通》有言"始自汉末,迄乎陈世,为其注解者凡二十五家,至专门受业,遂与《五经》相亚"(《古今正史》)。现今确知最早为《汉书》作注的,为东汉的应劭和服虔;贡献最为突出的,为唐代颜师古《汉书注》和清代王先谦的《汉书补注》。颜师古的《汉书注》侧重音义,取材广博,抉择谨慎,征引二十三家注释,难以下定论时便网罗众说,以供读者思考,其成就卓越,使得最终能与《汉书》合刻。《汉书补注》是继颜注后的又一集大成者,征引有关论著六十七家,博采众长,考证翔实,校勘精当,基本囊括了颜注之后学者的研究,是现今《汉书》注释最完备的本子。中华书局点校本《汉书》,是以王先谦的《汉书补注》本为底本,只收颜注不收补注,用北宋景祐本(商务印书馆影印的百衲本)、明末毛氏汲古阁本、清乾隆武英殿本和同治金陵书局本相参校,是现今流行的权威版本。

本书的原文标点按中华书局点校本为校对依据,选取了

《汉书》中有代表性、可读性强的篇章，依次为帝纪两篇，列传十篇，共十二篇，并加以注释、翻译。在译注过程中，参考了前人的一些研究成果，在此致谢。译注者水平有限，错误、遗漏和不当之处在所难免，敬请读者批评指正。

胡永杰

2021 年 6 月

目　录

武帝纪

〔题解〕

汉武帝刘彻(前156—前87),谥号孝武皇帝,西汉第七位皇帝,公元前140年继位,在位54年。在政治方面,推行大一统政策,加强中央集权,他推行推恩令、附益法、左官律等,削弱了诸侯王的势力;设中朝制度,削弱了丞相的权力;设刺史制,加强了对地方的监管;设察举制,保证了人才选拔。在经济方面,推行平准、均输等措施,将冶铁、煮盐、铸钱等收归官营,同时兴修水利,实行代田法。在思想文化方面,尊崇"独尊儒术",奠定了儒家思想在中国古代社会的正统地位,并颁行太初历、创立太学。在外交方面,击败匈奴,收服两越,发展西南夷,扩建了辽阔的疆域版图;同时派遣张骞等人出使西域,打通丝绸之路,从而加强了对西域的统治并发展了经济文化交流。正如《汉书》载"后嗣得遵洪业,而有三代之风",汉武帝刘彻以其雄才大略、文治武功,开创了汉朝在中国古代王朝的巅峰,并对中国历史进程影响深远。本篇节选了汉武帝建元、元光、元朔、元狩、元鼎、后元共三十二年纪事。

班固以丰富的史实展现了武帝时期的鼎盛局面,脉络清晰、言简义丰,是了解汉武帝其人其时代的重要文献。而"不改文景之恭俭以济斯民,虽《诗》《书》所称,何有加焉"也恰当地对武帝进行了中肯的评价，蕴含了治国理政的启示，同时不失高尚的史德。

孝武皇帝[①]，景帝中子也，母曰王美人[②]。年四岁立为胶东王。七岁为皇太子，母为皇后。十六岁，后三年正月，景帝崩。甲子[③]，太子即皇帝位，尊皇太后窦氏曰太皇太后[④]，皇后曰皇太后。三月，封皇太后同母弟田蚡、胜皆为列侯[⑤]。

〔注释〕

①孝武皇帝：西汉皇帝刘彻，景帝第十子，为王氏所生。公元前140年至前87年在位，在位时间长达54年，谥号武帝。

②王美人：汉武帝刘彻之母，曾获封“美人”。王氏之母臧儿，初为王仲妻，生男信及两女（王氏及其妹），后改嫁田氏，生男蚡（fén）、胜。

③甲子：此处为干支纪日用法，即汉景帝后元三年正月二十七日。

④窦氏：汉景帝的母亲，汉武帝刘彻的祖母，信奉黄帝、老子之言，不喜欢儒术。

⑤列侯：爵名，秦称彻侯，汉朝沿置，因避武帝讳故称通侯、列侯，为最高爵位，享有政治、经济等多种特权。秦及汉初多以军功封授，自武帝时丞相亦得封侯，诸侯王推恩分封子弟，亦称列侯。

〔译文〕

孝武皇帝刘彻，是景帝的第十个儿子，他的母亲是王美人。刘彻四岁时被立为胶东王，七岁时被立为皇太子，他的母亲亦被封为皇后。刘彻十六岁那年，即景帝后元三年正月，景帝驾崩。

正月二十七日，太子刘彻继位，尊奉皇太后窦氏为太皇太后，皇后王氏为皇太后。三月，封皇太后王氏同母弟弟田蚡、田胜二人为列侯。

建元元年冬十月①，诏丞相、御史、列侯、中二千石、二千石、诸侯相举贤良方正直言极谏之士。丞相绾奏②："所举贤良，或治申、商、韩非、苏秦、张仪之言③，乱国政，请皆罢。"奏可。

〔注释〕

①建元元年：即公元前140年。建元是中国历史上第一个年号。

②绾(wǎn)：卫绾，西汉大臣，辅佐过文帝、景帝，后辅佐武帝，公元前143年，代刘舍为丞相，武帝建元中免职。

③申、商、韩非、苏秦、张仪：申，指申不害，战国时思想家，以"术"著称，为韩昭侯相，为相期间，内修政教，外应诸侯，国治兵强。但法治改革贯彻不力，为法家韩非所诟病。《史记》载"著书二篇，号曰《申子》"。商，指商鞅，战国中期政治家，法家代表人物，为秦孝公相，他根据李悝《法经》，结合秦国实际，制定出一整套变法方案，这些改革措施推动了社会生产力的发展，使秦国得以富强。其重要政见经过后人整理成《商君书》二十九篇，《汉书·艺文志》有著录，今存二十四篇。韩非，指韩非子，战国末期思想家，法家代表人物。他原为韩国公族，与李斯同出荀卿门下，曾多次上书韩王倡议变法图强却未被采用，乃发奋著书立说。后来秦王政慕其名，遗书韩王，强邀他出使秦国。他提出"以法为本""法""术""势"结合的政治理论。在秦为李斯、姚贾所诬害，冤死狱中。《汉书·艺文志》有著录《韩子》五十五篇，今存。苏秦，战国时纵横家，提倡"合纵"六国以抗秦。迫使秦国废帝请服，退还部分侵地。《汉书·艺文志》有著录《苏子》

三十一篇，早佚。张仪，战国时纵横家，魏国人，游说入秦，首创“连横”的外交策略，即东方各国与秦国结盟。

〔译文〕

建元元年冬十月，武帝诏令丞相、御史、列侯、中二千石、二千石、诸侯相国，推举贤良方正、直言极谏的人。丞相卫绾上奏说：“所推举的贤良之士中，若有人依申不害、商鞅、韩非、苏秦、张仪的言论办理公事，扰乱国家政务，请一律罢免。”武帝允准了上奏之事。

春二月，赦天下，赐民爵一级。年八十复二算①，九十复甲卒。行三铢钱②。

夏四月己巳，诏曰：“古之立教，乡里以齿③，朝廷以爵，扶世导民，莫善于德。然则于乡里先耆艾④，奉高年，古之道也。今天下孝子顺孙愿自竭尽以承其亲，外迫公事，内乏资财，是以孝心阙焉。朕甚哀之。民年九十以上，已有受鬻法⑤，为复子若孙⑥，令得身帅妻妾遂其供养之事。”

〔注释〕

①复二算：免除两个人的算赋。算，即算赋，汉代对成人征收的人头税，不分男女，满十五岁开始纳税，逾五十六岁免征。算赋是两汉时国家的重要收入，用作战备基金。

②三铢钱：钱币名，圆形方孔，因钱面上有“三铢”二字，故称之。

③齿：指年龄。

④耆(qí)艾:泛指年老者。古代六十岁称耆,五十岁称艾。

⑤受鬻(yù)法:西汉政府定期向高龄老人提供粟米用以熬粥养生的一项福利制度。

⑥若:或者。

〔译文〕

春二月,大赦天下,赏赐民众爵位一级。对有八十岁以上老人的家庭免除两个人的算赋,对有九十岁以上老人的家庭免除全家的戍卒之役。发行三铢钱。

建元元年夏四月己巳(初九),武帝下诏说:"古代立的规矩是,乡里以年长为尊,朝廷以爵位为重,治理国家教化民众,要把德放于显著地位。既然如此,那么在乡里就要尊重长者,奉养老人,这是古代的遗教。现今,天下间对父母先人孝顺的儿孙后辈,自然是愿意竭尽全力赡养自己的长辈,然而他们在外迫于公事的压力,对内缺乏钱财物资,这样一来孝心就亏缺了。朕对此十分同情。对于年纪在九十岁以上的老人,官府已有定期向他们提供粟米用以熬粥养生的制度,现增加免除其子或无子免除其孙徭役的法令,令其子孙得以带领妻妾履行供养老人的责任。"

五月,诏曰:"河海润千里,其令祠官修山川之祠,为岁事①,曲加礼②。"

赦吴楚七国帑输在官者③。

秋七月,诏曰:"卫士转置送迎二万人,其省万人④。罢苑马,以赐贫民。"

议立明堂。遣使者安车蒲轮⑤,束帛加璧,征鲁申公⑥。

〔注释〕

①岁:常。

②曲加礼:祭礼有所增加。

③吴楚七国:指的是西汉景帝时吴、楚等七国的叛乱。汉初,文帝、景帝因中央政权受到诸侯王国势力的威胁,遂采取削弱诸侯实力的措施。公元前154年,吴王刘濞与楚、赵、胶东、胶西、济南、淄川等七国发动叛乱,景帝派周亚夫率军在三个月内平定叛乱,从此诸侯王国势力衰落。帑(nú):同“孥”,妻与子女。

④省:减省。

⑤安车蒲轮:用蒲草裹住车轮,使得车行安稳。后世比喻优遇贤士。

⑥鲁申公:申培,鲁国人。文帝时为博士,传《诗经》之学,世称鲁诗。武帝时拜太中大夫。

〔译文〕

五月,武帝下诏说:“河海润泽千里,可以命令祠官修建山川之祠,使祭祀成为一年中的常事,祭礼也要有所增加。”

赦免七国之乱中其首犯妻与子女没入为官家奴婢的罪罚,予以遣返。

秋七月,武帝下诏说:“宫廷卫士调换安置、去故置新达两万人,省去一万人。解除朝廷养马之苑,用以赏赐贫民放牧砍柴。”

议定建立帝王宣明政教的明堂。派遣使者用蒲草裹住车轮使车行安稳,带着布帛与宝玉,征召鲁申公。

二年冬十月,御史大夫赵绾坐请毋奏事太皇太后[①]，及郎中令王臧皆下狱[②]，自杀。丞相婴、太尉蚡免[③]。

春二月丙戌朔，日有蚀之。夏四月戊申，有如日夜出。

初置茂陵邑[④]。

〔注释〕

①御史大夫：官名，辅佐丞相处理全国政务，主要职掌监察与执法。

②郎中令：官名，掌管宫廷戍卫，侍从皇帝左右，参与谋议等。王臧：景帝时为太子少傅，武帝建元初为郎中令，推崇儒学，贬斥黄老之学，而窦太后不喜欢儒术，而后王臧入狱自杀。

③婴：窦婴，西汉大臣，窦太后侄，武帝时任丞相。蚡（fén）：田蚡，西汉大臣，汉景帝王皇后弟，武帝即位时被封为武安侯，拜太尉，后迁丞相。赵绾、王臧、窦婴、田蚡四人皆好儒学。

④茂陵邑：汉代行政区划，位于今陕西咸阳。武帝即位第二年，依西汉的陵寝制度开始置邑修陵。茂陵，武帝之陵，地属槐里县茂乡，在今陕西咸阳渭水北岸。

〔译文〕

建元二年冬十月，御史大夫赵绾因奏请"不要向太皇太后奏事"而获罪，与郎中令王臧都被关入牢狱，后来二人自杀了。丞相窦婴与太尉田蚡被免职。

春二月初一，出现日偏食。夏四月戊申（二十四日），产生黑夜如同白昼的现象。

开始设置茂陵邑。

三年春，河水溢于平原[①]，大饥，人相食。

赐徙茂陵者户钱二十万，田二顷。初作便门桥[②]。

秋七月，有星孛于西北[③]。

济川王明坐杀太傅、中傅废迁防陵[④]。

闽越围东瓯[⑤]，东瓯告急。遣中大夫严助持节发会稽兵[⑥]，浮海救之。未至，闽越走，兵还。

九月丙子晦，日有蚀之。

〔注释〕

①平原：县名，治所在今山东平原县西南。

②便门桥：西汉建元三年建，在今陕西咸阳东南渭河上。建造此桥是为了跨渡渭水赴往茂陵。

③孛(bèi)：指光芒四射的彗星。

④中傅：官名，掌教导诸侯王。防陵：县名，在今湖北房县。

⑤闽越：古族名，越族的一支。其首领汉初受封为闽越王，治东冶，在今福建福州。东瓯(ōu)：古族名，越族的一支。其首领驺摇助汉灭项羽，受封为东海王，因都东瓯，在今浙江温州，俗称东瓯王。

⑥中大夫：官名，秦、汉时置，为皇帝侍从官员，掌论议，属郎中令。汉武帝太初元年(前104)更名为光禄大夫。会稽：郡名，治所在吴县(今江苏苏州)

〔译文〕

建元三年春，黄河水泛滥到平原县，损害田亩造成了大饥荒，出现了人吃人的现象。

赏赐迁移到茂陵的住户二十万钱、二顷田。开始修建便门桥。

秋七月，有彗星在西北方出现。

济川王刘明犯了杀太傅、中傅的罪被革除官职，迁到了房陵县。

闽越兵围困东瓯，东瓯向朝廷报告请求紧急救援。武帝派遣中大夫严助拿着符节征调驻扎在会稽的军队，行船过海来救东瓯。军队未到，闽越兵就逃跑了，军队返还。

九月初二，出现日偏食。

四年夏，有风赤如血。六月，旱。秋九月，有星孛于东北。

五年春，罢三铢钱，行半两钱①。

置五经博士②。

夏四月，平原君薨③。

五月，大蝗。

秋八月，广川王越、清河王乘皆薨。

〔注释〕

①半两钱：钱币名，圆形方孔。秦始皇统一中国后，以半两钱为统一铸币，每枚重量为当时的半两，即十二铢。汉初仍铸半两，但重量逐渐减轻。

②五经博士：官名，秦、西汉初太常属官有博士，文帝又增设诸子专书博士和儒家专经博士，武帝建元五年（前136）始置五经博士。除原有议政、制礼、藏书、顾问应对等职能外，又增学官职能，掌策试官吏，在太学中教授儒家《诗》《书》《礼》《易》《春秋》五经之学。

③平原君：即臧儿，王太后之母，武帝的外祖母。薨：古代诸侯或大官死亡。

〔译文〕

建元四年夏，有风卷起，颜色红得像血。六月，天大旱。秋九月，彗星在东北方向出现。

五年春，废除三铢钱，发行半两钱。

设置五经博士。

夏四月，武帝的外祖母平原君去世。

五月，发生严重的蝗灾。

秋八月，广川王刘越、清河王刘乘都去世了。

六年春二月乙未，辽东高庙灾。夏四月壬子，高园便殿火①。上素服五日②。

五月丁亥，太皇太后崩。

秋八月，有星孛于东方，长竟天。

闽越王郢攻南越③。遣大行王恢将兵出豫章④，大司农韩安国出会稽⑤，击之。未至，越人杀郢降，兵还。

〔注释〕

①高园便殿：又称“高园殿”，长陵之殿名，为祭祀汉高祖刘邦而建。

②素服：居丧或遭凶事时所穿的白色冠服。

③南越：秦汉时地方政权。秦南海尉赵佗乘秦亡之势，联合越人首领，据南海郡，合并桂林、象郡而建立。管辖今广东、广西及贵州南部、越南北部。西汉元鼎六年（前111）汉武帝灭南越国。

④大行：官名，掌外交宾客之礼。豫章：郡名，治所在南昌县（今江西南昌）。

⑤大司农：官名，掌管全国租赋收入和国家财政开支。

〔译文〕

建元六年春二月乙未（初三），辽东高祖庙发生火灾。夏四月壬子（二十一日），高园便殿失火。武帝穿了五天素服。

五月丁亥（二十六日），太皇太后去世。

秋八月，有彗星在东方出现，，彗尾长得布满整个天空

闽越王骆郢攻打南越。武帝派遣大行王恢率军从豫章出兵、大司农韩安国从会稽出兵，准备攻打闽越。军队未到，越人杀了骆郢并投降，王恢、韩安国收兵返回。

元光元年冬十一月①，初令郡国举孝廉各一人②。

卫尉李广为骁骑将军屯云中③，中尉程不识为车骑将军屯雁门④，六月罢。

夏四月，赦天下，赐民长子爵一级。复七国宗室前绝属者⑤。

〔注释〕

①元光元年：即公元前134年。元光，为汉武帝年号。

②孝廉：汉代选举官吏的制度，由各郡推举的孝顺父母且廉洁的人。

③卫尉：官名，掌皇帝所居未央宫禁卫。李广：西汉名将。历经文帝、景帝、武帝，以勇敢善战著称，匈奴称之为“飞将军”，数年不敢犯界。云中：郡名，治所在云中县（今内蒙古托克托县东北）。

④中尉：官名，职掌京城治安执法，管理中央武库等。武帝太初元年（前104）改名"执金吾"。雁门：郡名，治所在善无县（今山西右玉县东南）。

⑤属：指宗室属籍。

〔译文〕

元光元年冬十一月，开始下令每个郡县、封国推举孝廉各一人。

封卫尉李广为骁骑将军在云中屯兵，封中尉程不识为车骑将军在雁门屯兵，六月收兵。

夏四月，大赦天下，赏赐民众长子爵一级。恢复七国宗室因获罪而绝属的宗室属籍。

五月，诏贤良曰："朕闻昔在唐虞①，画象而民不犯②，日月所烛③，莫不率俾④。周之成康，刑错不用⑤，德及鸟兽，教通四海。海外肃眘⑥，北发渠搜⑦，氐羌徕服⑧。星辰不孛，日月不蚀，山陵不崩，川谷不塞；麟凤在郊薮，河洛出图书。呜虖⑨，何施而臻此与⑩！今朕获奉宗庙，夙兴以求，夜寐以思，若涉渊水，未知所济。猗与伟与⑪！何行而可以章先帝之洪业休德⑫，上参尧舜，下配三王⑬！朕之不敏，不能远德，此子大夫之所睹闻也⑭。贤良明于古今王事之体，受策察问，咸以书对，著之于篇⑮，朕亲览焉。"于是董仲舒、公孙弘等出焉⑯。

秋七月癸未，日有蚀之。

〔注释〕

①唐虞:唐尧、虞舜。

②画象:古代在罪人所穿的衣服上画五刑的图像,以示警诫。

③烛:照。

④率俾(bǐ):顺从。

⑤错:置。

⑥肃昚(shèn):古代族名,在我国东北地区。现写作“肃慎”。

⑦渠搜:古代国名,在我国西北地区。

⑧氐(dī)、羌:皆古代族名,在我国西北地区。

⑨呜虖(hū):同“呜呼”,表感叹的语气词。

⑩臻:至。

⑪猗(yī):美。伟:大。

⑫章:明。洪:大。休:美。

⑬三王:夏禹、商汤、周文王。

⑭子:对人的美称。

⑮篇:竹简。

⑯董仲舒:西汉思想家。景帝时为博士,潜心钻研孔子学说,被举为贤良。武帝时,召试天下贤良文学之士,他以贤良对策,提出“天人相与”“君权神授”学说,宣扬“道之大”,又创立“三纲”“五常”体系,主张罢黜百家,独尊儒术,为武帝采纳,使得儒学成为中国古代社会的正统思想。公孙弘:西汉大臣。武帝即位,召试贤良文学之士,他以贤良征为博士。他身行俭约,轻财重义,善论辩,熟习文法吏事。武帝时被重用,官至丞相。

〔译文〕

五月,武帝下诏策问贤良之士说:“朕听说唐虞之世,只要在罪人所穿的衣服上画五刑的图像,民众就不犯罪,日月所照之处，民众没有不遵循法度而顺从的。周朝成王、康王，刑律放置不用，盛德施及鸟兽，教化通行四海。海外到肃慎，向北到渠搜，氐、羌都来归服。星辰不出现彗星，日月不出现日食月食，山岳冈陵不崩塌，河流山谷不堵塞；麒麟凤凰现于郊外草泽之中，黄河里跃出的龙马背负着河图，洛水上浮飞的神龟背负着洛书。呜呼，怎样施及恩泽才能达到如此境界啊！现今，朕有幸奉祀宗庙，早起祈求，晚睡思虑，就像渡涉深水，不知道怎样渡过。美好与伟大的文辞啊！怎样的行为才可以彰显先帝的大业与美德，向上加入尧舜的行列，向下与三王相配。朕不聪慧，不能施德到达远方，这是各位大夫所亲见亲闻的。贤良之士明白古今治理王事的道理，接受策命考察问题，都用写好的文字进行回答，请编辑成简册，朕会亲自阅览。”于是董仲舒、公孙弘等人脱颖而出了。

秋七月癸未（三十日），发生日偏食。

二年冬十月，行幸雍[①]，祠五畤[②]。

春，诏问公卿曰：“朕饰子女以配单于，金币文绣赂之甚厚，单于待命加嫚[③]，侵盗亡已。边境被害，朕甚闵之。今欲举兵攻之，何如？”大行王恢建议宜击。夏六月，御史大夫韩安国为护军将军，卫尉李广为骁骑将军，太仆公孙贺为轻车将军，大行王恢为将屯将军，太中大夫李息为材官将军，将三十万众屯马邑谷中[④]，诱致单于，欲袭击之。单于入塞，觉之，走出。六月，军罢。将军王恢坐首谋不进[⑤]，下狱死。

秋九月，令民大酺五日[⑥]。

〔注释〕

①雍:县名,在今陕西凤翔县西南。

②五畤(zhì):古代祭祀天地五帝的地方。

③嫚(màn):与“慢”同,傲慢。

④马邑:县名,治所在今山西朔州市。

⑤首谋不进:首先谋划却反而不进击匈奴。

⑥酺(pú):指国有喜庆,特赐臣民聚会饮酒。

〔译文〕

元光二年冬十月,武帝巡行到雍县,在五畤祭祀。

春,武帝下诏问公卿说:“朕打扮美女婚配匈奴单于,赠送他们的金币文绣也很丰厚,而单于承受诏命后却更加傲慢,不休止地侵犯盗夺边境,边境的民众深受其害,朕感到很忧虑。现今想发兵攻讨匈奴,怎么样呢?”大行王恢建议应当出击。夏六月,御史大夫韩安国为护军将军、卫尉李广为骁骑将军、太仆公孙贺为轻车将军、大行王恢为将屯将军、太中大夫李息为材官将军,率领三十万兵众屯扎在马邑谷中,引诱单于从这里进塞,想要出其不意攻击他。单于入塞后,察觉到这种情况,逃离出来。六月,收兵返回朝中。将军王恢犯了“首谋不进”的罪,入牢狱而死。

秋九月,武帝下令全国臣民聚会饮酒五日。

三年春,河水徙[①],从顿丘东南流入勃海[②]。

夏五月,封高祖功臣五人后为列侯。

河水决濮阳③,泛郡十六。发卒十万救决河。起龙渊宫。

四年冬,魏其侯窦婴有罪,弃市④。

春三月乙卯,丞相蚡薨。

夏四月,陨霜杀草。五月,地震。赦天下。

〔注释〕

①河水徙:指黄河改道。

②顿丘:县名,治所在今河南清丰县西南。

③河水决:黄河决口。濮(pú)阳:县名,治所在今河南濮阳县西南。

④弃市:指受刑罚的人在街头示众,民众共同鄙弃他,后来"弃市"指死刑。据《史记·魏其武安侯列传》记载,窦婴挚友灌夫因得罪武安侯田蚡下狱,被判死刑。窦婴在朝堂上为挚友辩论,上书称曾受先帝遗诏"事有不便,以便宜论上"。经查却无遗诏,因此被弹劾"矫先帝诏",获弃市之罪。

〔译文〕

元光三年春,黄河改道,从顿丘县东南流入渤海。

夏五月,册封高祖时五个功臣的后代为列侯。

黄河在濮阳县决口,河水泛及到了十六郡。调发十万士卒来救灾决口的黄河。开始兴建龙渊宫。

元光四年冬,魏其侯窦婴被判罪,执行死刑。

春三月乙卯(十七日),丞相田蚡去世。

夏四月,天降严霜冻坏了庄稼。五月,发生地震。大赦天下。

五年春正月，河间王德薨。

夏，发巴蜀治南夷道，又发卒万人治雁门阻险①。

秋七月，大风拔木。

乙巳，皇后陈氏废②。捕为巫蛊者③，皆枭首。

八月，螟④。

征吏民有明当时之务、习先圣之术者，县次续食⑤，令与计偕⑥。

〔注释〕

①南夷：指西南各族。发：征发，征调。治：修筑。

②废：废黜。据《史记·外戚世家》《汉书·外戚传》记载，陈皇后挟妇人媚道，命巫女在宫中行巫蛊之术，遂被废。

③巫蛊(gǔ)：古代用邪术祸人所致的罪名。即巫师祈求鬼神加害于人，使人迷惑，昏狂失性。例如用木刻成仇人形象，然后刺心钉眼，以为这样就能祸及仇人，或者假装鬼神依附，借以欺弄或恐吓他人等。

④螟(míng)：螟蛾的幼虫，一种蛀食稻心的害虫。

⑤续：据宋祁、王念孙等考证，当作"给"。县次续食：所到的乡县都会供给饮食。

⑥计：官名，即上计吏，地方政府派赴中央呈递计簿的官员。偕(xié)：偕同，一同。

〔译文〕

元光五年春正月，河间王刘德去世。

夏，征发巴蜀地区服徭役的人去修建通往南夷的道路，并且调发一万余人的士卒修建雁门关隘。

秋七月，刮大风，把树拔起。

七月乙巳（十四日），皇后陈氏被废。将使用巫蛊之术的人逮捕归案，全部斩首。

八月，发生螟虫灾害。

征召官吏庶民中有通晓当今政务、研习古代圣贤治国之道的人到京都对策，沿途所到的乡县都会供给饮食，命令他们与各郡国的上簿计使一同进京。

六年冬，初算商车[1]。

春，穿漕渠通渭[2]。

匈奴入上谷，杀略吏民。遣车骑将军卫青出上谷[3]，骑将军公孙敖出代[4]，轻车将军公孙贺出云中，骁骑将军李广出雁门。青至龙城[5]，获首虏七百级。广、敖失师而还。诏曰："夷狄无义，所从来久。间者匈奴数寇边境，故遣将抚师。古者治兵振旅，因遭虏之方入，将吏新会，上下未辑，代郡将军敖、雁门将军广所任不肖[6]，校尉又背义妄行[7]，弃军而北[8]，少吏犯禁[9]。用兵之法：不勤不教，将率之过也；教令宣明，不能尽力，士卒之罪也。将军已下廷尉[10]，使理正之[11]，而又加法于士卒，二者并行，非仁圣之心。朕闵众庶陷害，欲刷耻改行，复奉正义，厥路亡繇[12]。其赦雁门、代郡军士不循法者。"

夏，大旱，蝗。

六月，行幸雍。

秋，匈奴盗边。遣将军韩安国屯渔阳[13]。

〔注释〕

①初算商车：开始对商贾的车船征税。

②漕渠（cáoqú）：指由人工开凿或疏浚用以漕运的河道。渭：渭水。

③卫青：西汉名将。卫皇后弟，初为平阳公主家奴，后为汉武帝重用，官至大将军。他前后七次出击匈奴，制止了匈奴的掠夺，安定了北边诸郡。上谷：郡名，治所在沮阳县（今河北怀来县东南）。

④代：郡名，治所在代县（今河北蔚县东北）。

⑤龙城：匈奴单于祭天、大会各部落的地方。

⑥不肖：不才之人。

⑦校尉：官名，为统兵武官，略次于将军，高于都尉。

⑧北：失败、败逃。

⑨少吏：秦汉县府小吏，相对长吏而言，地位低微。

⑩廷尉：官名，为中央最高司法审判机构长官，遵照皇帝旨意修订法律，汇总全国断狱数，主管诏狱。

⑪理：法。

⑫亡（wú）：同“无”，没有。繇（yóu）：通“由”，自，从。

⑬渔阳：郡名，治所在渔阳县（今北京市密云县西南）。

〔译文〕

元光六年冬，开始对商贾的车船征税。

春，开凿用以通漕运的河道来沟通渭水。

匈奴侵入上谷郡，杀戮掳掠官吏庶民。武帝派遣车骑将军卫青从上谷郡出兵，骑将军公孙敖从代郡出兵，轻骑将军公孙贺从云中郡出兵，骁骑将军李广从雁门郡出兵。卫青到龙城，斩获敌首和俘虏七百级。李广、公孙敖因失误折兵而回。皇上下诏说:“夷狄背信弃义,由来已久。曾经匈奴多次侵犯边境,所以派遣将领抚慰军队。古代兵法是操练士兵、整顿部队,此次出兵因遭遇匈奴突然入侵,我军将士刚刚会合,上下配合还不协调。而从代郡出兵的将军公孙敖、从雁门出兵的将军李广的部属没有才能,校尉又背弃信义随意行动,以致产生弃军而败逃、小吏触犯禁令的情况。领兵作战的方法:不勤于练习不教授兵法,这是将帅的过错;教令已经公布明示,而不能尽力作战,这是士卒的罪过。将军已交给廷尉,依法惩治他的罪过,而对于士卒还要施加刑罚,将军与士卒都要受到刑罚,这就不是仁圣之心了。朕怜恤士卒深陷刑罚,想要他们洗刷耻辱改正行为,重新奉行正义。士卒们一旦陷入重刑,也就没有条件与机会遵行正道了。因此赦免雁门、代郡两军中的不守法的士卒。”

夏,大旱,发生蝗虫灾害。

六月,武帝巡行到雍县。

秋,匈奴盗掠边境。派将军韩安国在渔阳郡驻军防守。

元朔元年冬十一月,诏曰:“公卿大夫,所使总方略,壹统类,广教化,美风俗也。夫本仁祖义,褒德禄贤,劝善刑暴,五帝三王所繇昌也[①]。朕夙兴夜寐[②],嘉与宇内之士臻于斯路。故旅耆老[③],复孝敬[④],选豪俊,讲文学,稽参政事,祈进民心,深诏执事,兴廉举孝,庶几成风,绍休圣绪[⑤]。夫十室之邑,必有忠信;三人并行,厥有我师[⑥]。今或至阖郡而不荐一人[⑦],是化不下究,而积行之君子雍于上闻也[8]。二千石官长纪纲人伦,将何以佐朕烛幽隐[9],劝元元[10],厉蒸庶[11],崇乡党之训哉?且进贤受上赏,蔽贤蒙显戮,古之道也。其与中二千石、礼官、博士议不举者罪。”有司奏议曰:“古者,诸侯贡士,壹適谓之好德,再適谓之贤贤,三適谓之有功,乃加九锡[12];不贡士,壹则黜爵,再则黜地,三而黜爵地毕矣[13]。夫附下罔上者死[14],附上罔下者刑,与闻国政而无益于民者斥[15],在上位而不能进贤者退,此所以劝善黜恶也。今诏书昭先帝圣绪,令二千石举孝廉,所以化元元,移风易俗也。不举孝,不奉诏,当以不敬论[16]。不察廉,不胜任也,当免。”奏可。

十二月,江都王非薨。

〔注释〕

①五帝三王:五帝为伏羲、神农、黄帝、尧、舜。三王为夏、殷、周。

②夙:早。兴:起来。

③旅:奉养。耆(qí)老:年老者。

④复:优复,指给予优待,免除租赋、徭役。

⑤绍休圣绪:继承美好盛大的功业。绍,继承。休,美。绪,功业。

⑥十室之邑,必有忠信:化用《论语·公冶长》“十室之邑,必有忠信如丘者焉”。三人并行,厥有我师:化用《论语·述而》“三人行,必有我师焉”。厥,语气助词。

⑦阖(hé):全部。

⑧雍:通“壅”,堵塞。

⑨烛:照。

⑩元元：平民。

⑪蒸庶：众民。蒸，通“烝”，众多。

⑫九锡：帝王赐给有功或有权势的诸侯大臣的九种物品，一般指车马、衣服、乐器、朱户、纳陛、虎贲、铁钺、弓矢、秬鬯。

⑬黜爵地毕：爵位与领地都削尽。

⑭罔（wǎng）：蒙蔽。

⑮斥：排斥、摒弃。

⑯不敬：汉代罪刑之一，主要处罚违背君臣尊卑关系、危害皇帝尊严的行为。

〔译文〕

元朔元年冬十一月，武帝下诏说：“公卿大夫，奉使命总揽方针战略，统一治理天下的纲纪法式，扩大政教风化，美化社会风俗。而以仁义为本始，褒扬有德之人，启用贤良之士，勉励他人行善，惩治不法之徒，这是五帝三王所以昌盛的原因。朕早起晚睡，想要与天下有志之士一起到达这样的道路。所以奉养老人，优待孝悌之人，选拔才智杰出的人，讲习文章经籍，一起考察治国理政之事，祈求能够符合民心，多次诏令执事，提倡并推举孝廉，希望可以形成好的风气，来继承先王美好盛大的功业。尽管在十余户的小地方，也一定会有信奉忠信的人；几个志同道合的人一同行走，其中一定会有值得我学习的人。现今，有的郡县全郡都不举荐一人，这是朝廷的教化没有深入推进的缘故，进而使累积善行的贤良之士不能被朝廷知道。二千石官员是掌管法度纲常与行为准则的人，将怎样辅佐朕，了解幽隐的民情，劝勉平民，激励众民，崇尚乡党的教诲呢？并且进荐贤良的人会受上等奖赏，遮蔽贤良的人要受到处罚，这是自古以来的规矩。故准二千石、礼官、博士奏议，治罪不举荐贤良的官吏。"相关的官吏上奏陈述说："在古代，诸侯向朝廷举荐贤良，第一次称之为品德好，第二次称之为贤能，第三次称之为有功，于是朝廷赐予他尊贵的奖赏；诸侯不向朝廷举荐贤良，第一次贬降爵位，第二次削减领地，第三次爵位与领地都削尽。那些勾结低于自己官位而欺罔高于自己官位的人应处死，攀附高于自己官位而欺罔低于自己官位的人应加重刑罚，参与并知道治国理政而不能造福于民的人应摒弃不用，身居高位而不能进荐贤良的人应被辞退，这就是劝善惩恶的措施。今日诏书彰明先王美好盛大的功业，下令郡守县令推举孝廉，从而可以教化民众，改善不良的社会风气和习俗。对于那些不推举孝廉、不奉行诏令的官吏，应当以不敬罪论处。对于那些不能察明孝廉、不能胜任职位的官吏，应当免去官职。"武帝允准了上奏之事。

十二月，江都王刘非去世。

春三月甲子，立皇后卫氏[①]。诏曰："朕闻天地不变，不成施化；阴阳不变，物不畅茂。《易》曰'通其变，使民不倦'。《诗》云'九变复贯，知言之选'。朕嘉唐虞而乐殷周，据旧以鉴新。其赦天下，与民更始。诸逋贷及辞讼在孝景后三年以前[②]，皆勿听治。"

秋，匈奴入辽西[③]，杀太守；入渔阳、雁门，败都尉，杀略三千馀人。遣将军卫青出雁门，将军李息出代，获首虏数千级。

东夷薉君南闾等口二十八万人降[④]。为苍海郡[⑤]。

鲁王馀、长沙王发皆薨。

〔注释〕

①卫氏:卫子夫,卫青之姊,武帝之后。

②逋(bū):逃亡。拖欠官物不还也称之逋。

③辽西:郡名,治所在阳乐县(今辽宁义县西)。

④东夷:指东方各族。薉(huì)君:薉貊族之君。薉貊,古代东方少数民族名,在今朝鲜半岛。南闾:薉君之名。

⑤苍海郡:西汉元朔元年(前128)汉武帝在朝鲜半岛北部设置的第一个郡级行政建制。

〔译文〕

春三月甲子(十三日),立卫子夫为皇后。武帝下诏说:"朕听说天地不变动,不能实施教化;阴阳不变化,万物不会旺盛繁茂。《易》有言:'通达万物的变化,使民众知道并应用才能不倦怠。'《诗》说:'多变而不失道,择善而从。'朕欣赏唐虞也喜爱殷周,想要按照以前的经验教训来鉴戒新政。现在大赦天下,与民众重新开始。众多犯罪逃亡和拖欠官物不还而被诉讼的人,其中事情发生在孝景帝后元三年以前的,都不用被判决整治。"

秋,匈奴侵入辽西郡,杀死了太守;又侵入渔阳、雁门,打败了都尉,杀戮掳掠了三千余人。派遣将军卫青从雁门出兵,将军李息从代郡出兵,斩获首级和俘虏几千级。

东夷薉君南闾等率二十八万余人向汉投降。设立苍海郡。

鲁王刘馀、长沙王刘发都去世了。

二年冬，赐淮南王、菑川王几杖[①]，毋朝。

春正月，诏曰："梁王、城阳王亲慈同生[②]，愿以邑分弟，其许之。诸侯王请与子弟邑者，朕将亲览，使有列位焉。"于是藩国始分[③]，而子弟毕侯矣。

匈奴入上谷、渔阳，杀略吏民千馀人。遣将军卫青、李息出云中，至高阙[④]，遂西至符离[⑤]，获首虏数千级。收河南地[⑥]，置朔方、五原郡[⑦]。

三月乙亥晦，日有蚀之。

夏，募民徙朔方十万口。又徙郡国豪杰及訾三百万以上于茂陵[⑧]。

秋，燕王定国有罪，自杀。

〔注释〕

①淮南王、菑川王：指淮南王刘安，菑川王刘志。几杖：凭依者曰几，手持木为杖，古代赐予几杖作为敬老之礼。

②梁王、城阳王：指梁平王刘襄、城阳顷王刘延。

③藩国始分：指汉武帝时期实行推恩令，以减少诸侯王的封地，削弱诸侯王势力范围。藩国：诸侯的封国。

④高阙：塞名，在今内蒙古杭锦后旗东北。

⑤符离：漠北塞名。

⑥河南：秦汉时代称今河套以南地区。

⑦朔方：郡名，治所在今内蒙古杭锦旗西北黄河南岸。五原：郡名，治所在九原县(今内蒙古包头市西北)。

⑧訾(zī)：通"资"，财货。

〔译文〕

元朔二年冬,武帝赏赐淮南王刘安、菑川王刘志几杖,免其进京朝拜。

春正月,武帝下诏说:“梁平王刘襄、城阳顷王刘延是我的同胞兄弟,我愿意把自己的食邑分给两个弟弟,请两个弟弟应允。希望各诸侯王把自己的食邑分给子弟,朕将亲自审阅名单,使他们享有列侯爵位。”于是诸侯的封国开始分出一些食邑,诸侯王子弟全部被封为侯了。

匈奴侵入上谷郡、渔阳郡,杀戮掳掠一千余官吏民众。朝廷派将军卫青、李息从云中出兵,到达高阙,然后向西到达符离塞,斩获首级和俘虏几千级。收复河套以南地区,设置了朔方郡、五原郡。

三月乙亥(初三),发生了日偏食。

夏,招募十万余民众移徙到朔方郡。又迁移郡国中有地位有才能的人及财货资产在三百万以上的民户到茂陵。

秋,燕王刘定国有罪,自杀。

三年春,罢苍海郡。三月,诏曰:“夫刑罚所以防奸也,内长文所以见爱也[①];以百姓之未洽于教化,朕嘉与士大夫日新厥业,祗而不解[②]。其赦天下。”

夏,匈奴入代,杀太守;入雁门,杀略千馀人。

六月庚午,皇太后崩[③]。

秋,罢西南夷[④],城朔方城。令民大酺五日。

四年冬，行幸甘泉⑤。

夏，匈奴入代、定襄、上郡⑥，杀略数千人。

〔注释〕

①长文：犹言“尚文”，尊崇文德。

②祗(zhī)：恭敬、谦逊。解：同“懈”，松弛，懈怠。

③皇太后：即王太后。

④西南夷：对我国西南地区少数民族的统称。

⑤甘泉：宫名，在今陕西淳化县西北甘泉山上。

⑥定襄：郡名，治所在成乐县(今内蒙古和林格尔县西北土城子)。上郡：郡名，治所在肤施县(今陕西榆林市东南)。

〔译文〕

元朔三年春，废除苍海郡。三月，武帝下诏说：“刑罚是用来防备作奸犯科的人，亲近尊崇文德的人才会显示出重才爱才；因为百姓还没有在政教风化中达到融洽，朕愿意与士大夫们日日推进汉家的功业，恭谨而不懈怠。可赦天下。”

夏，匈奴侵入代郡，杀太守；又侵入雁门，杀戮掳掠一千余人。

六月初二，皇太后王氏去世。

秋，免除对西南夷的征讨，修筑朔方城。下令全国臣民聚会饮酒五天。

元朔四年冬，武帝巡行到甘泉宫。

夏，匈奴侵入代、定襄郡、上郡，杀戮掳掠几千人。

五年春，大旱。大将军卫青将六将军兵十馀万人出朔方、高阙，获首虏万五千级。

夏六月，诏曰："盖闻导民以礼[①]，风之以乐[②]，今礼坏乐崩，朕甚闵焉。故详延天下方闻之士[③]，咸荐诸朝。其令礼官劝学[④]，讲议洽闻，举遗兴礼，以为天下先。太常其议予博士弟子[⑤]，崇乡党之化，以厉贤材焉[⑥]。"丞相弘请为博士置弟子员[⑦]，学者益广。

秋，匈奴入代，杀都尉。

〔注释〕

①盖：句首语气词。

②风：教化。

③详：全部。延：引进。方：道。闻：博闻。

④礼官：掌礼仪的官员。

⑤太常：官名，主管祭祀社稷、宗庙、朝会、丧葬礼仪，管理皇帝陵墓、寝庙所在县邑等，兼管文化教育，主持对博士和博士弟子的考核、荐举等。

⑥厉：奖励。

⑦弘：指公孙弘。

〔译文〕

元朔五年春，发生了久旱的灾害。大将军卫青率领六位将军和十余万士兵，从朔方、高阙出兵，斩获首级与俘虏一万五千级。

夏六月，武帝下诏说："听说用礼仪引导人民，用音乐教化，现今典章制度、礼乐教化遭受破坏，朕感到很惋惜。所以要引进全天下有道博闻之士，都举荐给朝廷。命令礼官鼓励人们努力学习，谈论商讨博学多闻，选用遗逸的文章，兴起被败坏的礼学，把他们作为天下的先导。太常应该商议为博士设置弟子，不仅可以在乡里崇尚教化，还可以奖励贤才之人。”丞相公孙弘奏请为博士设置弟子人员，学礼的人更多了。

秋，匈奴侵入代郡，杀死都尉。

六年春二月，大将军卫青将六将军兵十馀万骑出定襄，斩首三千馀级。还，休士马于定襄、云中、雁门。赦天下。

夏四月，卫青复将六将军绝幕[①]，大克获。前将军赵信军败，降匈奴。右将军苏建亡军[②]，独身脱还，赎为庶人。

六月，诏曰："朕闻五帝不相复礼，三代不同法，所繇殊路而建德一也[③]。盖孔子对定公以徕远[④]，哀公以论臣[⑤]，景公以节用[⑥]，非期不同[⑦]，所急异务也。今中国一统而北边未安，朕甚悼之。日者大将军巡朔方，征匈奴，斩首虏万八千级，诸禁锢及有过者，咸蒙厚赏，得免减罪。今大将军仍复克获[⑧]，斩首虏万九千级，受爵赏而欲移卖者，无所流貤[⑨]。其议为令。"有司奏请置武功赏官，以宠战士。

〔注释〕

①绝幕：横渡沙漠。应劭曰："幕，沙幕，匈奴之南界也。"

②苏建：西汉将领，担任校尉时因跟随大将军卫青进攻匈奴有功，于

武帝元朔二年被封为平陵侯。元朔五年,跟随卫青从朔方出兵,六年为右将军,又跟随卫青从定襄出兵攻打匈奴,失军当斩,赎为庶人,而后为代郡太守。亡:灭亡。

③繇(yóu):自,从。

④徕(lái)远:悦近徕远,意思是使近者悦服,使远者归服。徕,同“来”,归服。《论语》和《韩子》皆言叶公问政于孔子,孔子答以“悦近徕远”。此句所言“定公”,与二书不同。

⑤论臣:讨论选用贤良之臣。如淳曰:“韩非云哀公问政,仲尼曰‘政在选贤’。”

⑥节用:节减用度。如淳曰:“韩非云齐景公问政,仲尼曰‘政在节财’。”

⑦期:期望,要求。

⑧仍:重复,频繁。这里形容词作状语。

⑨貤(yí):通“迻”,转移。

〔译文〕

元朔六年春二月,大将军卫青率领六名将军和十余万骑兵从定襄郡出发,斩获首级三千余。军队返回时,在定襄、云中、雁门休整兵马。大赦天下。

夏四月,卫青再次率领六名将军和士兵横渡匈奴南界的沙漠,大获全胜。前将军赵信的军队战败,投降于匈奴。右将军苏建的军队全军覆没,只身一人逃脱回来,赎罪为平民。

六月,武帝下诏说:“朕听说五帝互相不沿袭礼制,三代不用相同的法度,他们的做法来自不同的途径,但想要建立德行功业的目的是一致的。孔子用‘悦近徕远’回答鲁定公问政,用‘政在选贤’回答鲁哀公问政,用‘政在节财’回答齐景公问政,这不是要求不同，而是视具体情况而决定当务之急。现今中国实现了统一，但北方边境地区还不稳定，朕十分忧虑不安。近日大将军卫青到朔方郡视察，征伐匈奴，斩获首级和俘虏一万八千级，被关押监禁和囚禁及犯有罪过的人，因而都受到了丰厚的奖赏，有的被释免，有的被减罪。现今大将军卫青再一次战胜敌军，斩获首级与俘虏一万九千级，一些受到爵级封赏而想要移卖的人，不按差次就不能转移。可以此作为法令。”相关的官吏奏请设置武功赏官，爵级多的人分与父兄子弟及卖与他人，用来奖励战士。

元狩元年冬十月①，行幸雍，祠五畤。获白麟②，作《白麟之歌》。

十一月，淮南王安、衡山王赐谋反③，诛④。党与死者数万人⑤。

十二月，大雨雪⑥，民冻死。

〔注释〕

①元狩元年：即公元前 122 年。

②麟：古代以为祥瑞。颜师古曰：“麟，麇身，牛尾，马足，黄色，圆蹄，一角，角端有肉。”

③安：刘安，西汉诸侯王、文士，文帝时袭父位被封为淮南王，为汉高祖孙、武帝叔。喜爱读书，擅长诗赋与鼓琴。武帝时，他因文才出众而得宠，曾命他作《离骚传》（一说《离骚赋》）。他曾招致宾客方术之士几千人，编成《内书》二十一篇，《外书》三十三篇，《中篇》八卷，后世称为《淮南鸿烈》，又叫作《淮南子》。而后图谋叛乱，想要夺取帝位，被诛杀。

④诛：诛杀。用于上杀下、有道杀无道、诛杀有罪者。

⑤党与：同党之人。

⑥雨：降落，落下。

〔译文〕

元狩元年冬十月，武帝巡行到雍县，祭祀五帝。获得白麒麟，作《白麟之歌》。

十一月，淮南王刘安和衡山王刘赐图谋反叛，被诛杀。被诛杀的同党有几万人。

十二月，天降大雪，好多平民被冻死。

夏四月，赦天下。

丁卯，立皇太子①。赐中二千石爵右庶长②，民为父后者一级。诏曰："朕闻咎繇对禹③，曰在知人，知人则哲，惟帝难之。盖君者心也，民犹支体，支体伤则心憯怛④。日者淮南、衡山修文学，流货赂，两国接壤，怵于邪说⑤，而造篡弑，此朕之不德。《诗》云：'忧心惨惨，念国之为虐。'⑥已赦天下，涤除与之更始。朕嘉孝弟力田⑦，哀夫老眊孤寡鳏独或匮于衣食⑧，甚怜愍焉。其遣谒者巡行天下⑨，存问致赐。曰'皇帝使谒者赐县三老、孝者帛⑩，人五匹；乡三老、弟者、力田帛，人三匹；年九十以上及鳏寡孤独帛，人二匹，絮三斤；八十以上米，人三石。有冤失职，使者以闻。县、乡即赐，毋赘聚⑪'。"

五月乙巳晦，日有蚀之。

匈奴入上谷，杀数百人。

〔注释〕

①皇太子：即刘据，汉武帝长子，母亲为卫皇后，元狩初被立为太子。谥号为“戾”，故又称为戾太子。

②右庶长：爵名，为二十等爵第十一级。庶长：众列之长。

③咎繇：即皋陶，传说远古时东夷部落首领之一。虞舜时曾任掌管刑法的士（狱官之长），以正直著称。禹继舜位后，他继续受重用。

④憯怛（cǎndá）：惨痛，悲伤。

⑤怵（xù）：通“訹”，利诱。

⑥“《诗》云”句：此句引自《诗经·小雅·正月》，意思为忧心满怀忧愁不已，惦念着国家的灾难。惨惨：忧闷，忧愁。

⑦弟（tì）：通“悌”，敬爱兄长。

⑧眊（mào）：通“耄”，八十曰耄，这里指年老。孤：幼而无父。寡：妇人丧夫。鳏（guān）：老而无妻。独：老而无子。匮：匮乏，缺乏。

⑨谒（yè）者：官名，本职为侍从皇帝，担任宾礼司仪，宿卫宫廷及临时差遣，有时也充当皇帝的使者，出使诸侯王国、少数民族，巡视地方等。

⑩三老：官名，掌教化。乡、县、郡都曾先后设置。三老可免除徭役，可向县令丞尉提出关于地方政事的建议。

⑪赘聚：会聚。

〔译文〕

夏四月，大赦天下。

四月丁卯（二十一日），立武帝长子刘据为皇太子。赐中二千石爵右庶长，赐继承的爵位为其父爵位的后一级。武帝下诏说：“朕听说皋陶辅佐禹，说是在于体察并选用有品性有才能的人，这可谓是明智的，古代帝王做到知人是很难的。君主好比是心脏，民众好比是肢体，肢体受伤那么心脏就会惨痛悲伤。从前淮南王刘安与衡山王刘赐讲修文学，流通货币，两国接壤，但被邪说利诱，而起篡位弑君之心，这是朕缺乏德行的原因。《诗经》有言：'忧心惨惨，念国之为虐。'现在已经大赦天下，清除乱臣贼子而除旧布新。朕要嘉奖那些孝顺父母、敬爱兄长、勤于农事的人，同情那些孤寡鳏独或者缺乏衣服食物的人，朕十分怜悯。派遣谒者巡视天下，进行慰问并把赏赐送到。诏令说：'皇帝派谒者赏赐县三老、孝子布帛，每人五匹；赏赐乡三老、敬爱兄长的人、勤于农事的人布帛，每人三匹；赏赐九十岁以上的人和鳏寡孤独的人，每人二匹布帛、三斤绵絮；赏赐八十岁以上的人米，每人三石。存在冤屈和失去常业的人，使者应该向朝廷报告。县乡要就地赏赐，不能擅自征召会聚三老、孝悌者、力田者。"

五月乙巳（三十日），发生日偏食。

匈奴侵入上谷，杀害了数百人。

二年冬十月，行幸雍，祠五畤。

春三月戊寅，丞相弘薨。

遣骠骑将军霍去病出陇西[①]，至皋兰[②]，斩首八千馀级。

夏，马生余吾水中[③]。南越献驯象、能言鸟[④]。

将军去病、公孙敖出北地二千馀里[⑤]，过居延[⑥]，斩首虏三万馀级。

匈奴入雁门，杀略数百人。遣卫尉张骞、郎中令李广皆出右北平⑦。广杀匈奴三千馀人，尽亡其军四千人，独身脱还，及公孙敖、张骞皆后期，当斩，赎为庶人⑧。

江都王建有罪⑨，自杀。胶东王寄薨⑩。

秋，匈奴昆邪王杀休屠王⑪，并将其众合四万馀人来降，置五属国以处之⑫。以其地为武威、酒泉郡⑬。

〔注释〕

①霍去病：西汉名将。武帝时，匈奴攻扰北方诸郡，他于元狩二年（前121）两次率兵击败匈奴，控制河西四郡，开辟了通往西域的走廊。四年，又和卫青深入漠北，击败匈奴主力，控制了河套地区。他先后六次出击匈奴，制止了匈奴的掠夺。病故时，年仅二十四岁。陇（lǒng）西：郡名，治所在狄道县（今甘肃临洮县）。

②皋兰：山名，在今甘肃兰州市南。

③余吾水：河名，在今蒙古境内土拉河。

④驯象：受过专门训练，能顺从人意的象。能言鸟：鹦鹉的别名。

⑤北地：郡名，治所在马领县（今甘肃庆阳县西北马岭镇）

⑥居延：县名，治所在今内蒙古额济纳旗东南哈拉和图。

⑦右北平：郡名，治所在平刚县（在今内蒙古宁城县西南）。

⑧赎：用财物或行动抵消罪过，解除刑罚。

⑨江都王建：刘建，景帝孙。他淫乱暴虐，淮南王、衡山王谋反时，刘建为党羽而被捕，后自杀。

⑩胶东王寄：西汉宗室，景帝第十二子，景帝中二年立为胶东王。

⑪昆（hún）邪（yé）王、休屠王：二者皆为匈奴部落首领。

⑫属国：为安置归附的匈奴、羌、夷等少数族而设的行政区划，存其国

号而隶属于汉朝。

⑬武威：郡名，治所在姑臧县（今甘肃武威市）。酒泉：郡名，治所在禄福县（今甘肃酒泉市）。

〔译文〕

元狩二年冬十月，武帝巡行到雍县，在五畤祭祀。

春三月戊寅（初八），丞相公孙弘去世。

派遣骠骑将军霍去病从陇西郡出兵，到达皋兰山，斩获敌人首级八千多。

夏，有马在余吾水中出生。南越进献了驯象和鹦鹉。

将军霍去病、公孙敖从北地郡出兵行了两千多里，经过居延县，斩获敌人首级三万多。

匈奴侵入雁门郡，杀戮掳掠几百人。派遣卫尉张骞、郎中令李广都从右北平郡出兵。李广杀匈奴三千余人，自己军队的四千人全部战死，只身一人逃脱回来；公孙敖、张骞都过了预定的期限才回来，依法应当被斩首，赎为平民。

江都王刘建获罪，自杀。胶东王刘寄去世。

秋，匈奴昆邪王杀死了休屠王，并且率领众人一共四万余归降汉朝，武帝设置五个属国对他们进行安置。把这些地方划分为武威郡、酒泉郡。

三年春，有星孛于东方。夏五月，赦天下。立胶东康王少子庆为六安王。封故相国萧何曾孙庆为列侯[①]。

秋，匈奴入右北平、定襄，杀略千馀人。

遣谒者劝有水灾郡种宿麦[②]。举吏民能假贷贫民者以名闻[3]。

减陇西、北地、上郡戍卒半。

发谪吏穿昆明池[4]。

〔注释〕

①相国：官名，居宰辅之位，为百官之长，与丞相大致相同但是地位稍微尊贵。萧何：西汉初大臣，秦二世元年（前209）辅佐刘邦起义，刘邦率领起义军进入咸阳，诸将都忙于分取府库财物，他却收取秦王朝的文献档案，掌握全国山川险要、郡县户口及当时的社会状况。汉朝建立后，被封为酂侯，协助刘邦、吕后消灭韩信、英布等叛乱。刘邦死后，辅佐汉惠帝。

②宿麦：秋天种植，隔年成熟的麦子。

③假贷：借贷。假，借。

④谪吏：因罪而被贬谪的官吏。穿：开凿，挖掘。昆明池：池名，在今陕西西安市西南丰、潏二水之间。一为准备与昆明国作战训练水军，二为解决长安城给水困难。

〔译文〕

元狩三年春，有彗星在东方出现。夏五月，大赦天下。立胶东康王刘寄的小儿子刘庆为六安王。封已故相国萧何的曾孙萧庆为列侯。

秋天，匈奴侵入右北平郡、定襄郡，杀戮掳掠了一千余人。

朝廷派遣谒者劝导受水灾的郡县种植宿麦。推举官员、民众中能借贷钱物给贫民的人，把名字呈报给朝廷。

减少一半陇西郡、北地郡、上郡戍守的士兵。

发配谪吏去开凿昆明池。

四年冬，有司言关东贫民徙陇西、北地、西河、上郡、会稽凡七十二万五千口[①]，县官衣食振业，用度不足，请收银锡造白金及皮币以足用[②]。初算缗钱[③]。

春，有星孛于东北。

夏，有长星出于西北[④]。

大将军卫青将四将军出定襄，将军去病出代，各将五万骑。步兵踵军后数十万人[⑤]。青至幕北围单于[⑥]，斩首万九千级，至阗颜山乃还[⑦]。去病与左贤王战[⑧]，斩获首虏七万馀级，封狼居胥山乃还[⑨]。两军士死者数万人。前将军广、后将军食其皆后期[⑩]。广自杀，食其赎死。

〔注释〕

①有司：官吏和官署的泛称。西河：郡名，治所在平定县（今陕西府谷县西北）。

②白金：古代指银子。亦指银合金的货币。皮币：用皮革制成的货币。武帝时曾订定白鹿皮为“皮币”。

③算缗（mín）钱：西汉对工商业者财产征收的税。具体内容有三项：其一，对各类从事商业活动的人，无论有无市籍，均须向政府呈报自己的资产数额，作为征税的依据。税额为每二千钱纳一百二十钱。其二，对手工业者征收的资产税，税额为每四千钱纳一百二十钱。其三、对车船征税，除国家官吏、三老、北边骑士外，一般人拥有轺车一辆，征收一百二十钱，商贾的轺车每辆征税二百四十钱，船五丈以上征税一百二十钱。凡隐匿财产、不向政府如实申报、拒不交纳或偷漏税款者，将没收其全部财产，并戍边一年。

④长星：古星名，类似彗星，有长形光芒。

⑤踵(zhǒng)军:后续部队。

⑥幕北:一作漠北。泛指今蒙古高原大沙漠以北地区。单于:匈奴最高首领的称号

⑦阗(tián)颜山:山名,杭爱山脉(在今蒙古国中西部)南面。

⑧左贤王:匈奴贵族的封号。

⑨封狼居胥山:颜师古曰:“登山祭天,筑土为封,刻石纪事,以彰汉功。”狼居胥山:山名,在今蒙古境内肯特山(一说在今内蒙古克什克腾旗西北至阿巴嘎旗一带)。

⑩后将军食其:此传写者笔误,“后将军”当为“右将军”。食其:赵食其。武帝时为主爵都尉,跟随大将军卫青出战有功,元狩三年被封为关内侯。四年,他担任右将军,跟随霍去病从定襄出击匈奴,因迷失道路贻误军机被判处死罪,后出钱赎罪成为平民。

〔译文〕

元狩四年冬,相关的官吏上报说关东地区的贫民迁移到陇西、北地、西河、上郡、会稽五个郡的人口大概七十二万五千,官府提供衣服、饮食,并振兴生产,所需费用不足,请求收集银锡铸造白金钱币及用白鹿皮制作皮币来充足国家的用度开销。开始对工商业者的财产征收税。

春,有彗星在东北方出现。

夏,有长星在西北方出现。

大将军卫青率领四位将军和士卒从定襄出兵,将军霍去病从代郡出兵,二者各自率领五万骑兵。后续部队步兵有几十万人。卫青到达漠北围困了匈奴单于,斩获敌军首级一万九千,到达阗颜山就回师了。霍去病与匈奴左贤王作战,斩获敌首和俘虏七万余级,登上狼居胥山祭天筑土并把功绩刻在石上才回师。

两方军队的战死者有几万人。前将军李广、右将军赵食其都迟误期限才到达。李广自杀,赵食其出钱赎罪成为平民。

五年春三月甲午,丞相李蔡有罪[①],自杀。

天下马少,平牡马匹二十万[②]。

罢半两钱,行五铢钱[③]。

徙天下奸猾吏民于边。

〔注释〕

①李蔡:李广的从弟。武帝元朔四年,担任轻车将军跟随大将军卫青进击匈奴,被封为乐安侯。元狩二年,代替公孙弘为丞相。后来因盗取景帝阳陵地而获罪,自杀而亡。

②牡马:雄马。

③五铢钱:钱币名。方孔圆形,钱径一般 2.5 厘米,重 2.5 克,上有"五铢"篆字。

〔译文〕

元狩五年春三月甲午(十一日),丞相李蔡因盗取景帝阳陵地而获罪,自杀。

天下马少,雄马价格均等,每匹二十万钱。

停止流通半两钱,发行五铢钱。

迁徙全国范围内奸诈狡猾的官吏和民众到边疆去。

六年冬十月,赐丞相以下至吏二千石金,千石以下至乘从者帛,蛮夷锦各有差[①]。

雨水亡冰[2]。

夏四月乙巳，庙立皇子闳为齐王，旦为燕王，胥为广陵王。初作诰[3]。

六月，诏曰："日者有司以币轻多奸，农伤而末众[4]，又禁兼并之涂，故改币以约之。稽诸往古，制宜于今。废期有月[5]，而山泽之民未谕[6]。夫仁行而从善，义立则俗易，意奉宪者所以导之未明与？将百姓所安殊路，而挢虔吏因乘势以侵蒸庶邪[7]？何纷然其扰也[8]！今遣博士大等六人分循行天下[9]，存问鳏寡废疾，无以自振业者贷与之。谕三老孝弟以为民师，举独行之君子，征诣行在所[10]。朕嘉贤者，乐知其人。广宣厥道[11]，士有特招，使者之任也。详问隐处亡位[12]，及冤失职，奸猾为害，野荒治苛者[13]，举奏。郡国有所以为便者，上丞相、御史以闻。"

秋九月，大司马骠骑将军去病薨。

〔注释〕

①蛮夷：古代泛指华夏中原民族以外的少数民族。差：等级。

②雨：降落，落下。亡（wú）：无。

③诰（gào）：帝王发布的文告。这里指帝王封赠官爵的文书。

④末：工商业者。

⑤废期有月：指从去年三月到今年四月，已经是一年零一个月。期（jī）：一年。

⑥谕（yù）：知道，明白。

⑦挢(jiǎo):同"矫",诈称,假托。虔:顽固。蒸:通"烝",众,多。

⑧扰:烦扰。

⑨大:人名,指褚大。

⑩行在所:为皇帝所在之处。在京师,或在巡行之处。

⑪厥:代词,其。

⑫亡位:不被任用。

⑬野荒:田野荒废不耕作。治苛:为政过于苛刻。

〔译文〕

元狩六年冬十月,赏赐丞相以下到二千石的官吏金,赏赐一千石以下到乘骑的侍从帛,按照不同等级赏赐蛮夷各首领锦。

冬天降水没有冰雪。

夏四月乙巳(二十九日),在庙堂立皇子刘闳为齐王、刘旦为燕王、刘胥为广陵王。开始发布诰这种封赠官爵的文书。

六月,武帝下诏说:"不久前相关的官吏反映有钱币轻而铸伪币、农业生产者减少而工商业者增多的现象,另外为了禁止大家兼并小民、富者兼并贫民,所以改革币制,停止流通半两钱发行五铢钱,来制约奸邪的事情。这是稽考并吸取古代的经验教训,制定适宜现今的方法。而废半两钱已有一年零一个月,偏远地区的民众还是不知道。仁政的实行就会使得民众从善,正义的确立就会端正社会风俗,现在这种情况,是奉命执行的官员引导得不够明确吗?还是百姓安身立命有不同的途径,而使那些假托上命的顽固官吏趁机去侵犯众多百姓吗?多么的混乱让人烦扰!现在派遣博士褚大等六人分别去巡视天下,慰问老弱孤苦和残疾不能做事的人,贷款给不能自谋职业的人。告诉三老与孝悌者要做民众的老师，推举节操高尚的君子，征召到皇帝所在之处。朕喜爱贤者，很开心知道这些人。要广泛地传达皇帝的命令，对于有特殊才能品行的人也可以招揽，使者有责任进行分辨。要详细地盘问隐居而不被任用的人，受到冤屈而失去职位的人，奸诈狡猾造成祸害的人，田野荒废不耕作和为政过于苛刻的人，都要检举上奏给朝廷。郡国有可以便民的建议，要上报给丞相、御史使朝廷知道。”

秋九月，大司马骠骑将军霍去病去世。

元鼎元年夏五月，赦天下，大酺五日。

得鼎汾水上①。

济东王彭离有罪②，废徙上庸③。

〔注释〕

①汾水：即今山西汾河。

②济东王彭离：刘彭离，西汉宗室，梁孝王刘武之子，景帝中六年被封为济东王。暮夜与奴仆、亡命少年几十人抢劫杀人，夺取财物，国人不敢夜行。被杀者之子上告，后来他被废为庶人。

③上庸：县名，治所在今湖北竹山县西南。

〔译文〕

元鼎元年夏五月，大赦天下，下令全国臣民聚会饮酒五日。

在汾水边上得到宝鼎。

济东王刘彭离犯了罪，被废去官职迁徙到上庸县。

二年冬十一月，御史大夫张汤有罪[①]，自杀。十二月，丞相青翟下狱死[②]。

春，起柏梁台[③]。

三月，大雨雪。夏，大水，关东饿死者以千数。

秋九月，诏曰："仁不异远，义不辞难。今京师虽未为丰年，山林池泽之饶与民共之。今水潦移于江南[④]，迫隆冬至，朕惧其饥寒不活。江南之地，火耕水耨[⑤]，方下巴蜀之粟致之江陵[⑥]，遣博士中等分循行，谕告所抵[⑦]，无令重困。吏民有振救饥民免其厄者，具举以闻。"

〔注释〕

①张汤：习律令，初为长安吏。武帝元朔三年为廷尉，元狩三年为御史大夫。在任期间，建议铸造白金及五铢钱，支持盐铁官营政策，主持制订"告缗令"，以打击富商大贾，用法严峻，权势甚盛。而后被丞相庄青翟及长史朱买臣等人陷害，自杀而亡。

②青翟：庄青翟，庄不识之孙。文帝后二年嗣爵为武强侯，武帝建元四年为御史大夫，元狩五年为丞相。元鼎二年御史大夫张汤被陷害而亡，导致庄青翟受到牵连入狱而亡。

③柏梁台：台名，以香柏为梁，故称"柏梁台"。在汉长安城内未央宫中。

④水潦（lào）：雨水过多农作物被淹。

⑤火耕水耨（nòu）：一种流行于江南一带的耕种方式。先将杂草烧去，然后引水灌溉，种植水稻，待杂草与稻长至七八寸高时，全部芟除杂草，再灌水入田，草死而稻长。

⑥巴蜀:指巴、蜀二郡,皆在今四川省。江陵:县名,治所在今湖北江陵县。

⑦抵:到达。

〔译文〕

元鼎二年冬十一月,御史大夫张汤犯了罪,自杀而亡。十二月,丞相庄青翟受到牵连被关进牢狱而死。

春,开始建造柏梁台。

三月,降了很大的雪。夏,发生洪水灾害,关东饿死的人数以千计。

秋九月,武帝下诏说:“仁就是远近如一,义就是不惮艰难。今年京师虽然不是丰收之年,但是山林池泽的丰饶资源要与民众共享。现今水涝灾害的范围已移到江南,严冬就要到了,朕害怕百姓饥饿寒冷而无法生存,江南地区有火耕水耨的耕种方式,刚刚巴蜀的粟米已经运达江陵,派遣博士中等人分别到各地去巡行,告诉民众粮食已经到达,不要加重他们的困苦。官吏和民众有赈济救灾使得饥民免除苦难的,要全部报告给朝廷。”

三年冬,徙函谷关于新安①。以故关为弘农县②。

十一月,令民告缗者以其半与之。

正月戊子,阳陵园火。夏四月,雨雹,关东郡国十馀饥,人相食。

常山王舜薨③。子勃嗣立④,有罪,废徙房陵。

〔注释〕

①函谷关:在今河南新安县东北。

②弘农县:在今河南灵宝县东北。

③舜:刘舜,西汉宗室,景帝少子。

④勃:刘勃,景帝之孙,刘舜之子。刘舜生病时,勃不侍奉,舜死几日后,勃就淫欲无度,所以被废。

〔译文〕

元鼎三年冬,迁徙函谷关到新安县。而以前函谷关在弘农县。

十一月,朝廷下令凡揭发不交纳算缗钱的人,被奖励没收纳税者财产的一半。

正月戊子,阳陵园失火。夏四月,天降冰雹,关东的十几个郡国都发生饥荒,出现了人吃人的现象。

常山王刘舜去世。其子刘勃继承其位,犯了罪,被废去王位并迁徙到房陵县。

四年冬十月,行幸雍,祠五畤。赐民爵一级,女子百户牛酒。行自夏阳①,东幸汾阴②。十一月甲子,立后土祠于汾阴脽上③。礼毕,行幸荥阳④。还至洛阳⑤,诏曰:“祭地冀州⑥,瞻望河洛⑦,巡省豫州⑧,观于周室,邈而无祀⑨。询问耆老⑩,乃得孽子嘉。其封嘉为周子南君,以奉周祀。”

春二月,中山王胜薨⑪。

夏，封方士栾大为乐通侯[12]，位上将军[13]。

六月，得宝鼎后土祠旁。秋，马生渥洼水中[14]。作《宝鼎》《天马》之歌。

立常山宪王子商为泗水王[15]。

〔注释〕

①夏阳：县名，治所在今陕西韩城市南。

②汾阴：县名，治所在今山西万荣县西南庙前村北古城。

③后土祠：在今山西万荣县西南庙前村。脽（shuí）：小土山。

④荥（xíng）阳：县名，治所在今河南荥阳县东北。

⑤洛阳：县名，治所在今河南洛阳市东北。

⑥冀州：古代"九州"之一，今山西、河北二省全境。

⑦河洛：泛指今山西南部、河南中部黄河、洛水流域。

⑧豫州：古代"九州"之一，今河南。

⑨邈（miǎo）：遥远，久远。

⑩耆老：老人，多指德高望重者。

⑪胜：刘胜，西汉宗室。景帝第九子。

⑫方士：方术之士。研究神仙方术、从事巫祝术数的人。

⑬上将军：官名，为督军征战的主帅。

⑭渥洼水：在今甘肃敦煌市境，为党河支流。西汉时产良马。

⑮商：刘商，西汉宗室。景帝之孙。

〔译文〕

元鼎四年冬十月，皇帝巡行到雍县，在五畤祭祀。赏赐民众爵位一级，赏赐女性户主家庭每百户一头牛、十石酒。从夏阳县出发，向东巡幸到汾阴县。十一月甲子（初八），在汾阴县的小土山建后土祠。礼毕后,巡行到荥阳县。返回到洛阳后,武帝下诏说:"在冀州祭祀地神,瞻望河洛,巡视省察豫州,观览周王室旧址后,发现已经很久没有祭祀了。询问当地德高望重的老者,才找到周朝的后裔姬嘉。封姬嘉为周子南君,以奉祀周祀。"

春二月,中山王刘胜去世。

夏,封方士栾大为乐通侯,位居上将军。

六月,在后土祠旁得到宝鼎。秋,在渥洼水产出良马。所以武帝作题为《宝鼎》《天马》的诗歌。

立常山宪王之子刘商为泗水王。

五年冬十月,行幸雍,祠五畤。遂逾陇①,登空同②,西临祖厉河而还③。

十一月辛巳朔旦,冬至。立泰畤于甘泉④。天子亲郊见,朝日夕月。诏曰:"朕以眇身托于王侯之上,德未能绥民⑤,民或饥寒,故巡祭后土以祈丰年。冀州脽壤乃显文鼎⑥,获荐于庙。渥洼水出马,朕其御焉。战战兢兢⑦,惧不克任,思昭天地,内惟自新。《诗》云:'四牡翼翼⑧,以征不服。'亲省边垂,用事所极⑨。望见泰一,修天文禅⑩。辛卯夜,若景光十有二明。《易》曰:'先甲三日,后甲三日。'⑪朕甚念年岁未咸登,饬躬斋戒⑫,丁酉,拜况于郊⑬。"

〔注释〕

①陇:陇山,一作陇阪,山名。在今陕西陇县、宝鸡市与甘肃清水县、

张家川回族自治县之间。北入沙漠,南上渭水,为关中西部屏障。

②空同:一作崆峒,山名。在今甘肃平凉市西,接宁夏隆德县界。

③祖厉河:河名,源自甘肃会宁县东南,流经西经县南、靖远县北,流入黄河。

④泰畤:天子祭祀天神之处。甘泉:山名,在今陕西旬邑县东。

⑤绥(suí):安抚,安定。

⑥文鼎:刻镂花纹的鼎。

⑦战战兢兢:畏惧谨慎的样子。

⑧翼翼:整齐的样子。

⑨极:至。

⑩禅(shàn):祭天。

⑪先甲三日,后甲三日:此句源于《易·蛊卦》。应劭曰:"先甲三日,辛也。后甲三日,丁也。言王者齐戒必自新,临事必自丁宁。"

⑫饬(chì)躬:正己。

⑬况:赐。

〔译文〕

元鼎五年冬十月,皇帝巡行到雍县,在五畤祭祀。然后越过陇山,登上空同山,向西走到祖厉河而返回。

十一月辛巳(初一),冬至,在甘泉县建立泰畤。天子亲自到郊外的泰畤祭祀,早上向东揖拜太阳,晚上向西揖拜月亮。武帝下诏说:"朕以渺小的身躯处于王侯之上,德政不能使民众安定,有的还在遭受饥饿寒冷,所以到后土祠巡行祭祀来祈求丰年。在冀州后土祠所在的小土山发现了有刻镂花纹的鼎,获得后进献到祖庙。渥洼水中所出的良马,为朕所驾驭。战战兢兢,害怕不能胜任,想要昭明天地之德,自己一定要自省更新。

《诗》说：'四匹雄马整齐健壮，以征讨不臣服的地区。'我亲自视察边陲，所到之处必须祭祀。望见泰一，就修建天文坛祭天。十一月辛卯的晚上，好像出现了十二道祥瑞之光。《易》说：'先甲三日修身自警，一定要自我反省更新，后甲三日遇到事情，一定要嘱咐告诫。'朕十分挂念今年的光景没有全部丰收，所以修身正己进行斋戒来表达虔诚，后甲三日的丁酉，在郊外举行祭祀来祈求天地的恩赐。"

夏四月，南越王相吕嘉反①，杀汉使者及其王、王太后。赦天下。

丁丑晦，日有蚀之。

秋，蛙、蝦蟆斗②。

遣伏波将军路博德出桂阳③，下湟水④；楼船将军杨僕出豫章⑤，下浈水⑥；归义越侯严为戈船将军⑦，出零陵⑧，下离水⑨；甲为下濑将军⑩，下苍梧⑪。皆将罪人，江淮以南楼船十万人。越驰义侯遗别将巴蜀罪人，发夜郎兵⑫，下牂柯江⑬，咸会番禺⑭。

九月，列侯坐献黄金酎祭宗庙不如法夺爵者百六人⑮，丞相赵周下狱死⑯。乐通侯栾大坐诬罔要斩⑰。

西羌众十万人反⑱，与匈奴通使，攻故安⑲，围枹罕⑳。匈奴入五原，杀太守。

〔注释〕

①南越王相吕嘉：武帝元鼎五年，南越王及太后想要依附汉朝，打算

诛杀不服从的吕嘉。所以吕嘉攻杀了王、太后与汉使者。六年,被汉楼船将军杨仆(仆)、伏波将军路博德击败,后逃亡到海岛被擒获。

②蝦(xiā)蟆:动物名,亦称蛤蟆。

③伏波将军:将军名号,为统兵武官,后渐渐成为官名。桂阳:郡名,治所在郴县(今湖南郴县)。

④湟(huáng)水:一作洭水、汇水,水名。在今广东北部连江,源出连县西北,东南至英德县西南入北江。

⑤楼船将军:官名,统领水军出战。豫章:郡名,治所在南昌县(今江西南昌市)。

⑥浈(zhēn)水:水名,即今广东北江东源浈水。

⑦归义侯:汉朝赐予少数民族君长的封爵。严:人名,原为越人,后归降汉朝。戈船将军:将军名号。戈船:古代战船的一种,在船下安装戈戟来防御蛟龙水虫的危害。

⑧零陵:郡名,治所在零陵县(今广西全州县西南)。

⑨离水:又名漓水、漓江,水名。即今广西漓江。

⑩甲:人名,原为越人,后归降汉朝。

⑪苍梧(wú):在今湖南南部、广西西北部及广西东北部广大地区。

⑫夜郎:县名,治所在今贵州关岭布依族苗族自治县南。

⑬牂(zāng)柯江:一作牂牁江。即今云南、贵州境内北盘江及其下游,流经广西、广东之红水河、黔江、浔江和西江。

⑭番禺:县名,治所在今广东广州市。

⑮酎(zhòu)祭:汉朝时每八月在首都长安祭拜高祖庙,此时需献酎饮酒,诸侯王与列侯均须按封地人口数每一千人献黄金四两来助祭,不足千人而超过五百人也按四两标准奉献。律文规定,如果黄金成色、重量不足,以大不敬罪论处,诸侯王削地,列侯夺爵。酎,一种优质酒,用于祭祀宗庙。

⑯赵周:西汉人,赵夷吾之子,因为父亲的功绩被封为商陵侯。任太子太傅,武帝元鼎二年为丞相。元鼎五年,因在酎祭时所献黄金不足而被

捕下狱，后自杀而亡。

⑰栾大：西汉方术之士。恰逢武帝求取仙方，他因乐成侯丁义推荐而受到武帝重用，先后被封为五利将军、乐通侯，并迎娶卫长公主。后来栾大不敢入海求取长生不死药，方术大多不灵验，武帝才知道被欺罔，遂将其腰斩。诬罔：以不实之言陷害他人的罪名。要斩：即"腰斩"，古代死刑的一种。从腰部将罪犯的身体斩为两段的酷刑。

⑱羌：我国古代西部民族，以牧羊为主。

⑲故安：疑当作安故，县名，治所在今甘肃临洮南。

⑳枹（fú）罕：县名。治所在今甘肃临夏县西南枹罕镇。

〔译文〕

夏四月，南越王相吕嘉谋反，杀死了汉朝使者及南越王、太后。大赦天下。

四月丁丑（三十日），发生了日偏食现象。

秋，青蛙与蛤蟆争斗。

武帝派遣伏波将军路博德从桂阳出兵，攻下湟水；楼船将军杨仆从豫章出兵，攻下浈水；任命归义越侯严为戈船将军，从零陵出兵，攻下离水；任命甲为下濑将军攻下苍梧。都率领罪人，江淮以南的战船载了十万人。越驰义侯遗另外率领巴蜀地区的罪人，向夜郎县发兵，攻下牂柯江，全部将领会师于番禺县。

九月，列侯因犯了在酎祭宗庙时所献黄金不符合法律的罪，被削去爵位的一百零六人，丞相赵周被捕下狱，自杀而亡。乐通侯栾大犯了诬罔罪被腰斩。

西羌民众有十万人谋反，与匈奴互派使者，攻打安故县，围困枹罕县。匈奴侵入到五原郡，杀死了太守。

六年冬十月，发陇西、天水、安定骑士及中尉[①]，河南、河内卒十万人[②]，遣将军李息、郎中令徐自为征西羌[③]，平之。

行东，将幸缑氏[④]，至左邑桐乡[⑤]，闻南越破，以为闻喜县。春，至汲新中乡[⑥]，得吕嘉首，以为获嘉县。驰义侯遗兵未及下，上便令征西南夷，平之。遂定越地，以为南海、苍梧、郁林、合浦、交阯、九真、日南、珠厓、儋耳郡[⑦]。定西南夷，以为武都、牂柯、越巂、沈黎、文山郡[⑧]。

秋，东越王馀善反，攻杀汉将吏[⑨]。遣横海将军韩说、中尉王温舒出会稽，楼船将军杨仆出豫章，击之。又遣浮沮将军公孙贺出九原[⑩]，匈河将军赵破奴出令居[⑪]，皆二千馀里，不见虏而还。乃分武威、酒泉地置张掖、敦煌郡[⑫]，徙民以实之。

〔注释〕

①陇西：郡名，治所在狄道县（今甘肃临洮县）。天水：郡名，治所在平襄县（今甘肃通渭县西）。安定：郡名，治所在高平县（今宁夏固原县）。

②河南：郡名，治所在洛阳县（今河南洛阳市东北）。河内：郡名，治所在怀县（今河南武陟县西南）。

③将军：高级武官的尊称，为朝廷重臣。郎中令：官名，掌管宫廷戍卫，侍从皇帝左右，参与谋议等。

④缑（gōu）氏：县名，治所即今河南偃师县东南缑氏镇。

⑤左邑：县名，治所即今山西闻喜县。桐乡：乡名，原在左邑县中。

⑥汲（jí）：县名，治所在今河南卫辉市西南。新中乡：乡名，原在汲县中。

⑦南海：郡名，治所在番禺县（今广东广州市）。苍梧：郡名，治所在广信县（今广西梧州市）。郁林：郡名，治所在布山县（今广西桂平县西南古城）。合浦（pǔ）：郡名，治所在徐闻县（今广东徐闻县南）。交阯（zhǐ）：一作交趾，郡名，治所在羸娄县（今越南河内市西北）。九真：郡名，治所在胥浦县（今越南清化省清化西北东山县阳舍村）。日南：郡名，治所在西卷县（今越南广治省甘露河与广治河合流处）。珠厓：一作珠崖，郡名，治所在瞫都县（今海南琼山县东南）。儋（dān）耳：郡名，治所在儋耳县（今海南儋县西北南滩）。

⑧武都：郡名，治所在武都县（今甘肃西和县南）。牂（zāng）柯：郡名，治所在故且兰县（今贵州凯里市西北）。越巂（xī）：郡名，治所在邛都县（今四川西昌县东南）。沈黎：郡名，治所在筰都县（今四川汉源县东北）。文山：一作汶山，郡名，治所在汶江县（今四川茂县北）。

⑨将吏：官名，军队主将的佐吏。

⑩九原：县名，治所在今内蒙古包头市西北。

⑪令居：县名，治所在今甘肃永登县西北。

⑫张掖：郡名，治所在觻得县（今甘肃张掖市西北）。敦煌：郡名，治所在敦煌县（今甘肃敦煌市西）。

〔译文〕

元鼎六年冬十月，征发陇西郡、天水郡、安定郡的骑兵和中尉，河南郡、河内郡的兵卒十万人，派遣将军李息、郎中令徐自为去征伐西羌，平息了叛乱。

武帝向东巡行，将要去缑氏县，到达左邑县桐乡时，听闻南越军被打败，就把此地改为“闻喜县”。春，到达汲县新中乡，听闻得到南越王相吕嘉的首级，就把此地改为“获嘉县”。驰义侯何遗的军队还没有撤回，武帝便命令他去征伐西南夷，平定了西南夷。

于是划定南越的区域，把这里设置成南海郡、苍梧郡、郁林郡、合浦郡、交趾郡、九真郡、日南郡、珠崖郡、儋耳郡。划定西南夷的区域，把这里设置成武都郡、牂柯郡、越嶲郡、沈黎郡、文山郡。

秋，东越王馀善造反，攻打杀害了汉朝的将吏。朝廷派遣横海将军韩说、中尉王温舒从会稽郡出兵，楼船将军杨仆从豫章郡出兵，一同攻打东越王馀善。再派遣浮沮将军公孙贺从九原县出兵，匈河将军赵破奴从令居县出兵，两军都前进了两千多里，没有看到敌军而回朝了。于是划分武威郡、酒泉郡的部分地区设置张掖郡、敦煌郡，并迁徙民众充实这两郡。

后元元年春正月①，行幸甘泉，郊泰畤，遂幸安定②。

昌邑王髆薨③。

二月，诏曰："朕郊见上帝，巡于北边，见群鹤留止，以不罗罔④，靡所获献。荐于泰畤⑤，光景并见。其赦天下。"

夏六月，御史大夫商丘成有罪自杀⑥。侍中仆射莽何罗与弟重合侯通谋反⑦，侍中驸马都尉金日磾、奉车都尉霍光、骑都尉上官桀讨之⑧。

秋七月，地震，往往涌泉出⑨。

〔注释〕

①后元元年：即公元前88年。

②安定：郡名，治所在高平县（今宁夏固原县）。

③昌邑王髆（bó）：武帝第六子。天汉四年被立为昌邑王。

④罗：捕鸟的网。罔：动词，同“网”，捕捉的意思。

⑤荐：进献。

⑥商丘成：武帝征和三年，担任御史大夫率领二万人出击匈奴，斩首颇多。后来陪从祭祀孝文庙时在堂下醉酒歌唱，犯了大不敬罪，自杀而亡。

⑦侍中仆射：官名，西汉时，凡列侯、将军、卿大夫、将、都尉、尚书以至郎中，加此官即可入侍宫禁，亲近皇帝。多授予外戚、亲信、文学侍从、才武之士、功臣子弟等。侍从皇帝左右，侍奉生活起居，分掌御用乘舆服物、下至亵器虎子唾壶等杂务，没有固定的官员数额，以功高者一人为仆射。武帝以后，常授予重臣儒者，与闻朝政，赞导众事，顾问应对，与公卿大臣论辩，平议尚书奏事，为中朝要职。武帝末年，因侍中莽（亦作马）何罗挟刃谋逆，令出居宫禁外，有事召入，事毕即出，虽尊显日甚，亲近则逊于前。莽何罗：本姓马，与江充交好，江充因为诬陷太子刘据巫蛊事败，被诛三族。何罗害怕祸及己身，遂谋刺武帝，后被擒获。东汉其后代以与何罗同宗为耻，改姓为莽。

⑧驸马都尉：官名，皇帝出行时掌副车，为侍从近臣。奉车都尉：官名，掌御皇帝车乘。

⑨往往：处处，到处。

〔译文〕

后元元年春正月，皇帝巡行到甘泉宫，在泰畤祭祀，然后巡行到安定郡。

昌邑王刘髆去世。

二月，武帝下诏说：“朕祭祀时见到先帝，在北边巡行时，见到成群的鹤停留栖息，因为是春天，不能用网捕捉，就没有收获。在泰畤进献祭品时，日与月一同出现。大赦天下。”

夏六月，御史大夫商丘成犯了大不敬罪，自杀而亡。侍中仆射莽何罗与其弟重合侯莽通谋反，侍中驸马都尉金日磾、奉车都尉霍光、骑都尉上官桀一同去征讨。

秋七月，地震，到处都是从下向上冒出的泉水。

二年春正月，朝诸侯王于甘泉宫，赐宗室。

二月，行幸盩厔五柞宫①。乙丑，立皇子弗陵为皇太子②。丁卯，帝崩于五柞宫，入殡于未央宫前殿③。三月甲申，葬茂陵④。

〔注释〕

①盩厔（zhōuzhì）：县名，治所在今陕西周至县东终南镇。五柞宫：宫名，在今陕西周至县东南。

②弗陵：汉昭帝刘弗陵，武帝少子。年幼即位。

③入殡：死者入棺后停柩待葬。未央宫：宫殿名，西汉高帝七年由丞相萧何主持兴筑，在今陕西西安市西北郊汉长安故城内西南隅。

④茂陵：汉武帝刘彻的陵墓，在今陕西兴平县东北，

〔译文〕

后元二年春正月，武帝在甘泉宫召见了各诸侯王，赏赐宗室。

二月，武帝巡行到盩厔县五柞宫。乙丑（十二日），立皇子刘弗陵为皇太子。丁卯（十四日），武帝驾崩于五柞宫，在未央宫前殿入殡。三月甲申（初二），葬于茂陵。

赞曰①：汉承百王之弊，高祖拨乱反正，文景务在养民，至于稽古礼文之事，犹多阙焉。孝武初立，卓然罢黜

百家[②]，表章《六经》[③]。遂畴咨海内[④]，举其俊茂，与之立功。兴太学，修郊祀，改正朔，定历数，协音律，作诗乐，建封禅，礼百神，绍周后，号令文章，焕焉可述。后嗣得遵洪业，而有三代之风。如武帝之雄材大略，不改文景之恭俭以济斯民，虽《诗》《书》所称，何有加焉！

〔注释〕

①赞：史传末所附的评论。

②百家：指诸子百家及违背《六经》之言的杂说。

③《六经》：指的是六部儒家经典，为《易》《诗》《书》《春秋》《礼》《乐》。

④畴（chóu）咨：颜师古曰："言谋于众人，谁可为事者也。"引申意为在全国范围内寻求贤才。畴，疑问代词，谁。咨，咨询，商量。

〔译文〕

班固评论说："汉朝承负着历代帝王的弊害，汉高祖治平乱世使国家恢复正常，文帝、景帝致力于休养生息的养民之事，对于考察古事、礼乐仪制，还是十分缺乏。汉武帝即位初期，卓然罢黜百家独尊儒术，表明要彰显《六经》。然后在全国范围内寻求可以治事的人，举贤任能，给他们建功立业的机会。兴太学，修郊祀，改正朔，定历数，协音律，作诗乐，建封禅，礼百神，武帝继承了周朝先王的伟绩，应该发布优美的文辞，去记述这赫赫伟绩。后嗣能继承并遵循武帝的大业，就会有夏、商、周三代的风气。假如武帝的雄才大略，能沿袭文帝、景帝的恭谨俭约去周济惠及民众，即使《诗》《书》上所称颂的帝王，也是不能超过的。"

高后纪

〔题解〕

高后(前241—前180),即汉高祖皇后吕雉。她性格刚毅,有谋略,辅佐刘邦开启西汉王朝,并为诛杀韩信、彭越等异姓诸侯王助力。本篇记述的是其子惠帝驾崩后立少帝,高后临朝当政八年的政绩,成为当时汉朝的实际统治者。她的治国之策涉及社会的各个方面,例如废除三族罪与妖言令、以功绩定朝位、进行货币改革、推崇孝悌力田者等,以无为而治的策略稳定了政治局面,促进了经济恢复,不仅承接汉高祖的草创之功,还为西汉盛世的"文景之治"奠定基础。另一方面,她违背了汉高祖的"非刘氏而王,非有功而侯",排斥刘邦旧臣,分封诸吕为王,为吕氏家族走向灭亡埋下祸患。但是《汉书》为她立本纪,对她的才能和政绩予以了肯定,正如班固评论道"高后女主制政,不出房闼,而天下晏然,刑罚罕用,民务稼穑,衣食滋殖"。

高皇后吕氏①,生惠帝。佐高祖定天下,父兄及高祖而侯者三人②。惠帝即位,尊吕后为太后。太后立帝姊鲁元公主女为皇后③,无子,取后宫美人子名之以为太子[4]。惠帝崩，太子立为皇帝，年幼，太后临朝称制，大赦天下。乃立兄子吕台、产、禄、台子通四人为王[5]，封诸吕六人为列侯。语在《外戚传》。

〔注释〕

①高皇后吕氏：汉高祖皇后。名雉（zhì），字娥姁。汉初帮助刘邦杀韩信、彭越等异姓诸侯王。公元前195年，刘邦死，其子刘盈（惠帝）即位，因帝年幼，她代理朝政，掌握实际政权，惠帝死后，立少帝，临朝称制，并分封吕氏亲族为王侯。共掌握政权十六年。

②三人：分别为吕后父临泗侯吕公、长兄周吕侯吕泽、次兄建成侯吕释之。

③皇后：张嫣，鲁元公主与张敖之女。

④太子：为惠帝之子。

⑤四人为王：分别为周吕侯吕泽之子吕台为吕王，吕台之弟吕产为梁王，建成侯吕释之之子吕禄为赵王，吕台之子吕通为燕王。

〔译文〕

汉高祖皇后吕雉，生下惠帝。她辅佐汉高祖刘邦平定了天下，其父兄在刘邦在位时被封侯三人。惠帝即位后，尊吕后为太后。太后立惠帝姐姐鲁元公主的女儿为皇后，没有生子，就将惠帝后宫美人所生之子立为太子。惠帝驾崩，太子被立为皇帝，因为年纪尚幼，太后临朝，代行皇帝职权，并大赦天下。然后立其兄弟之子吕台、吕产、吕禄及吕台之子吕通共四人为王，封吕氏亲族六人为列侯。《外戚传》有记载。

元年春正月[①]，诏曰："前日孝惠皇帝言欲除三族罪、妖言令，议未决而崩，今除之。"二月，赐民爵，户一级。初置孝弟力田二千石者一人[②]。夏五月丙申，赵王宫丛台灾[③]。立孝惠后宫子强为淮阳王，不疑为恒山王，弘为襄城侯，朝为轵侯，武为壶关侯。秋，桃李华[④]。

〔注释〕

①元年：即公元前187年。

②孝弟力田者：指有孝悌德行及努力耕作的人。

③赵王宫丛台：在今河北邯郸市旧城东北隅。相传战国赵武灵王所筑，因在城内数台相连而得名。

④华：动词，开花。

〔译文〕

高后元年春正月，下诏说："从前孝惠皇帝说要废除一人犯罪株连三族与蛊惑人心的不实言论罪，商议还未决定就驾崩了，现今废除这两项法令。"元年二月，赐民众爵位，每户一级。开始设置孝悌力田者一人，俸禄为二千石。夏季五月丙申，赵王宫中丛台发生火灾。立孝惠皇帝后宫子刘强为淮阳王，刘不疑为恒山王，刘弘为襄城侯，刘朝为轵侯，刘武为壶关侯。秋，桃树、李树开花。

二年春，诏曰："高皇帝匡饬天下[①]，诸有功者皆受分地为列侯，万民大安，莫不受休德[②]。朕思念至于久远而功名不著，亡以尊大谊，施后世。今欲差次列侯功以定朝位，臧于高庙，世世勿绝，嗣子各袭其功位。其与列侯议定奏之。”丞相臣平言：“谨与绛侯臣勃、曲周侯臣商、颍阴侯臣婴、安国侯臣陵等议，列侯幸得赐餐钱奉邑[3]，陛下加惠，以功次定朝位，臣请臧高庙。”奏可。春正月乙卯，地震，羌道、武都道山崩[4]。夏六月丙戌晦，日有蚀之。秋七月，恒山王不疑薨[5]。行八铢钱[6]。

〔注释〕

①匡饬：匡正整治。

②休：美好。

③奉邑：以收取赋税作为俸禄的封地。

④羌道：县名，治所在今甘肃宕昌县西南。武都道：县名，治所在今甘肃西和县南。

⑤不疑：刘不疑，为汉惠帝刘盈第三子。

⑥八铢钱：钱币名，外圆内方的“半两”钱，但是重量较轻，仅为八铢。

〔译文〕

二年春，下诏说：“高皇帝匡正整治天下，凡是有功的人都被分封土地并为列侯，天下民众平安太平，没有不感受到皇帝的美好恩德的。朕想到很久以后而列侯的功绩没有著录，就不能尊其大义，施及后世。现在想要按照列侯功绩的高低来确定朝廷官位的先后，放于高庙中，世代不能断绝，他们的子孙各自继承其功位。这件事与各位列侯商议决定后上奏。”丞相陈平说：“我恭谨地与其他大臣绛侯周勃、曲周侯郦商、颍阴侯灌婴、安国侯王陵等商议，列侯有幸得到恩赐的餐钱与封邑，这是陛下施与的恩惠，并以功绩高低确定朝廷官位，臣请求放于高庙中。”所奏请之事被允准。春季正月乙卯，发生地震，羌道、武都道有山崩现象。夏季六月丙戌月末，发生日食。秋七月，恒山王刘不疑去世。推行使用八铢钱。

三年夏，江水、汉水溢[1]，流民四千馀家。秋，星昼见。

〔注释〕

①江水：又称大江，即今长江。汉水：即今长江中游支流汉江。

〔译文〕

三年夏，长江、汉水水涨成灾，流亡的民众有四千多户。秋，在白天有星辰出现。

四年夏，少帝自知非皇后子，出怨言，皇太后幽之永巷[1]。诏曰：“凡有天下治万民者，盖之如天，容之如地；上有欢心以使百姓，百姓欣然以事其上，欢欣交通而天下治。今皇帝疾久不已，乃失惑昏乱，不能继嗣奉宗庙，守祭祀，不可属天下[2]。其议代之。”群皆曰：“皇太后为天下计[3]，所以安宗庙社稷甚深。顿首奉诏[4]。”五月丙辰，立恒山王弘为皇帝[5]。

〔注释〕

①幽：把人关起来，不让跟外人接触。永巷：宫中之长巷，幽闭宫女的

地方,实际为宫中监狱。

②属(zhǔ):古同“嘱”,嘱咐,托付。

③计:计划,谋划。

④顿首:古代的礼节,叩拜,头触地即起。

⑤弘:汉惠帝之子,原名刘山。高后元年(前187)封襄城侯,亦作襄成侯。次年,继刘不疑为恒山王,改名刘义。四年,被立为帝,又改名刘弘。

〔译文〕

四年夏,少帝知道自己并非皇后所生,说出了埋怨的话,吕后将他关在永巷不许与外人接触。下诏说:“凡是治理天下统治万民的人,应当胸怀广阔,容纳天地;皇帝用心爱护百姓差遣百姓,百姓就会欣然地侍奉皇上,欢欣地往来才能治理天下。现在皇帝久病不愈,失去理智,精神错乱,不能继承大统,侍奉宗庙,更不能托付天下。可以讨论谁能取代他。”群臣都说:“皇太后为天下谋划,对安稳宗庙社稷是深谋远虑的。臣等叩首接受诏令。”五月丙辰,立恒山王刘弘为皇帝。

五年春,南粤王尉佗自称南武帝①。秋八月,淮阳王彊薨②。九月,发河东、上党骑屯北地③。

〔注释〕

①尉佗:即赵佗。秦始皇时为南海龙川(今广东龙川西南)县令。二世时,命行南海郡尉事,故又名“尉佗”。秦朝灭亡,即并桂林、象郡,自立为南越王(这里作“南粤王”)。高祖十一年(前196),刘邦以其平定南越有功,立其为南越王。高后时,又自称尊号为南越武帝。

②薨(hōng):古代称诸侯或高级官员去世。

③河东:郡名,治所在安邑县(今山西夏县西北禹王城)。上党:郡名,治所在长子县(今山西长子县西南)。北地:郡名,治所在马领县(今甘肃庆阳县西北马岭镇)。

〔译文〕

五年春,南粤王尉佗自称南武帝。秋八月,淮阳王刘彊去世。九月,征发河东郡、上党郡的骑兵驻扎在北地郡。

六年春,星昼见。夏四月,赦天下。秩长陵令二千石[①]。六月,城长陵。匈奴寇狄道[②],攻阿阳[③]。行五分钱[④]。

〔注释〕

①秩(zhì):古代官吏的俸禄。长陵:县名,治所在今陕西咸阳东北。汉高祖十二年(前195)置。因高祖长陵得名。

②寇:入侵。狄道:县名,治所在今甘肃临洮县。

③阿阳:县名,治所在今甘肃静宁县南葫芦河东岸。

④五分钱:汉初一种轻而薄的钱币,为荚钱的一种。

〔译文〕

六年春,在白天有星辰出现。夏四月,大赦天下。为了尊重高祖长陵而提升长陵县令的俸禄为二千石。六月,修筑长陵城。匈奴入侵狄道县,攻打阿阳县。全国推行五分钱。

七年冬十二月，匈奴寇狄道，略二千馀人。春正月丁丑，赵王友幽死于邸[①]。己丑晦，日有蚀之，既。以梁王吕产为相国，赵王禄为上将军。立营陵侯刘泽为琅邪王。夏五月辛未，诏曰："昭灵夫人[②]，太上皇妃也；武哀侯、宣夫人，高皇帝兄姊也。号谥不称，其议尊号。"丞相臣平等请尊昭灵夫人曰昭灵后，武哀侯曰武哀王[③]，宣夫人曰昭哀后。六月，赵王恢自杀[④]。秋九月，燕王建薨[⑤]。南越侵盗长沙[⑥]，遣隆虑侯灶将兵击之。

〔注释〕

①赵王友：刘友，西汉诸侯王，高祖之子。高祖十一年（前196）封为淮阳王。惠帝元年（前194）改封为赵王。因反对吕后专权，被吕后囚禁饿死，谥幽。邸（dǐ）：侯王府邸或高官、贵族居住办公的地方。

②昭灵夫人：西汉高祖刘邦之母，刘媪。

③武哀侯：西汉高祖刘邦之兄，刘伯。

④刘恢：西汉宗室，汉高祖第七子。汉高祖十一年封为梁王。吕后七年改封为赵王，娶吕产的女儿为赵王后，赵王后用鸩酒毒杀了刘恢的爱姬，遂忧郁自杀。

⑤燕王建：刘建，高祖刘邦之子，高祖五年封燕王。

⑥长沙：郡名，治所在临湘（今湖南长沙），辖境相当今湖南东部、南部，广东连江、阳山和广西全州等地。汉高祖五年（前202）置长沙国。

〔译文〕

七年冬十二月，匈奴入侵狄道县，掳掠了二千多人。春正月丁丑，赵王刘友被幽禁死在了家中。己丑月末日，先是日偏食，后来又出现日全食。任命梁王吕产为相国，赵王吕禄为上将军。立营陵侯刘泽为琅邪王。夏五月辛未，下诏说："昭灵夫人是太上皇的妃子；武哀侯、宣夫人是高祖皇帝的哥哥、姐姐。他们的谥号和身份不相称，应该讨论一下他们的尊号。"丞相陈平等大臣请求尊昭灵夫人为昭灵后，武哀侯为武哀王，宣夫人为昭哀后。六月，赵王刘恢自杀。秋九月，燕王刘建去世。南越侵扰长沙郡，朝廷派遣隆虑侯周灶率兵攻打他们。

八年春，封中谒者张释卿为列侯[①]。诸中官、宦者令丞皆赐爵关内侯[②]，食邑[③]。夏，江水、汉水溢[④]，流万馀家。

〔注释〕

①中谒者：官名。谒者为秦汉时掌宾赞受事之官。宫中又置中谒者，常奉使外出视疾护丧，或奉引车驾。后多为宦官担任。

②中官：指宦官。宦者令丞：宦者令与宦者丞。宦者令：官名，西汉为宦者署之长，掌宫中宦者。宦者丞：官名，为宦者令的副职。关内侯：爵名。秦汉二十等爵制的第十九级。无封土，有封户，享有征收租税之权。

③食邑：古代君主赐予臣下作为世禄的封地。

④江水：又称大江，即今长江。汉水：即今长江中游支流汉江。

〔译文〕

八年春，封中谒者张释卿为列侯。各宦官、宦者令、宦者丞都赐以关内侯爵位，享有封地。夏，江水、汉水泛滥，一万多户人家流亡。

秋七月辛巳，皇太后崩于未央宫①。遗诏赐诸侯王各千金，将相列侯下至郎吏各有差②。大赦天下。

〔注释〕

①未央宫：宫名，在今陕西西安市西北郊，汉长安故城内西南隅。

②差：等级。

〔译文〕

秋季七月辛巳，皇太后在未央宫去世。遗诏说赐给各诸侯王各千金，上至将相列侯，下至郎吏各有不同等级的赏赐。大赦天下。

上将军禄、相国产颛兵秉政①，自知背高皇帝约，恐为大臣诸侯王所诛，因谋作乱。时齐悼惠王子朱虚侯章在京师②，以禄女为妇，知其谋，乃使人告兄齐王③，令发兵西。章欲与太尉勃、丞相平为内应，以诛诸吕。齐王遂发兵，又诈琅邪王泽发其国兵，并将而西。产、禄等遣大将军灌婴将兵击之。婴至荥阳，使人谕齐王与连和④，待吕氏变而共诛之⑤。

〔注释〕

①禄：吕禄，吕后次兄建成康侯吕释之之子。产：吕产，吕后长兄周吕侯吕泽的次子。颛（zhuān）兵：专擅兵权。颛，同“专”，专擅。秉：执掌。

②章：刘章，高祖之孙，齐悼惠王刘肥之子。高后元年（前 187）封朱虚侯。吕后死后，他参与诛灭诸吕，亲自在未央宫斩吕产，因为有功，在文帝二年（前 178）封城阳王。

③齐王：刘章之兄，惠帝七年（前 188）继承父亲爵位为齐王。

④谕：告诉，使知道。

⑤变：发动。

〔译文〕

上将军吕禄和相国吕产专擅兵权执掌军政，自知违背了高祖刘邦“非刘氏而王，非有功而侯”的约定，恐惧会被大臣和诸侯王诛杀，因此谋划叛乱。当时齐悼惠王刘肥之子朱虚侯刘章正在京师，娶吕禄女儿为妻，从妻子那里知道吕禄等人要谋反的事，刘章便派人告诉他的哥哥齐王刘襄，让齐王向西边出兵。刘章想和太尉周勃、丞相陈平做内应，来诛杀谋乱的吕氏家族。齐王立即发兵，又欺骗琅邪王刘泽征发他封国的士兵，一起率军向西发兵。吕产、吕禄等派遣大将军灌婴带兵迎战刘章。灌婴到荥阳后，派人告诉齐王和他联合，等待吕氏发动兵变就一同诛杀他们。

太尉勃与丞相平谋，以曲周侯郦商子寄与禄善，使人劫商令寄绐说禄曰①：“高帝与吕后共定天下，刘氏所立九王，吕氏所立三王，皆大臣之议。事已布告诸侯王，诸侯王以为宜。今太后崩，帝少，足下不急之国守藩②，乃为上将将兵留此，为大臣诸侯所疑。何不速归将军印，以兵属太尉③，请梁王亦归相国印，与大臣盟而之国？齐兵必罢，大臣得安，足下高枕而王千里，此万世之利也。”禄然其计，使人报产及诸吕老人。或以为不便[4]，计犹豫未有所决。禄信寄，与俱出游，过其姑吕媭[5]。媭怒曰：“汝为将而弃军，吕氏今无处矣！”乃悉出珠玉宝器散堂下，曰：“无为它人守也！”

〔注释〕

①绐（dài）：欺骗。

②之：往。

③属：归属。

④便：有利，适宜。

⑤过：过访，探望。吕媭（xū）：一作“吕须”，吕后之妹，樊哙之妻。高后四年（前184）封为临光侯。曾经进谗言于吕后，用事专权，大臣畏惧她。高后死后，遂被杀。

〔译文〕

太尉周勃和丞相陈平谋划，利用曲周侯郦商的儿子郦寄与吕禄较好的关系，派人劫持郦商，让他命令郦寄欺骗吕禄说：“高祖与吕后共同平定天下，刘氏有九人被封王，吕氏有三人被封王，都是大臣们商议决定的。这个事情已经通告诸侯王，诸侯王也认为是合适的。现今太后去世，皇帝年纪小，您现在不急着回到自己的封国据守，而是作为上将军率兵留在此地，会被大臣和诸侯怀疑。为什么不赶快归还将军印，把军队归属给太尉，请梁王也把相印归还，与大臣结盟再回到自己的封国呢？齐国的军队一定会退去，大臣得以安宁，您高枕无忧而做千里封土之王,这是极其长远的利益呀。”吕禄赞同他的计策,派人报告吕产及吕氏长辈。有的人认为这样不适宜,于是他犹豫而没有决定。吕禄信任郦寄,和他一起出游,探望他的姑姑吕媭。吕媭生气地说:“你作为将军却放弃了军队,我们吕家现在没有容身之处了!”于是拿出珠玉宝器全都撒于堂下,说:“不用再为别人守着这些东西了!”

八月庚申,平阳侯窋行御史大夫事①,见相国产计事。郎中令贾寿使从齐来②,因数产曰③:“王不早之国,今虽欲行,尚可得邪?”具以灌婴与齐楚合从状告产。平阳侯窋闻其语,驰告丞相平、太尉勃。勃欲入北军④,不得入。襄平侯纪通尚符节⑤,乃令持节矫内勃北军⑥。勃复令郦寄、典客刘揭说禄⑦,曰:“帝使太尉守北军,欲令足下之国,急归将军印辞去。不然,祸且起。”禄遂解印属典客,而以兵授太尉勃。勃入军门,行令军中曰:“为吕氏右袒,为刘氏左袒。”军皆左袒。勃遂将北军。然尚有南军,丞相平召朱虚侯章佐勃。勃令章监军门,令平阳侯告卫尉⑧,毋内相国产殿门。产不知禄已去北军,入未央宫欲为乱。殿门弗内,徘徊往来。平阳侯驰语太尉勃,勃尚恐不胜,未敢诵言诛之⑨,乃谓朱虚侯章曰:“急入宫卫帝。”章从勃请卒千人,入未央宫掖门⑩,见产廷中。日餔时⑪,遂击产。产走。天大风,从官乱,莫敢斗者。逐产,杀之郎中府吏舍厕中。

〔注释〕

①平阳侯窋(zhú):曹窋,高祖功臣平阳懿侯曹参之子。惠帝六年(前189)继承其父爵位为平阳侯,任中大夫。高后二年(前186)任御史大夫,迎合诸吕,得到吕后信任并器重。吕后死后,他又参与谋诛诸吕,迎立文帝。文帝即位后,被免官。御史大夫:官名,辅佐丞相处理全国政务,以监察、执法为主要职掌,为全国最高监察、执法长官。

②郎中令:官名,职掌宫廷戍卫。

③数:责备,数说。

④北军:汉代守卫京师的屯卫兵。未央宫在京城西南,其卫兵称南军;长乐宫在京城东面偏北,其卫兵称北军。

⑤尚:主管。

⑥矫:诈托,假托。

⑦典客:官名,掌管接待少数民族等事务。

⑧卫尉:官名,掌管皇帝所居未央宫禁卫,主管宫门屯驻卫士,专司昼夜巡警和检查出入者的门籍,亦称未央卫尉。

⑨诵言:公开声称,明说。

⑩掖门:宫殿正门两旁的边门。

⑪铺(bū):申时,指下午三时至五时。

〔译文〕

八月庚申,平阳侯曹窋任御史大夫的职位,与相国吕产会面商议国事。郎中令贾寿从齐国出使回来,责备吕产说:"大王您不早回到自己的封国,现在即使想走,还有可能实现吗?"把灌婴与齐楚联合的事都告诉了吕产。平阳侯曹窋听到了他们的谈话,快马加鞭地去告诉了丞相陈平和太尉周勃。周勃想要进入北军,但进不去。襄平侯纪通主管符节,于是周勃命令他拿着符节假托天子之命允许周勃进入北军。周勃又命令郦寄、典客刘揭劝说吕禄:“皇帝派太尉掌管北军,想让你回到你的封国,赶快归还将军印辞去。否则将有祸事发生。”吕禄于是解下印信交给典客,而把军队交给太尉周勃。周勃进入军门,命令全军说:“为吕氏的袒露右臂,为刘氏的袒露左臂。”全军都袒露了左臂。周勃于是率领了北军。但吕氏仍有南军,丞相陈平招来朱虚侯刘章辅佐周勃。周勃命令刘章监守军门,命令平阳侯告诉卫尉,不要让相国吕产进殿门。吕产不知吕禄已经离开了北军,想进入未央宫作乱。但殿门守军不让他进去,所以他在殿外来回徘徊。平阳侯驰马告诉太尉周勃,周勃还怕不能取胜,未敢公开说要杀了他,于是对朱虚侯刘章说:“立即进宫保护皇帝。”刘章向周勃借兵一千人,进入未央宫掖门,看见吕产在庭中。等到申时,于是攻击吕产。吕产逃走了。这时狂风陡起,跟随吕产的官员乱成一团,没有敢战斗的人。刘章追击吕产,并在郎中府官吏的厕所中杀死了他。

章已杀产,帝令谒者持节劳章①。章欲夺节,谒者不肯,章乃从与载,因节信驰斩长乐卫尉吕更始。还入北军,复报太尉勃。勃起拜贺章,曰:“所患独产,今已诛,天下定矣。”辛酉,斩吕禄,笞杀吕媭②。分部悉捕诸吕男女,无少长皆斩之。

〔注释〕

①谒(yè)者:官名,本职为侍从皇帝,担任宾礼司仪,宿卫宫廷及供其

他临时差遣，亦常充任皇帝使者，出使诸侯王国、少数民族，巡视地方，派往灾区慰问，发放赈灾物资等。劳：慰劳，慰问。

②笞（chī）：古时用鞭子等抽打的刑罚。

〔译文〕

刘章已经杀死吕产，皇帝派谒者拿着符节慰劳刘章。刘章想夺符节，谒者不同意，刘章就和他共坐一辆车，凭着谒者的符节飞驰到达长乐宫，斩杀了卫尉吕更始。回到北军，他又向太尉周勃汇报。周勃起身下拜祝贺刘章，说："我所忧患的只有吕产，现在他已经被杀，天下安定了。"辛酉，斩杀吕禄，笞杀吕媭。分派人马全面地搜捕吕氏家族，无论老少都被斩杀。

大臣相与阴谋，以为少帝及三弟为王者皆非孝惠子[①]，复共诛之，尊立文帝。语在《周勃》《高五王传》。

〔注释〕

①阴谋：暗中策划，秘密计议。

〔译文〕

大臣们一起暗中策划，认为少帝刘弘和他的三个为王的弟弟，都不是孝惠帝的儿子，一起杀死他们，尊立文帝刘恒。相关内容在《周勃》《高五王传》有记载。

赞曰：孝惠、高后之时，海内得离战国之苦，君臣俱欲无为[①]，故惠帝拱己[②]，高后女主制政，不出房闼[③]，而天下晏然[④],刑罚罕用,民务稼穑[⑤],衣食滋殖。

〔注释〕

①无为:道家主张清静虚无,顺应自然,称为"无为"。

②拱己:指垂衣拱手,不亲理事务。

③房闼(tà):宫闱。

④晏然:安宁,安定。

⑤稼穑(sè):耕种和收获。泛指农业劳动。

〔译文〕

班固评论说:在孝惠帝和高后时,天下远离战乱之苦,君臣都想要顺乎自然,无为而治,所以惠帝任用称职的人,不亲理事务而使天下太平,女主高后临朝听政,不出宫闱而天下安定,很少采用刑罚,民众从事农业,衣食丰足。

陈胜传

〔题解〕

本篇选自《汉书·陈胜项籍传》,主要讲述了秦末农民起义领袖陈胜的事迹。他年少时受雇耕种却有鸿鹄之志,被征发戍守渔阳,行至蕲县大泽乡遇到暴雨受阻,按秦法失期当斩。面对严苛的秦法,陈胜吴广揭竿起义,假托公子扶苏和项燕的名义,以“伐无道,诛暴秦”为号召,自立为王,号称张楚,起义队伍迅速壮大,而后兵分数路与秦兵对抗,连战告捷。虽然沉重地打击了残暴的秦政,但陈胜所带领的军队最终未能取胜,失利后退至城父,他也被降秦的庄贾杀害。另外,本篇还用精练简约的语言叙述了陈胜称王后,骄傲自满,斩杀故友,以苛察为忠,任用小人,不受诸将亲附,也是其失败的原因。

《史记》肯定了陈胜的历史功绩,将其列为世家,而《汉书》为维护正统思想将其降为传,并且《汉书·叙传》有言“上嫚下暴,惟盗是伐,胜、广熛起,梁、籍扇烈”,可见班固与司马迁对陈胜有不同的思想倾向性。起义虽以失败告终,《汉书》还删除了《史记》中的“首事”,但是不能否认他为推翻秦王朝做出的历史贡献,正如班固所言“胜虽已死,其所置遣侯王将相竟亡秦”。

陈胜字涉，阳城人[1]。吴广字叔，阳夏人也[2]。胜少时，尝与人佣耕。辍耕之垄上[3]，怅然甚久，曰："苟富贵，无相忘！"佣者笑而应曰："若为佣耕，何富贵也？"胜太息曰："嗟乎，燕雀安知鸿鹄之志哉[4]！"

〔注释〕

①阳城：县名，治所在今河南方城县东。

②阳夏(jiǎ)：县名，治所在今河南太康县。

③辍：停止。垄：田地分界的土堆，田埂。

④鸿鹄(hú)：天鹅，也叫黄鹄。像鹅一般大，全身白色，生活在水边，善于飞行。

〔译文〕

陈胜字涉，是阳城县人。吴广字叔，是阳夏县人。陈涉年轻时，曾与别人一同受雇为人耕种。一次在田埂上休息，惆怅了很久，说："如果今后富贵了，不要相互忘记啊。"一同受雇耕种的人笑着回应说："你是受雇来耕种的，怎么会富贵呢？"陈胜大声长叹道："唉，燕雀哪会知道鸿鹄的凌云壮志呢！"

秦二世元年秋七月[1]，发闾左戍渔阳九百人[2]，胜、广皆为屯长[3]。行至蕲大泽乡[4]，会天大雨，道不通，度已失期[5]。失期法斩，胜、广乃谋曰："今亡亦死，举大计亦死，等死，死国可乎？"胜曰："天下苦秦久矣。吾闻二世[6]，少子，不当立，当立者乃公子扶苏[7]，扶苏以数谏故不得立,上使外将兵。今或闻无罪,二世杀之。百姓多闻其贤,未知其死。项燕为楚将[8],数有功,爱士卒,楚人怜之。或以为在。今诚以吾众为天下倡,宜多应者。”广以为然。乃行卜。卜者知其指意,曰:“足下事皆成,有功。然足下卜之鬼乎!”胜、广喜,念鬼,曰:“此教我先威众耳。”乃丹书帛曰[9]“陈胜王”,置人所罾鱼腹中[10]。卒买鱼亨食[11],得书,已怪之矣。又间令广之次所旁丛祠中[12],夜构火[13],狐鸣呼曰:“大楚兴,陈胜王。”卒皆夜惊恐。旦日,卒中往往指目胜、广。

〔注释〕

①秦二世元年:即公元前 209 年。

②闾(lǘ)左:居住在里巷左侧的平民。秦代时居住在闾左的是平民,居住在闾右的为富有的人,而平民必须服劳役及戍守。闾,里巷的大门。渔阳:郡名,治所在渔阳县(今北京市密云县西南)。

③屯长:官名,属于低级军吏。

④蕲(jī):县名,治所在今安徽宿州南。大泽乡:即今安徽宿州东南刘村集。

⑤度(duó):揣测,估计。失:错过。

⑥二世:秦朝皇帝,为秦始皇少子,公元前 210—前 207 年在位。在位期间,赵高专权,滥用民力,继续大修阿房宫,徭役赋税较始皇时更为繁重,不久爆发农民大起义。最后,被赵高及其女婿阎乐逼迫,自杀于望夷宫。

⑦公子扶苏:秦始皇长子。因为对秦始皇坑杀儒生等事多次进行劝谏,触怒始皇,遂被派到上郡监蒙恬军。始皇死后,中车府令赵高与丞相

李斯合谋,伪造始皇诏书,立少子胡亥为太子,他被迫自杀。

⑧项燕:战国末楚国名将。楚王负刍四年(前224),秦将王翦打败了楚军。第二年,秦军进攻到蕲南,他因兵败而死。

⑨丹:朱砂的颜色,红色。

⑩罾(zēng):本义为渔网,这里指用网捕鱼。

⑪亨:同“烹”,煮。

⑫祠:神祠。

⑬构:通“篝”,篝火。

〔译文〕

秦二世元年秋七月,政府征发居住在里巷左侧的平民九百人去戍守渔阳郡,陈胜、吴广都担任屯长。行进到蕲县大泽乡,恰逢天降大雨,道路不通畅,估计已经错过了期限。错过了期限,按照法律要被斩杀。陈胜、吴广于是就谋划说:“现今逃亡也是死,兴起重大的谋略进行起义也是死,同样是死,死于国家之事好吗?”陈胜说:“天下民众受苦于秦国的暴政已经很久了。我听说秦二世胡亥是秦始皇的少子,不应当即位,应当即位的是秦始皇的长子公子扶苏,扶苏因为多次劝谏所以没能立为太子,秦始皇派他去上郡监蒙恬军。如今有的人听说他无罪,而二世已经杀死了他。百姓大多听说扶苏贤能,但不知他已死。项燕为楚国名将,多次立功,爱护士卒,楚国人都很怜爱他。有的人以为他还在世。现今如果我们假冒扶苏和项燕的名义号召天下人,应该会有许多响应的人。”吴广认为他说得对。于是便去卜卦。卜卦的人知晓他们的意图,说:“你们的事都会成功的,是有功劳的事。然而你们要假托鬼神才可以突然起事!”陈胜、吴广很开心，考虑着假托鬼神的事情，说："这是教我们借用鬼神在众人中得到威望。"于是他们在帛上写上红字"陈胜王"，放到人们用网捕的鱼肚中。戍卒买鱼煮饭的时候，得到鱼肚中的帛书，自己对此感到奇怪。陈胜又秘密地让吴广到所驻扎之处旁边树丛的神祠中，夜间点起篝火，像狐狸一样呼叫着："大楚兴，陈胜王。"戍卒们晚上都很惊恐。第二天早晨，戍卒中到处谈论此事，指着并偷偷看陈胜、吴广。

胜、广素爱人，士卒多为用。将尉醉[①]，广故数言欲亡，忿尉，令辱之[②]，以激怒其众。尉果笞广。尉剑挺[③]，广起夺而杀尉。胜佐之，并杀两尉。召令徒属曰："公等遇雨，皆已失期，当斩。藉弟令毋斩[④]，而戍死者固什六七[⑤]。且壮士不死则已，死则举大名耳。侯王将相，宁有种乎[⑥]！"徒属皆曰："敬受令。"乃诈称公子扶苏、项燕，从民望也。袒右[⑦]，称大楚。为坛而盟，祭以尉首。胜自立为将军，广为都尉。攻大泽乡，拔之。收兵而攻蕲，蕲下。乃令符离人葛婴将兵徇蕲以东[⑧]，攻铚、酂、苦、柘、谯[⑨]，皆下之。行收兵[⑩]，比至陈[⑪]，兵车六七百乘，骑千馀，卒数万人。攻陈，陈守令皆不在[⑫]，独守丞与战谯门中[⑬]。不胜，守丞死。乃入据陈。数日，号召三老豪桀会计事。皆曰："将军身被坚执锐[⑭]，伐无道，诛暴秦，复立楚之社稷，功宜为王。"胜乃立为王，号张楚。

〔注释〕

①将尉:率领戍卒的军官。

②令:使。

③剑挺:拔出剑。挺:拔出。

④藉:假设。弟令:假使。

⑤什六七:十分之六七。

⑥宁:难道。

⑦袒右:袒露右臂。

⑧符离:县名,治所在今安徽宿州东北。徇:带领。

⑨铚(zhì):县名,治所在今安徽宿州西南濉溪县南境。酂(cuó):县名,治所在今河南永城县西南。苦:县名,治所在今河南鹿邑县东。柘(zhè):县名,治所在今河南柘城县北。谯(qiáo):县名,治所在今安徽亳州市。

⑩行收兵:招收士兵。

⑪陈:县名,治所在今河南淮阳市。

⑫守:郡守。令:县令。

⑬守丞:辅助郡守县令的主要官吏。谯门:城门上用以望远的高楼。

⑭坚:坚甲。锐:利兵。

〔译文〕

陈胜、吴广平素友爱他人,戍卒大多数人愿意为他出力。统领屯戍士卒的武官喝醉了,吴广故意屡次说自己想要逃跑,触怒将尉,让将尉侮辱自己来激怒众人。将尉果真鞭打吴广。当将尉拔剑之时,吴广奋起夺剑杀死将尉。陈胜帮助吴广一同杀死两个将尉。召集号令部属说:“你们遭遇大雨,都已经错过了期限,按律应当斩首。假使没有被斩首,戍边而死的人本来就有十之六七。况且壮士不死就罢了,要死就要举世留下大名。王侯将相难道是天生的贵族身份吗?”下属都应声说:“恭敬地接受命令。”于是假托公子扶苏和项燕的名义,来顺从民众的愿望。袒露右臂,号称大楚。筑坛宣誓,用将尉的头当作祭品。陈胜立自己为将军,吴广做都尉。攻击大泽乡,并攻取下来。招兵进攻蕲县,又攻克了。于是派符离人葛婴带兵攻略蕲县以东的地区,进攻铚、酂、苦、柘、谯等县,全都攻克。行进中不断招兵扩军,等到达陈县时,已有战车六、七百辆,骑兵千余人,步兵几万人。攻打陈县时,郡守县令都不在,只留下守丞在谯门中抵抗,却没有成功,守丞战死。于是就入城占领陈县。过了几日,陈胜下令招来乡官三老、地方豪绅集会议事。三老、乡绅都说:“将军您身上披着坚固的甲胄,手中握着锐利的武器,讨伐无道,铲除暴秦,重建楚国,论功应该称王。”于是陈胜被拥立为王,号称张楚。

于是诸郡县苦秦吏暴,皆杀其长吏①,将以应胜。乃以广为假王,监诸将以西击荥阳②。令陈人武臣、张耳、陈馀徇赵③,汝阴人邓宗徇九江郡④。当此时,楚兵数千人为聚者不可胜数。

〔注释〕

①长吏:县丞与县令并称为长吏。

②荥阳:县名,治所在今河南荥阳县东北。

③徇:夺取。

④九江郡:郡名,治所在寿春县(今安徽寿县)。

〔译文〕

当时各郡县苦于秦吏的暴政，都杀死了他们的官吏，以响应陈胜。于是任命吴广为暂时代理王，督率各位将领向西进攻荥阳县。命令陈县人武臣、张耳、陈馀夺取赵地，命令汝阴人邓宗攻占九江郡。这个时候，楚地数千名义军聚集在一起的，无法数清有多少。

葛婴至东城①，立襄彊为楚王。后闻胜已立，因杀襄彊，还报。至陈，胜杀婴，令魏人周市北徇魏地。广围荥阳。李由为三川守守荥阳②，广不能下。胜征国之豪桀与计，以上蔡人房君蔡赐为上柱国③。

〔注释〕

①东城：县名，治所在今安徽定远县东南。

②李由：李斯的长子，这时是三川郡守。三川：郡名，治所在洛阳（今河南洛阳市东北）。

③上蔡：县名，治所在今河南上蔡县西南。上柱国：官名，战国楚国置，位极尊，仅次于令尹，掌军政，主征战。

〔译文〕

葛婴到达东城县，立襄彊为楚王。葛婴后来听说陈胜已自立为王，就杀了襄彊，返回报告陈胜。但到了陈县后，陈胜便杀了葛婴，命令魏国人周市向北攻占魏地。吴广包围荥阳县。李由担任三川郡守，防守荥阳，吴广不能攻克。陈胜便征召国内豪杰商讨对策，任命上蔡人房君蔡赐为上柱国。

周文[①]，陈贤人也，尝为项燕军视日[②]，事春申君[③]，自言习兵。胜与之将军印，西击秦。行收兵至关[④]，车千乘，卒十万，至戏[⑤]，军焉[⑥]。秦令少府章邯免骊山徒、人奴产子[⑦]，悉发以击楚军，大败之。周文走出关，止屯曹阳[⑧]。二月馀，章邯追败之，复走黾池[⑨]。十馀日，章邯击，大破之。周文自刭，军遂不战。

〔注释〕

①周文：即周章。战国时曾经为楚将项燕军中视日，自称精通军事。

②视日：占候时日，以卜吉凶。

③春申君：战国楚相黄歇的封号。

④关：关名，函谷关，在今河南灵宝县东北王垛村。

⑤戏：水名，在今陕西临潼县东，源出骊山，北入渭水。

⑥军：驻扎。

⑦章邯：秦代名将，秦二世时任少府。骊山徒：在骊山修筑秦始皇陵墓的刑徒。人奴产子：家奴所生之子。

⑧曹阳：曹水的北面。曹水，一名好阳涧，在今河南灵宝县东，北流入黄河。

⑨黾(miǎn)池：一作渑池，县名，治所在今河南渑池县西。

〔译文〕

周文即周章，是陈县的贤人，曾为楚将项燕的军队占候时日，以卜吉凶，还侍奉过春申君，自称精通军事。陈胜授予他将军印，命他带兵向西攻秦。沿途招募兵马，到函谷关时已有兵车千辆，士兵十万，到达戏水时，驻扎下来。秦二世命令少府章邯赦免骊山服役的刑徒、家奴的子孙，全都征调过来攻击楚军，大败楚兵。周文溃逃出函谷关，驻扎在曹水的北面。两个多月后，章邯带兵追击战胜周文，周文又逃到渑池县。十多天后，章邯进攻，击溃周文。周文自杀，军队于是无法再战。

武臣至邯郸①，自立为赵王，陈馀为大将军，张耳、召骚为左右丞相。胜怒，捕系武臣等家室②，欲诛之。柱国曰："秦未亡而诛赵王将相家属，此生一秦，不如因立之③。"胜乃遣使者贺赵，而徙系武臣等家属宫中④。而封张耳子敖为成都君，趣赵兵亟入关⑤。赵王将相相与谋曰："王王赵，非楚意也。楚已诛秦，必加兵于赵。计莫如毋西兵，使使北徇燕地以自广⑥。赵南据大河⑦，北有燕代，楚虽胜秦，不敢制赵，若不胜秦，必重赵。赵承秦楚之敝，可以得志于天下。"赵王以为然，因不西兵，而遣故上谷卒史韩广将兵北徇燕⑧。

〔注释〕

①邯郸（hándān）：县名，治所在今河北邯郸市西南。

②捕系：逮捕拘系。

③因：介词。趁，乘。

④徙系：将人转移到某地拘禁。

⑤趣：通"促"，督促，催促。

⑥自广：扩大自己的地盘。广：宽阔，引申为扩大。

⑦大河：特指黄河。

⑧上谷：郡名，治所在沮阳县（在今河北怀来县东南）。卒史：官名。秦汉官署中的属吏。

〔译文〕

武臣到了邯郸，自立为赵王，封陈馀为大将军，张耳、召骚为左右丞相。陈胜大怒，逮捕拘系了武臣等人的家眷，想要杀掉他们。上柱国房君蔡赐劝谏说："秦国还没有灭亡就杀赵王及将相的家属，这等于又滋生了一个和您敌对的秦国，不如乘机册立他。"陈胜于是就派遣使者到赵国祝贺，然后把赵王等人的家属转移到宫中拘禁。还封张耳的儿子张敖为成都君，催促赵兵疾速进入函谷关。赵王的将相们商议说："楚王封大王为赵王，不是楚王的本意。楚国灭掉秦国后，一定会武力进攻赵国。最好的办法莫过于不向西进军，而是派兵北上攻略燕地来扩大自己的地盘。这样的话赵国南面依靠着黄河，北面有燕、代所在的广大地区，楚国即使战胜秦国，也不敢压制赵国，如果楚国没有战胜秦国，一定会倚重赵国。到那时赵国乘秦、楚衰败之时，就可以实现统一天下的志愿。"赵王认为说得对，因此不向西出兵，而是派之前的上谷郡卒史韩广率军向北进攻燕地。

燕地贵人豪桀谓韩广曰："楚赵皆已立王。燕虽小，亦万乘之国也[1]，愿将军立为王。"韩广曰："广母在赵，不可。"燕人曰："赵方西忧秦，南忧楚，其力不能禁我。且以楚之强，不敢害赵王将相之家，今赵独安敢害将军家乎？”韩广以为然，乃自立为燕王。居数月，赵奉燕王母家属归之。

〔注释〕

①万乘之国：拥有一万辆战车的国家，意为大国。乘：古代一车四马为一乘。

〔译文〕

燕地的贵族和豪杰对韩广说：“楚、赵都已立为王。燕地虽小，但也是万乘之国，希望将军自立为燕王。”韩广说：“我的母亲还在赵国，不可以这样做。”燕人说：“赵国正在西边忧虑秦，南面忧虑楚，他的力量不能牵制我们。况且，凭楚国那样强大，都不敢加害赵王及将相的家眷，现在赵国怎敢加害将军的家眷呢？”韩广认为说得对，于是自立为燕王。过了几个月，赵王派人护送燕王的母亲和家属回到燕国。

是时，诸将徇地者不可胜数。周市北至狄①，狄人田儋杀狄令，自立为齐王，反击周市。市军散，还至魏地，立魏后故宁陵君咎为魏王②。咎在胜所，不得之魏。魏地已定，欲立周市为王，市不肯。使者五反，胜乃立宁陵君为魏王，遣之国。周市为相。

〔注释〕

①狄：县名，治所在今山东高青县东南。

②魏王：魏咎，战国末魏国贵族，被封为宁陵君。秦灭魏，为庶人，陈胜起义军攻占魏地，立为魏王。

〔译文〕

此时，到各地攻城略地的将领，数不胜数。周市向北进军到狄县，狄县人田儋杀死狄县县令，自立为齐王，率军反攻周市。周市军队溃散，退回到魏地，打算立魏王后裔、宁陵君魏咎为魏王。当时魏咎在陈胜那里，没办法到魏地。魏地平定后，人们想拥立周市为魏王，周市不接受。使者先后五次往返于陈王与魏地之间，陈胜才答应立宁陵君魏咎为魏王，并遣送他回魏国。周市为魏相。

将军田臧等相与谋曰："周章军已破[①]，秦兵且至，我守荥阳城不能下[②]，秦军至，必大败。不如少遗兵，足以守荥阳，悉精兵迎秦军。今假王骄，不知兵权[③]，不可与计，非诛之，事恐败。"因相与矫陈王令以诛吴广[④]，献其首于胜。胜使赐田臧楚令尹印[⑤]，使为上将[⑥]。田臧乃使诸将李归等守荥阳城，自以精兵西迎秦军于敖仓[⑦]。与战，田臧死，军破。章邯进击李归等荥阳下，破之，李归死。

〔注释〕

①周章：即周文。

②守：监守，围困。

③兵权：用兵的权谋。

④相与：共同，一道。

⑤令尹：官名，春秋战国时期楚国的最高官职，辅佐楚王掌管全国军政事务。

⑥上将：上将军，官名，为督军征战的主帅。

⑦敖仓：仓名，在今河南荥阳县东北敖山。

〔译文〕

将军田臧等人共同商议说："周文的军队已经被击溃，秦兵将要到来，我们围困荥阳城已久却不能攻克，秦军一到，一定会大败。不如留下少量部队，足以监守荥阳，调动全部精兵迎击秦军。现在代理王吴广骄横，不懂用兵的权谋，无法和他谋划，不杀了他，大事恐怕会失败。"因而他们一道假托陈王的命令，把吴广杀了，将吴广的头献给陈胜。陈胜派使者赐给田臧楚国令尹的大印，任命他为上将。田臧于是就派部将李归等驻守在荥阳城外，自己率领精兵向西进攻，在敖仓迎战秦军。双方交战，田臧战死，军队溃败。章邯进军攻击李归等于荥阳城下，击溃了楚军，李归战死。

阳城人邓说将兵居郯①，章邯别将击破之②，邓说走陈。铚人五逢将兵居许③，章邯击破之。五逢亦走陈。胜诛邓说。

〔注释〕

①邓说（yuè）：吴广的部将。郯（tán）：县名，治所在今山东郯城县北。

②别将：官名，泛指率领部分兵力与主力分道而进的次要将领。

③许：县名，治所在今河南许昌市东。

〔译文〕

阳城人邓说率军驻扎在郏县，章邯的部队将领打败了他，邓说率军溃逃到陈县。铚县人五逢率军驻扎在许县，章邯打败了他。五逢也溃逃到陈县。陈胜杀了邓说。

胜初立时，凌人秦嘉、铚人董緤、符离人朱鸡石、取虑人郑布、徐人丁疾等皆特起[①]，将兵围东海守于郯[②]。胜闻，乃使武平君畔为将军[③]，监郯下军[④]。秦嘉自立为大司马[⑤]，恶属人，告军吏曰："武平君年少，不知兵事，勿听。"因矫以王命杀武平君畔。

〔注释〕

①特起：突起，崛起。

②东海：郡名，治所在郯县（今山东郯城县北）。

③畔：人名。

④监：总领，率领。

⑤大司马：官名，掌管军政的高级官员。

〔译文〕

陈胜刚开始被立为王的时候，凌县人秦嘉、铚县人董緤、符离人朱鸡石、取虑人郑布、徐县人丁疾等都崛起，率军把东海郡守包围在郯县。陈胜听说后，就委派武平君畔为将军，总领郯城的各路军队。秦嘉自立为大司马,不愿隶属于他人,他告诉军吏们说:“武平君年纪轻,不懂战事,不要听他的!”于是假借陈王的命令杀了武平君畔。

章邯已破五逢,击陈,柱国房君死。章邯又进击陈西张贺军。胜出临战①,军破,张贺死。腊月②,胜之汝阴③,还至下城父④,其御庄贾杀胜以降秦⑤。葬砀⑥,谥曰隐王。

〔注释〕

①临战:督战。

②腊月:十二月。《史记》:“胡亥二年十月诛葛婴,十一月周文死,十二月陈涉死。”

③汝阴:县名,治所在今安徽阜阳市。

④下城父(fǔ):地名,在今安徽涡阳县东南。

⑤御:驾驭车马的人。

⑥砀(dàng):县名,治所在今河南夏邑县东南。

〔译文〕

章邯击溃五逢后,进攻陈县,上柱国房君蔡赐战死。章邯又进兵攻打陈县西部的张贺军。陈胜亲自上阵督战,军队被击溃,张贺战死。十二月,陈胜到汝阴县,转至下城父,为他驾驭车马的庄贾杀了陈胜后投降秦军。陈胜被葬在砀县,谥号为隐王。

胜故涓人将军吕臣为苍头军[①]，起新阳[②]，攻陈下之，杀庄贾，复以陈为楚。

〔注释〕

①涓人：官名，为宫中担任洒扫的人，亦泛指亲近的内侍。苍头军：秦末农民起义军之一，因为以青巾裹头而得名。

②新阳：县名，治所在今安徽界首市北。

〔译文〕

陈胜旧时的涓人吕臣后来当了将军，建立了一支青巾裹头的“苍头军”，后从新阳县起兵，攻克了陈县，杀死杀害陈胜的庄贾，又以陈县为楚都。

初，胜令铚人宋留将兵定南阳[①]，入武关[②]。留已徇南阳，闻胜死，南阳复为秦。宋留不能入武关，乃东至新蔡[③]，遇秦军，宋留以军降秦。秦传留至咸阳[④]，车裂留以徇[⑤]。

〔注释〕

①南阳：郡名，治所在宛县（今河南南阳市）。

②武关：地名，在今陕西商洛县西南丹江北岸。

③新蔡：县名，治所在今河南新蔡县。

④咸阳：县名，治所在今陕西咸阳市东北聂家沟一带。

⑤车裂：一种古代的酷刑。将人的肢体系于数辆车上，分拉撕裂至死。徇（xùn）：示众。

〔译文〕

最初，陈胜命令铚县人宋留率军去平定南阳郡，再进入武关。宋留攻占南阳郡后，听到陈胜的死讯，南阳郡又被秦军攻占。宋留无法入武关，于是就向东到新蔡县，不料遇上秦军，宋留率军投降了秦。秦军将宋留押送到咸阳县，车裂示众。

秦嘉等闻胜军败①，乃立景驹为楚王，引兵之方与②，欲击秦军济阴下。使公孙庆使齐王③，欲与并力俱进。齐王曰："陈王战败，未知其死生，楚安得不请而立王？"公孙庆曰："齐不请楚而立王，楚何故请齐而立王？且楚首事④，当令于天下。"田儋杀公孙庆。

〔注释〕

①秦嘉：秦末广陵人。陈胜起事，他与董緤、朱鸡石等起兵响应，陈胜派武平君畔监其军，秦嘉杀死了畔，自立为大司马。

②之：往。方与：县名，治所在今山东鱼台县西。

③齐王：这里指田儋，秦末狄人。陈胜吴广起义后，他攻击并杀死狄县县令，自立为齐王。

④首事：最先起兵。

〔译文〕

秦嘉等人听说陈胜兵败，就立景驹为楚王，率军到了方与县，想在济阴城下攻击秦军。派遣公孙庆出使齐王田儋，想要联兵一道进攻。齐王说："陈王战败，至今生死不明，楚国怎么能不请示我就自行立王呢?”公孙庆说:“齐国不请示楚国就自行立王,楚国为什么要请示齐国才能立王呢?况且楚国是最先起兵的,理当号令天下。”于是田儋杀了公孙庆。

秦左右校复攻陈[1],下之。吕将军走,徼兵复聚[2],与番盗英布相遇[3],攻击秦左右校,破之青波[4],复以陈为楚。会项梁立怀王孙心为楚王。

〔注释〕

①左右校:官名。秦汉军制,在将军下分部,以校尉主管,部分设左、右校尉。

②徼兵复聚:要求招散兵再聚结。徼(yāo):要求。

③番:即番阳县,治所在今江西鄱阳县东北。

④青波:即青陂,地名,在今河南新蔡县西南。

〔译文〕

秦左右校尉率军再次进攻陈县,县城被攻下。吕臣军败逃,要求招散兵再聚结,与在番阳县为盗的英布相遇,双方联合进攻秦军左右校尉,在青波打败了他们,重新以陈县为楚都。恰巧此时项梁立楚怀王熊槐的孙子熊心为楚王。

陈胜王凡六月。初为王,其故人尝与佣耕者闻之,乃之陈,叩宫门曰:“吾欲见涉。”宫门令欲缚之[1]。自辩数[2],乃置,不肯为通。胜出,遮道而呼涉。乃召见,载与归。入宫,见殿屋帷帐,客曰:“夥[3],涉之为王沉沉者[4]!”

楚人谓多为夥,故天下传之,“夥涉为王”,由陈涉始。客出入愈益发舒[5],言胜故情。或言“客愚无知,专妄言,轻威。”胜斩之。诸故人皆自引去,由是无亲胜者。以朱防为中正[6],胡武为司过[7],主司群臣。诸将徇地,至,令之不是者,系而罪之。以苛察为忠。其所不善者,不下吏,辄自治。胜信用之,诸将以故不亲附。此其所以败也。

〔注释〕

①宫门令:官名,掌管宫门卫兵。

②辩数:辩解诉说。意思是辩解诉说各自的姓名,并说出与陈涉的旧事。

③夥(huǒ):叹词,表示惊讶或惊羡。

④沉沉:宫室深邃的样子。

⑤发舒:放纵,任意妄为。

⑥中正:官名,掌监察群臣的过失。

⑦司过:官名,掌纠正王的过失,为君王左右近臣。

〔译文〕

陈胜称王共六个月。称王之初,曾经与他一同受雇种地的旧友听说此事后,就赶到陈地,敲着宫门说:“我要见陈涉。”宫门令想要把他捆起来。经他辩解诉说各自的姓名,并说出与陈涉的旧事,才被宽赦,但不肯为他通报。等陈胜出门时,他拦路高喊陈涉的名字。陈胜听到了喊声就召见了他,与他一起坐车回宫。进了王宫,看到殿堂房屋、帷幕帐帘的陈设后,客人说:“啊!陈涉做了王,宫殿可真深广气派呀!”楚人称“多”为

"夥",所以天下流传开来,"夥涉为王"这句话,是从陈涉开始的。这位客人进出得越发放肆无拘,任意谈论陈胜以前的事情。有的人对陈胜说:"你这个客人愚昧无知,专门说胡话,会减少您的威严。"陈胜便斩杀了这位客人。于是,所有陈胜的旧交都自行离去,从此没有亲近陈胜的人。陈胜任命朱防为中正官,胡武为司过官,主管监察群臣事务。将领们攻占城邑,回到陈县复命时,不听从命令的办事者,就被抓起来治罪。以办事苛刻烦琐、严厉精明表示自己的忠心。凡是跟这两人关系不好的,不交由相关官吏处置,他俩就亲自惩罚。陈胜信任并任用这两人,诸将因此不亲附陈胜。这就是陈胜之所以失败的原因。

胜虽已死,其所置遣侯王将相竟亡秦。高祖时为胜置守冢于砀①,至今血食②。王莽败③,乃绝。

〔注释〕

①高祖:指汉高祖刘邦,西汉王朝的建立者。守冢(zhǒng):守墓。冢,坟墓。

②血食:受享祭品。古代杀牲取血来祭祀,所以这样称。

③王莽:新朝建立者,西汉末掌握朝政。

〔译文〕

陈胜虽然已经死了,但他所设立、派遣的王侯将相最终灭掉了秦朝。高祖时,特地在砀县陈涉的墓旁安置守墓人,至今祭祀他。王莽失败后,才断绝了祭祀。

萧何传

〔题解〕

萧何是西汉初著名的政治家，刘邦的主要谋士之一，官至丞相，并与张良、韩信合称“汉初三杰”。萧何初为沛县的吏掾，后辅佐刘邦起义，进入咸阳后收整秦丞相御史的“律令图书”，从而掌握了全国山川险要、郡县户口、社会状况等，为之后汉朝政治制度、行政制度的建立理清思路，并为国家资源的调派提供依据。项羽背约时，他规劝刘邦战略后退，休养民众，招致贤人，收用巴蜀，还定三秦。楚汉之争时，萧何留守关中，辅佐太子，安抚民众，谕告政令，并为军队供给粮草，为刘邦提供了坚实的后盾和稳固的后方。刘邦即位后，萧何因功劳最大被封为酂侯，之后他还为平定陈豨、英布的叛乱做出贡献。

萧何为官恪尽职守，勤政爱民，百姓亲附，因此引起刘邦疑心，他为求自保，把全部家财资助军用，还压低价格赊贷土地，为民众请求开放上林苑，以此自污名声。萧何的一生功绩显赫，晚年能明哲保身，堪称政治家的典范，正如班固的评价“唯何、参擅功名，位冠群臣，声施后世，为一代之宗臣，庆流苗裔，盛矣哉”。

萧何，沛人也[①]。以文毋害为沛主吏掾[②]。高祖为布衣时，数以吏事护高祖。高祖为亭长[③]，常佑之[④]。高祖以吏繇咸阳[⑤]，吏皆送奉钱三，何独以五。秦御史监郡者[⑥]，与从事辩之。何乃给泗水卒史事[⑦]，第一。秦御史欲入言征何，何固请[⑧]，得毋行。

〔注释〕

①沛：县名，治所在今江苏沛县。

②文毋害：善于撰写官文书而无疵病，犹今人言文笔不错，措辞恰当，无可指摘。文，指主办人员所作官文书的文辞。

③亭长：官名，秦汉时，农村每十里设一亭，由服兵役期满而合格的人担任亭长。城内与城厢的都亭、门亭亦设亭长。亭长主求捕盗贼，承望都尉，兼及民事，理辞讼。

④佑：助。

⑤繇：通"徭"，徭役。咸阳：郡名，治所在今陕西咸阳市东北。

⑥御史监郡者：即监御史，官名。掌监察郡政。

⑦泗水：郡名，治所在沛县(今江苏沛县)。

⑧固请：坚决辞谢之意。

〔译文〕

萧何是沛县人。因为他善于撰写官文书而无疵病，成为沛县辅佐县令的属吏。高祖刘邦为平民时，他曾多次在吏事上帮助高祖。高祖为亭长时，萧何经常辅助他。高祖担任官吏去咸阳郡服徭役时，小吏们都拿出三百钱资助他出行，只有萧何拿出五百钱。秦监察郡政的御史，与自己的属官辩说此事。萧何于是被任泗水郡卒史的官职，考核成绩为第一。秦御史想要上奏朝廷征用萧何，萧何坚决地辞谢，这才没有去成。

及高祖起为沛公，何尝为丞督事①。沛公至咸阳，诸将皆争走金帛财物之府分之，何独先入收秦丞相御史律令图书臧之②。沛公具知天下厄塞，户口多少，强弱处，民所疾苦者，以何得秦图书也。

〔注释〕

①丞：即县丞，官名，为县令的副佐。职掌文书及仓狱事宜。督：监视。

②丞相、御史：指丞相与御史大夫两府。

〔译文〕

后来高祖起义为沛公，萧何曾为县丞辅佐监视政事。沛公到了咸阳，众位将士都争相瓜分府库的金帛财物，唯独萧何提前进去把秦丞相、御史的律令图书收藏起来。沛公之所以详细地知道天下军事关隘、户民数量、强弱分布、人民疾苦的情况，就是因为萧何收藏了秦的图书。

初，诸侯相与约，先入关破秦者王其地。沛公既先定秦，项羽后至，欲攻沛公，沛公谢之得解。羽遂屠烧咸阳，与范增谋曰①：“巴蜀道险，秦之迁民皆居蜀。”乃曰：“蜀汉亦关中地也。”故立沛公为汉王，而三分关中地②，王秦降将以距汉王[③]。汉王怒，欲谋攻项羽。周勃、灌婴、樊哙皆劝之，何谏之曰："虽王汉中之恶，不犹愈于死乎[④]？"汉王曰："何为乃死也？"何曰："今众弗如，百战百败，不死何为？《周书》曰'天予不取，反受其咎[⑤]。'语曰'天汉'，其称甚美。夫能诎于一人之下[⑥]，而信于万乘之上者[⑦]，汤武是也。臣愿大王王汉中，养其民以致贤人，收用巴蜀，还定三秦[⑧]，天下可图也。"汉王曰："善。"乃遂就国，以何为丞相。何进韩信[⑨]，汉王以为大将军，说汉王令引兵东定三秦。语在《信传》。

〔**注释**〕

①范增：项羽的主要谋士，辅佐项羽称霸诸侯，被尊称为"亚父"。曾经多次劝项羽杀刘邦，项羽不听。后来刘邦用反间计使其被项羽怀疑，削职夺权，愤而离去。

②关中：指河南灵宝县东北故函谷关以西以及陕西和甘肃东部秦岭以北地区。

③距：抗拒，抵御。

④愈：更加。

⑤咎（jiù）：灾祸。

⑥诎（qū）：屈服。

⑦信（shēn）：通"伸"。

⑧三秦：项羽三分关中，封章邯为雍王，司马欣为塞王，董翳为翟王，合称三秦。其地相当于今陕西关中及甘肃东部。

⑨进：引进，推荐。韩信：西汉初军事家。秦末农民大起义中，刚开始他辅佐项羽却不被重用。后来归附刘邦，因官职小而逃离，经过萧何的力

荐才得以重用。刘邦采用他的策略,攻占了关中。楚汉相持于荥阳、成皋间,他率军击魏破代,又以数千人背水为阵,用“陷之死地而后生”之策,大破赵军二十万。公元前202年,率军与刘邦会合,在垓下击灭项羽。

〔译文〕

开始时,诸侯将相互相约定,先进入函谷关攻破秦国的人就在其地称王。沛公最先占领秦国,项羽随后到达,想要进攻沛公,沛公向他谢罪才得以和解。项羽于是在咸阳杀人放火,项羽和范增谋划道:“巴蜀的道路险峻,秦国的民众都迁移居住在蜀地。”于是说:“巴蜀、汉中也属于关中的地区。”因此立沛公为汉王,把关中地区分成三份,分给秦国投降的将领用以抵御汉王。汉王十分愤怒,想要谋划攻打项羽。周勃、灌婴、樊哙都赞同他,萧何却劝谏汉王道:“即使在汉中为王是令你讨厌的,但是不比死更好吗?”汉王问:“怎么就会死呢?”萧何回答道:“现今我们人数比不上项羽,会屡战屡败,不死还能做什么呢?《周书》有言:‘上天给予我们的,我们却不接受,反而就会受到灾祸。’俗话说‘天汉’,就是以汉配天,这个称号很好。能屈服于一人之下,而伸展志向于万乘之上的人,只有商汤、周武王这样的人。我希望大王能在汉中称王,休养汉中的民众,招致贤良之人,收巴蜀为您所用,再回去平定三秦,就可以谋取天下了。”汉王说:“好。”于是汉王就到封国即位,任萧何为丞相。萧何推荐了韩信,汉王便任他为大将军,萧何又说服汉王下令韩信率兵向东平定三秦,相关内容在《韩信传》有记载。

何以丞相留收巴蜀,填抚谕告①,使给军食。汉二年，汉王与诸侯击楚，何守关中，侍太子，治栎阳[②]。为令约束，立宗庙、社稷、宫室、县邑，辄奏，上可许以从事；即不及奏[③]，辄以便宜施行，上来以闻。计户转漕给军[④]，汉王数失军遁去，何常兴关中卒，辄补缺。上以此剸属任何关中事[⑤]。

〔注释〕

①填：通"镇"，镇定，安定。

②栎（yuè）阳：县名，治所在今陕西临潼县东北吴屯镇附近古城村南。

③即：副词，如果。

④转漕（cáo）：转运粮饷。

⑤剸：通"专"。

〔译文〕

萧何担任丞相留在巴蜀镇守，安抚民众并谕告政令，为作战军队供给粮食。汉王二年，汉王与诸侯一起攻击楚国，萧何留守关中，辅佐太子，治所在栎阳。他制定了法令规章，建立了宗庙、社稷、宫室、县邑，并经常上奏，皇上准许奏请，他才行事；如果来不及上奏，就斟酌事宜自行决断去实行，等皇上回来再汇报。他计算民户数量转运粮饷来供给军队，汉王曾多次损失兵员，遁走他地，萧何便经常征发关中士卒去补充缺少的兵力。皇上因此专门任用萧何治理关中事务。

汉三年，与项羽相距京、索间[①]，上数使使劳苦丞相[②]。鲍生谓何曰[③]："今王暴衣露盖[④]，数劳苦君者，有疑君心。为君计，莫若遣君子孙昆弟能胜兵者悉诣军所⑤，上益信君。”于是何从其计，汉王大说⑥。

〔注释〕

①相距：对峙。京：县名，治所在今河南荥阳县东南。索：县名，治所在今湖南常德市东北。

②劳（lào）：慰劳。

③鲍生：秦汉间策士。

④暴（pù）衣露盖：日晒衣裳，露湿车盖。这里指刘邦在外征战沙场，奔波劳碌。暴：曝晒。

⑤诣（yì）：到，到达。

⑥说（yuè）：通“悦”，喜悦。

〔译文〕

汉王三年，汉王与项羽在京县、索县间对峙，皇上屡次派人慰劳丞相萧何。鲍生对萧何说：“现在汉王在外征战沙场，却数次慰劳您，这是君主有怀疑之心。如果为您长远考虑，不如派遣您的子孙兄弟中能当兵作战的人都到军队驻地，皇上就会更加信任您。”于是听从了他的计策，汉王非常喜悦。

汉五年，已杀项羽，即皇帝位，论功行封，群臣争功，岁馀不决。上以何功最盛，先封为酂侯①，食邑八千户②。功臣皆曰：“臣等身被坚执兵③，多者百馀战，少者数十合，攻城略地，大小各有差。今萧何未有汗马之劳④，徒持文墨议论，不战，顾居臣等上⑤，何也？”上曰：

"诸君知猎乎?"曰:"知之。""知猎狗乎?"曰:"知之。"上曰:"夫猎,追杀兽者狗也,而发纵指示兽处者人也。今诸君徒能走得兽耳[⑥],功狗也;至如萧何,发纵指示,功人也[⑦]。且诸君独以身从我,多者三两人;萧何举宗数十人皆随我[⑧],功不可忘也!"群臣后皆莫敢言。

〔注释〕

①酂(zàn):县名,治所在今湖北光化县西北。

②食邑:君主封赐给臣属作为食禄的封邑。受封者按照所封的户数来征收食邑内的租税。

③被(pī)坚执兵:披着铠甲,拿着武器。被:同"披"。兵:兵器。

④汗马之劳:指征战的劳苦。亦指战功。

⑤顾:副词,表示转折。反而,却。

⑥耳:语气词。而已,罢了。

⑦功人:谓指挥打猎有功的人。

⑧举:皆,全。

〔译文〕

汉王五年,汉王已经杀了项羽,即皇帝位,按照功劳实行封赏,大臣们争相邀功,一年多后还没决定。皇上认为萧何的功劳最大,想最先封他为酂侯,食邑八千户。有功的大臣们都说:"我们披着铠甲,拿着武器,征战沙场,多的人经历了百余场战役,少的人经历了数十回合,攻占城池,掠夺土地,每个人的功绩大小各有等级差别。现今萧何没有立下汗马功劳,他仅仅是舞文弄墨发表议论,从未上过战场,官位反而在臣等之上,是为什么呢?”皇上问道:“你们知道打猎吗?”大臣们回答:“知道。”皇上又问:“你们知道猎狗吗?”大臣们回答:“知道。”皇上说:“打猎,追杀野兽的是猎狗,而解开拴狗的绳子放狗并指示野兽所在之处的是猎人。现今你们只是跑着去抓住野兽而已,这是猎狗的功劳;至于萧何,发纵指示,这是猎人的功劳。而且你们只是自己跟从着我,最多的三两个人;而萧何全族几十人都跟随着我,他的功劳不能忘记!”之后大臣们都不敢再说了。

列侯毕已受封,奏位次,皆曰:“平阳侯曹参身被七十创[①],攻城略地,功最多,宜第一。”上已桡功臣多封何[②],至位次未有以复难之,然心欲何第一。关内侯鄂秋时为谒者[③],进曰:“群臣议皆误。夫曹参虽有野战略地之功,此特一时之事[④]。夫上与楚相距五岁,失军亡众,跳身遁者数矣[⑤],然萧何常从关中遣军补其处。非上所诏令召,而数万众会上乏绝者数矣。夫汉与楚相守荥阳数年[⑥],军无见粮,萧何转漕关中,给食不乏。陛下虽数亡山东[⑦],萧何常全关中待陛下[⑧],此万世功也。今虽无曹参等百数,何缺于汉?汉得之不必待以全。奈何欲以一旦之功加万世之功哉!萧何当第一,曹参次之。”上曰:“善。”于是乃令何第一,赐带剑履上殿[⑨],入朝不趋[⑩]。上曰:“吾闻进贤受上赏,萧何功虽高,待鄂君乃得明。”于是因鄂秋故所食关内侯邑二千户,封为安平侯。是日,悉封何父母兄弟十馀人,皆食邑。乃益封何二千户,“以尝繇咸阳时何送我独赢钱二也⑪”。

〔注释〕

①曹参:西汉初大臣。曾为沛县狱吏。秦二世元年(前209),跟从刘邦起兵,常身先士卒,“身被七十创”,屡立战功。汉朝建立,封为平阳侯,为齐相九年,有政绩,时人称为贤相。又协助刘邦平定陈豨、英布等地方叛乱。后继萧何为汉惠帝丞相,遵循萧何旧制,举事无所变更,保持了相对安定的局面,故有“萧规曹随”之说。创:伤。

②桡(náo):屈从,屈服。

③谒者:官名,侍从皇帝,掌关通内外,导引宾客。

④特:但,只。

⑤跳身:轻身逃走。

⑥荥(xíng)阳:县名,治所在今河南荥阳县东北。

⑦山东:古地区名。战国、秦、汉时通称华山(今陕西境)或崤山(今河南境)以东地区为山东。犹如其时关东之称。

⑧全:保全。

⑨剑履上殿:经帝王特许,重臣上朝时可以不解剑,不脱履,以示殊荣。

⑩不趋:不必急步而行。古代臣子入朝必须趋步以示恭敬,入朝不趋是皇帝对大臣的一种殊遇。

⑪赢:余。二:二百钱。

〔译文〕

列侯们已经受封完毕,上奏位次时,都说:“平阳侯曹参身上有七十多处战伤,攻占城池,夺取土地,他的功绩最多,应当位列第一。”皇上想到已经使功臣们屈从多封了萧何,至于位次就不能再次为难他们，然而他心中想要萧何位次第一。当时关内侯鄂秋为谒者，他向皇上进言说："群臣们的意见都是错误的。曹参即使有攻占城池夺取土地的功劳，这只是一时的事情。皇上与楚国对峙了五年，损失的兵将很多，轻身逃走了多次，然而萧何常常从关中派遣人员补充缺兵之处。皇上没有发布诏令招来兵将，却有几万人在皇上身处困乏绝境时会集。汉与楚在荥阳相互守御数年，军中没有粮草，萧何便从关中转运粮草，供给不断。陛下即使几次丢失山东，萧何却一直保全关中对陛下尽忠职守，这是万世不朽的功劳。现今即使没有曹参这样的人一百个，对于汉室有什么缺损的呢？汉室的功绩没有必须用他们保全。怎么能把一时之功置于万世之功上面呢！萧何应当位次第一，曹参应当低于他。"皇上说："好。"于是就下令萧何位次第一，并特赐他上朝时可以不解剑，不脱履，进朝廷时不必急步而行。皇上说："我听说进荐贤能之士可以受到最高的赏赐，萧何的功劳即使很高，却还要依赖鄂君澄清，他的功劳才能得以显明。"于是由于鄂秋的进言，在原来所享有的关内侯邑二千户之上，加封他为安平侯。这天，尽封萧何的父母兄弟有十几人，都有食邑。还加封萧何二千户，皇上说："这是曾经我在咸阳服役时，唯独萧何多送我的二百钱。"

陈豨反[①]，上自将，至邯郸[②]。而韩信谋反关中，吕后用何计诛信。语在《信传》。上已闻诛信，使使拜丞相为相国[③]，益封五千户，令卒五百人一都尉为相国卫[④]。诸君皆贺，召平独吊[⑤]。召平者，故秦东陵侯。秦破,为布衣,贫,种瓜长安城东,瓜美,故世谓“东陵瓜”,从召平始也。平谓何曰:“祸自此始矣。上暴露于外,而君守于内,非被矢石之难[6],而益君封置卫者,以今者淮阴新反于中,有疑君心。夫置卫卫君,非以宠君也。愿君让封勿受,悉以家私财佐军。”何从其计,上说。

〔注释〕

①陈豨(xī):汉高祖刘邦部将。跟从刘邦起事入关,为游击将军。定代,破臧荼,高祖六年,封为阳夏侯。后因广招宾客,遭到疑忌。高祖十年,举兵叛汉,自立为代王,被汉将周勃击败。高祖十二年,被樊哙军追逐,杀于灵丘。

②邯郸:县名,治所在今河北邯郸市西南。

③相国:官名。一说本名相邦,至西汉时因避高帝刘邦名讳改为相国。居宰辅之位,为百官之长,与丞相略同而位稍尊。

④都尉:官名,高级武官,稍低于校尉。

⑤召(shào)平:汉初齐相。吊:本意为慰问丧家或受到灾祸的人。这里引申为悲伤,怜悯。

⑥矢石:箭与石,为作战的武器。

〔译文〕

陈豨反叛时,皇上亲自率兵到达邯郸。韩信在关中谋反时,吕后采用了萧何的计策诛杀了韩信。相关的内容在《韩信传》有记载。皇上听说已经诛杀了韩信,便派人授予丞相萧何为相国,加封五千户,下令五百人和一个都尉为相国的护卫。大家都祝贺他,唯独召平为他悲伤。召平,原来是秦朝的东陵侯。秦朝灭亡后，他成为平民，因为贫穷在长安城东种瓜，他种的瓜甜美，所以世人称之为“东陵瓜”，这是从召平开始的。召平对萧何说：“祸事就要从现在开始了。皇上在外征战，而您在内留守，没有遭到战争中箭石的袭击，反而给您加封设置护卫的人，这是因为现今淮阴侯韩信刚刚在关中谋反，君主对您有了疑心，才设置护卫守卫您，并不是用以宠信您。我希望您辞谢封赏不要接受，并把你家全部的财产资助军用。”萧何听从了召平的计策，皇上非常喜悦。

其秋[①]，黥布反[②]，上自将击之，数使使问相国何为。曰：“为上在军，拊循勉百姓[③]，悉所有佐军，如陈豨时。”客又说何曰：“君灭族不久矣。夫君位为相国，功第一，不可复加。然君初入关，本得百姓心，十馀年矣。皆附君，尚复孳孳得民和[④]。上所谓数问君，畏君倾动关中。今君胡不多买田地[⑤]，贱贳贷以自污[⑥]？上心必安。”于是何从其计，上乃大说。

〔注释〕

①其：代词，代指这一年。

②黥(qíng)布：西汉初诸侯王。姓英，名布。原来跟从项羽，楚汉战争中，他听从汉使随何的劝说，背楚归汉，称“武王”。汉王四年(前203)，封为淮南王。跟从刘邦在垓下击灭项羽。汉高祖十一年(前196)，他见韩信、彭越先后被灭，于是举兵反叛。

③拊循：亦作“抚循”。安抚，抚慰。

④尚：副词。还，犹。孳孳(zī)：不懈怠的样子。

⑤胡:疑问代词,为什么。

⑥贳(shì):赊欠。自污:自我玷污。

〔译文〕

这年秋天,黥布反叛,皇上亲自率兵出击,多次派使者询问相国萧何在居守期间有什么作为。萧何说:“因为皇上在军中,所以我抚慰勉励百姓,把我家全部的财产资助军用,正如陈豨反叛时我的作为。”后来门客又劝告萧何道:“您不久将被灭族了。您位居相国,功劳位次第一,不可以再增加了。您最初入关时,本来就得百姓之心,现在十几年过去了。百姓都很亲附您,您还是如从前一样勤勉不懈怠得以民众和顺。皇上之所以多次问您的目的,是怕您在关中影响太大。现今您为什么不多买田地,压低价格,赊贷土地,来玷污自己的名声呢?这样皇上的心一定会安定。”于是萧何听了他的计策,皇上非常喜悦。

上罢布军归,民道遮行,上书言相国强贱买民田宅数千人。上至,何谒。上笑曰:“今相国乃利民!”民所上书皆以与何,曰:“君自谢民[①]。”后何为民请曰:“长安地狭[②],上林中多空地[③],弃,愿令民得入田[④],毋收稾为兽食[⑤]。”上大怒曰:“相国多受贾人财物[⑥],为请吾苑!”乃下何廷尉[⑦],械系之。数日,王卫尉侍,前问曰:“相国胡大罪,陛下系之暴也?”上曰:“吾闻李斯相秦皇帝[⑧],有善归主,有恶自予。今相国多受贾竖金,为请吾苑,以自媚于民[⑨]。故系治之。”王卫尉曰:“夫职事苟有便于民而请之[10],真宰相事也。陛下奈何乃疑相国受贾人钱乎!且陛下距楚数岁,陈豨、黥布反时,陛下自将往,当是时相国守关中,关中摇足则关西非陛下有也[11]。相国不以此时为利,乃利贾人之金乎!且秦以不闻其过亡天下,夫李斯之分过,又何足法哉[12]!陛下何疑宰相之浅也!"上不怿[13]。是日,使使持节赦出何。何年老,素恭谨,徒跣入谢[14]。上曰:"相国休矣[15]!相国为民请吾苑不许,我不过为桀纣主,而相国为贤相。吾故系相国,欲令百姓闻吾过。"

〔注释〕

①谢:道歉。

②狭:小。

③上林:即上林苑,宫苑名。在今陕西蓝田县以西、周至县以东终南山北麓一带,秦汉时为帝王射猎、游乐之所。

④田:耕田。

⑤稾(gǎo):即刍稾税,征纳农作物的秸秆以及牧草,以供官府的马牛等牲畜做饲料之用。

⑥贾(gǔ)人:商人。

⑦廷尉:官名,为中央最高司法审判机构长官,遵照皇帝旨意修订法律,汇总全国断狱数,主管诏狱。文武大臣有罪,由其直接审理收狱,重大案件由皇帝派人会审。

⑧李斯:秦朝大臣。战国末年入秦,向秦王献灭六国成一统的计策,受到秦王的赏识,拜为长史、客卿。公元前 237 年,秦宗室贵族提出"逐客"主张,他上书劝阻,又得到秦王的采纳并重用,迁任廷尉。秦统一中国

后，官至丞相。他力主废分封，设郡县；提议焚诗书，禁私学；主张以法为教，以吏为师，均被秦始皇采纳。又以小篆为标准，统一文字。

⑨媚：本义讨好、逢迎、巴结，这里引申为爱戴、喜欢。

⑩苟：连词。如果，假设。

⑪摇足：动足。喻稍有举动。

⑫法：效法。

⑬怿（yì）：快乐，喜悦。

⑭徒跣（xiǎn）：赤脚。

⑮休：勿，莫，不要这样。

〔译文〕

皇上平定黥布率军回朝，民众在道上拦路上书，说相国萧何强制压低价格买了几千人的田宅。皇上到了朝廷，萧何前来拜见。皇上笑着说："现今相国竟然夺取民众的利益！"把民众的上书都给萧何看，说："你自己向民众道歉。"后来萧何为民众请求道："长安耕地少，上林苑中有很多空地是废弃不用的，希望下令让民众进去耕田，不要收刍稾税去供应牲畜食用。"皇上十分愤怒地说："相国接受了商人的很多财物，为他们请求我的上林苑！"于是下令由廷尉审问萧何，给他戴上镣铐，拘禁起来。几日后，王卫尉侍奉皇上时，上前请问皇上说："相国犯了什么大罪，陛下拘禁欺凌他？"皇上说："我听闻李斯为秦始皇的丞相时，有好的事情就归功于皇上，有不好的事情就归咎于自己。现今相国接受了商人的财物，为他们请求我的上林苑，来使自己受到民众的爱戴。所以才拘禁惩办他。"王卫尉说："任职为官的人，如果有便利民众的事就会请求皇上实施，这是真正的宰相所应做的事。陛下怎么就怀疑相国接受了商人的钱呢！而且陛下抵御楚军数年，陈豨、黥布反叛时，陛下亲自带兵前往，就在那时，相国留守关中，关中稍有举动，那么关西就不是陛下所属的了。相国不在那时贪图利益，难道会在现今贪图商人的钱吗？而且秦始皇是因为不愿听批评而灭亡，李斯的职责分内也有过错，又哪里值得效法呢！陛下怎么能怀疑宰相是如此浅薄！"皇上听后心有惭愧而不悦。这日，派使者持符节赦免萧何。萧何年纪大了，平素恭谨，就赤脚入朝谢罪。皇上说："相国不要这样！相国为民众请求我的上林苑没被允许，我不过是像桀纣一样的君主，而相国却是贤相。我拘禁相国的原因是想要百姓知道我的过错。"

高祖崩，何事惠帝。何病，上亲自临视何疾，因问曰①："君即百岁后②，谁可代君？"对曰："知臣莫如主。"帝曰："曹参何如？"何顿首曰："帝得之矣。何死不恨矣③！"

〔注释〕

①因：副词，于是。
②百岁：死的讳称。
③恨：遗憾。

〔译文〕

高祖驾崩后，萧何辅佐惠帝。萧何生病时，皇上亲自去看他，因而问萧何说："您百岁之后，谁可以代替您呢？"萧何回答："了解臣子的莫过于君主您了。"皇上说："曹参怎么样？"萧何跪拜磕头说："皇上得到贤才了，我死而无憾！"

何买田宅必居穷辟处，为家不治垣屋①。曰："令后世贤②，师吾俭；不贤，毋为势家所夺。"

〔注释〕

①垣(yuán)：围墙。

②令：假使，如果。

〔译文〕

萧何购买田宅一定要在贫穷偏僻的地方，置家盖房不修围墙。他说："如果后代人贤能，就会学习我的俭朴；如果不贤能，这种房屋也不会被有权势的人家夺走。"

孝惠二年①，何薨，谥曰文终侯②。子禄嗣，薨，无子。高后乃封何夫人同为酂侯，小子延为筑阳侯③。孝文元年④，罢同，更封延为酂侯。薨，子遗嗣。薨，无子。文帝复以遗弟则嗣，有罪免。景帝二年⑤，制诏御史："故相国萧何，高皇帝大功臣，所与为天下也。今其祀绝，朕甚怜之。其以武阳县户二千封何孙嘉为列侯⑥。"嘉，则弟也。薨，子胜嗣，后有罪免。武帝元狩中⑦，复下诏御史："以酂户二千四百封何曾孙庆为酂侯，布告天下，令明知朕报萧相国德也。"庆，则子也。薨，子寿成嗣，坐为太常牺牲瘦免⑧。宣帝时，诏丞相御史求问萧相国后在者，得玄孙建世等十二人，复下诏以酂户二千封建世为酂侯。传子至孙获，坐使奴杀人减死论。成帝时，复封何玄孙之子南䜌长喜为酂侯⑨。传子至曾孙，王莽败乃绝。

〔注释〕

①孝惠二年：即公元前193年。

②谥(shì)：古代帝王、贵族、大臣死后，依照其生前事迹所给予的带有褒贬意义的称号。

③筑阳：县名，治所在今湖北谷城北。

④孝文元年：即公元前179年。

⑤景帝二年：即公元前155年。

⑥武阳县：县名，治所在今四川彭山县东。列侯：爵名。秦称彻侯，为二十等爵最高一级，汉朝沿置，因避武帝讳，故曰通侯、列侯。秦及汉初多以军功封授，自武帝时丞相公孙弘封平津侯始，丞相亦得封侯。诸侯王推恩分封子弟，亦称列侯。又有以外戚和恩泽封侯者。列侯享有政治、经济等种种特权。

⑦元狩：武帝年号(前122—前117)。

⑧太常：官名。主管祭祀社稷、宗庙和朝会、丧葬礼仪，管理皇帝陵墓、寝庙所在县邑，每月巡视诸陵，兼管文化教育，博士和博士弟子的考核、荐举、补吏亦由其主持。牺牲：供祭祀用的牲畜。

⑨南䜌(luán)：县名，治所在今河北巨鹿县北。

〔译文〕

孝惠帝二年，萧何去世，谥号为文终侯。他的儿子萧禄继承了他的爵位，萧禄去世，没有儿子。于是高后就封萧何的夫人同为酂侯,他的小儿子萧延为筑阳侯。孝文帝元年,皇上罢免了萧何夫人同,改封萧延为酂侯。萧延去世,他的儿子萧遗继承爵位。萧遗去世,没有儿子。文帝又让萧遗的弟弟萧则继承,萧则因犯罪而被罢免。景帝二年,皇上诏令御史说:“已经去世的相国萧何,是高皇帝的大功臣,有共同治理天下的功绩。现在他的后嗣断绝了,朕十分怜悯他。因此可以把武阳县的二千户封给萧何的孙子萧嘉为列侯。”萧嘉是萧则的弟弟。萧嘉去世,他的儿子萧胜继承,后来因犯罪而被罢免。武帝元狩时,又下诏御史说:“把酂地的两千四百户封给萧何的曾孙萧庆并为酂侯,布告天下,让民众清楚地知道我是在报答萧相国的恩德。”萧庆是萧则的儿子。萧庆去世,他的儿子萧寿成继承,后来他因给太常的祭祀牲畜太瘦而获罪并罢免。宣帝时,下诏让丞相御史寻求萧相国的后人,得知有他的玄孙萧建世等十二人,皇上又下诏把酂地二千户封给萧建世并为酂侯。传子至孙萧获,他因派奴仆杀人而获罪后减免死刑论处。成帝时,又封萧何的玄孙之子南䜌县长萧喜为酂侯。传子至曾孙,王莽失败后才断绝。

石奋传

〔**题解**〕

本篇记述了西汉时期石奋及其二子石建、石庆的事迹。石家父子五人都因“驯行孝谨”而官至二千石,所以石奋号称“万石君”。楚汉战争时,汉高祖欣赏他的恭敬而任命他为中涓,并封他的姐姐为美人;孝文帝时,官至太中大夫、太子太傅;孝景帝时,位列九卿,改任诸侯相,而后告老还乡。石奋不仅身体力行,还言传身教地影响了其子孙,使得万石君家以孝顺恭谨闻名于郡国。班固评论道:“仲尼有言‘君子欲讷于言而敏于行’,其万石君、建陵侯、塞侯、张叔之谓与?是以其教不肃而成,不严而治。”以此肯定了石奋恭谨敦厚的行为,有利于维护当时皇权的需要,具有一定的历史意义,并对当代的家风教育有深远影响。

万石君石奋①,其父赵人也。赵亡,徙温②。高祖东击项籍,过河内③,时奋年十五,为小吏④,侍高祖。高祖与语,爱其恭敬,问曰:“若何有⑤?”对曰:“有母,不幸失明。家贫。有姊,能鼓瑟。”高祖曰:“若能从我乎?”曰:“愿尽力。”于是高祖召其姊为美人⑥,以奋为中涓⑦,受书谒。徙其家长安中戚里[8]，以姊为美人故也。

〔注释〕

①石奋：西汉大臣。汉高祖时为中涓，文帝时为太中大夫、太子太傅，景帝时为九卿，父子五人皆官至二千石。因号“万石君”。

②温：县名，治所在今河南温县西南。

③河内：郡名，治所在怀县（今河南武陟县西南）。

④小吏：低级职吏的统称。

⑤若：第二人称，你。

⑥美人：秦汉皇帝妃嫔名号。西汉后期制度规定，皇后以外的皇帝妃妾凡分十四等，美人为第五等。

⑦中涓：官名，亦称“涓人”，宫内近侍，掌清洁事务。

⑧戚里：帝王姻戚所居住的地方。

〔译文〕

万石君石奋，他的父亲是赵国人。赵国灭亡后迁徙到温县。汉高祖向东攻击项籍，经过河内郡，当时石奋十五岁，为一名小吏，侍奉汉高祖。汉高祖与他说话的时候，欣赏他的恭敬，问道：“你还有何亲属？”石奋回答说：“我有母亲，不幸失明。家中贫寒。有姐姐，能弹奏琴瑟。”汉高祖问道：“你能跟从我吗？”石奋回答说：“我愿意尽力。”于是汉高祖册封石奋的姐姐为美人，任命石奋为中涓，受理进献的文书和谒见之事。他把家搬到了长安中帝王姻戚所居住的地方，这是他的姐姐被封为美人的缘故。

奋积功劳，孝文时官至太中大夫[①]。无文学，恭谨，举无与比[②]。东阳侯张相如为太子太傅[③]，免。选可为傅者，皆推奋为太子太傅。及孝景即位，以奋为九卿[④]。迫近，惮之[⑤]，徙奋为诸侯相[⑥]。奋长子建，次甲，次乙，次庆，皆以驯行孝谨[⑦]，官至二千石。于是景帝曰："石君及四子皆二千石，人臣尊宠乃举集其门[⑧]。"凡号奋为万石君。

〔注释〕

①太中大夫：官名，亦作"大中大夫"。侍从皇帝左右，掌顾问应对，参谋议政，奉诏出使，多为宠臣贵戚充任。名义上隶属于郎中令（光禄勋）。

②举：皆，全。

③太子太傅：官名，与太子少傅并称为太子二傅。西汉初掌保养、监护、辅翼太子。

④九卿：西汉九卿仅次于丞相、御史大夫，分掌全国行政，职权很重。

⑤惮：畏惧，有所顾忌。

⑥诸侯相：官名，汉朝诸侯国相。

⑦驯：善良。

⑧集：聚集。

〔译文〕

石奋因功劳累积得多，到孝文帝时任太中大夫。石奋不通儒学，但恭敬谨慎，没有人能与他相比。东阳侯张相如为太子太傅，被罢免。在选择能做太子太傅的人选时，都推举石奋为太子太傅。到孝景帝即位时，石奋官至九卿。他在皇帝近旁，皇帝有所顾忌，让他改任为诸侯相。石奋的长子石建，二子某，三子某，四子石庆，都因善良的德行与孝顺恭谨，官至二千石。于是汉景帝说："石奋和他的四个儿子都官至二千石，臣子们的尊宠都聚集到他家。"正因如此，石奋号为万石君。

孝景季年，万石君以上大夫禄归老于家，以岁时为朝臣。过宫门阙必下车趋，见路马必轼焉①。子孙为小吏，来归谒，万石君必朝服见之，不名。子孙有过失，不谯让②，为便坐③，对案不食④。然后诸子相责，因长老肉袒固谢罪，改之，乃许。子孙胜冠者在侧⑤，虽燕必冠，申申如也⑥。僮仆䜣䜣如也⑦，唯谨。上时赐食于家，必稽首俯伏而食，如在上前。其执丧⑧，哀戚甚。子孙遵教，亦如之。万石君家以孝谨闻乎郡国，虽齐鲁诸儒质行，皆自以为不及也。

〔注释〕

①路马：皇帝所乘车的马。轼：此为抚轼，双手扶着轼，以示恭敬。轼：古代车厢前面用作扶手的横木。

②谯(qiào)让：责问。

③便坐：坐于别室，即不坐于正室。

④案：有短腿放食物的木托盘。

⑤胜冠：古代男子成年可以加冠，因用以指成年。

⑥申申：整齐有序的样子。

⑦䜣䜣(yín)：恭敬而正直的样子。

⑧执丧：奉行丧礼。

〔译文〕

孝景帝晚年时，万石君以上大夫的俸禄告老还乡，每年按时去朝见皇帝。经过宫门时必定下车快走，看见皇帝所乘的车马必定双手扶轼，用以表示恭敬。他的子孙有当小官的，回来拜见他时，万石君一定会穿朝服见他们，不直呼他们的名字。子孙有过失，他并不责问，而是坐在别室，对着放食物的木托盘不吃饭。然后子孙们就互相指责，请家中年长德高的人做证，自己袒露上身坚决地认错请求原谅，子孙们答应改正错误，石奋才接受。成年的子孙在他身旁时，即使安闲居家也要戴冠，一副整齐有序的样子。童仆们一副恭敬而正直的样子，都以谨敬为先。皇帝有时赏赐给他家食品，石奋一定稽首伏地才吃，如同在皇帝面前一样。家中有丧事，他奉行丧礼，神情十分悲痛。子孙遵循他的教诲，也像他一样行事。万石君家以孝顺恭谨而闻名于郡国，即使齐鲁一带品行诚朴的儒士，都自认为不如石奋。

建元二年①，郎中令王臧以文学获罪皇太后②。太后以为儒者文多质少，今万石君家不言而躬行，乃以长子建为郎中令③，少子庆为内史④。

〔注释〕

①建元二年：即公元前 139 年。

②王臧：西汉儒生，跟从申公学《诗》。景帝时为太子少傅。武帝建元初为郎中令，推崇儒学，贬斥黄老。因和御史大夫赵绾上书武帝，建议不再向窦太后奏事，触怒到不喜欢儒术的窦太后，被罢免官职，后被捕下狱，

自杀而亡。皇太后:指窦太后。

③郎中令:官名,掌宫廷戍卫,侍从皇帝左右,参与谋议。

④内史:官名,掌治理京畿地方。

〔译文〕

建元二年,郎中令王臧因为推崇儒学触怒窦太后而获罪。窦太后认为儒人文雅有余,朴实不足,现今石奋不言不语但身体力行,于是把石奋的长子石建封为郎中令,四子石庆封为内史。

建老白首,万石君尚无恙[①]。每五日洗沐归谒亲[②],入于舍[③],窃问侍者,取亲中裙厕牏[④],身自浣洒[⑤],复与侍者,不敢令万石君知之,以为常。建奏事于上前,即有可言,屏人乃言极切;至廷见,如不能言者。上以是亲而礼之。

〔注释〕

①恙:疾病。

②洗沐:汉制,官吏五日一次沐浴休息。这里借指休假。

③子舍:小室,非正房。

④中裙:贴身的衣裤。厕牏(tóu):贴身的小衫。

⑤浣(huàn)洒:洗涤。

〔译文〕

石建年老头发花白时,石奋身体尚且没有疾病。石建每五天休假回去拜见父亲,进入小室,悄悄地询问侍者,取走父亲贴身的内裤与小衫,亲自洗涤,再交给侍者,不敢让万石君知道,把这当作经常做的事。石建在皇帝面前上奏时,即使有事可以陈述,也要屏蔽他人后才深入地说明;当百官朝见皇帝时,他如同一个不善言谈的人。皇上因此亲近而礼待他。

万石君徙居陵里。内史庆醉归,入外门不下车。万石君闻之,不食。庆恐,肉袒谢请罪,不许。举宗及兄建肉袒[1],万石君让曰[2]:"内史贵人,入闾里,里中长老皆走匿,而内史坐车中自如,固当!"乃谢罢庆[3]。庆及诸子入里门,趋至家。

〔注释〕

①举:发动,率领。

②让:责备。

③谢罢:告令去。

〔译文〕

万石君迁居到茂陵邑中。担任内史的石庆喝醉酒回家时,进大门却不下车。石奋听说这件事,便不吃饭。石庆害怕了,袒露上身来认错请罪,石奋仍不原谅。石庆发动家族以及石建一起袒露上身,石奋责备他说:"内史是显贵的人,进入乡里,乡里年长德重的人都得躲避着走开,而内史却坐在车中神态自若,真不应当!"于是就让石庆离开。从此石庆和其他人进入里门后,就快步走回家。

万石君元朔五年卒[1]，建哭泣哀思，杖乃能行。岁馀，建亦死。诸子孙咸孝[2]，然建最甚[3]，甚于万石君。

〔注释〕

①元朔五年：即公元前124年。

②咸：全，都。

③然：连词，表示转折。

〔译文〕

石奋于元朔五年去世，石建哭泣悲伤，依靠手杖才能行走。一年多后，石建也死了。石奋的子孙都很孝顺，然而石建是最孝顺的，甚至超过石奋。

建为郎中令，奏事下，建读之，惊恐曰："书'马'者与尾而五，今乃四，不足一，获谴死矣！"其为谨慎，虽他皆如是。

〔译文〕

石建担任郎中令时，所上奏的奏书被批了下来，石建阅读后，惊恐地说："写'马'字的四点和尾部共五，如今才四笔，少了一笔，如果皇上谴责下来就该死！"他的行为就是如此谨慎，即使做其他事情也都像这样。

庆为太仆[1]，御出，上问车中几马，庆以策数马毕[2]，举手曰“六马”。庆于兄弟最为简易矣,然犹如此。出为齐相,齐国慕其家行,不治而齐国大治,为立石相祠[③]。

〔注释〕

①太仆:官名,掌皇帝专用车马,有时亲自为皇帝驾车,地位亲近重要,监管官府畜牧业。

②策:马鞭。

③祠(cí):祭祀祖先或者有功德者的祠堂。

〔译文〕

石庆担任太仆,为皇帝驾车出去,皇帝问车中有几匹马,石庆用马鞭数马完毕,举手说:“六匹马。”石庆在其兄弟间是最坦率简练的,然而还这样认真仔细。石庆出任齐国丞相,齐国人仰慕他的家风品行,他不用惩罚的方式而使齐国政治修明、局势安定,齐国人为他建了一座石相祠。

元狩元年[①],上立太子,选群臣可傅者,庆自沛守为太子太傅[②],七岁迁御史大夫。元鼎五年[③],丞相赵周坐酎金免,制诏御史:“万石君先帝尊之,子孙至孝,其以御史大夫庆为丞相[④],封牧丘侯。”是时汉方南诛两越[⑤],东击朝鲜[⑥],北逐匈奴[⑦],西伐大宛[⑧],中国多事[⑨]。天子巡狩海内,修古神祠,封禅,兴礼乐。公家用少,桑弘羊等致利[⑩],王温舒之属峻法[⑪],兒宽等推文学[⑫],九卿更进用事⑬,事不关决于庆⑭,庆醇谨而已。在位九岁,无能有所匡言。尝欲请治上近臣所忠、九卿咸宣⑮,不能服,反受其过,赎罪。

〔注释〕

①元狩元年:即公元前 122 年。

②沛:郡名,治所在相县(今安徽濉溪县西北)。

③元鼎五年:即公元前 112 年。

④丞相:官名,汉武帝时为外朝官首领,成为执行成命的行政长官。

⑤两越:汉初为南越和闽越的合称。

⑥朝鲜:古国名,其地约当今朝鲜半岛北部及辽宁东部一带。

⑦匈奴:古民族名,我国古代北方游牧民族。秦汉之际冒顿单于统一各部,建立奴隶制国家政权,并东灭东胡,西击月氏,南并楼烦,北征丁零和鬲昆。疆域东尽辽河,南界长城,西至葱岭,北达贝加尔湖,并不断南下攻扰。汉初对其采取防御政策。武帝时,多次进军漠北获胜,匈奴势力渐渐衰败。

⑧大宛:古西域国名。领地相当今中亚费尔干纳盆地。居民多从事农牧业,商业也较为发达,产葡萄、苜蓿,以产汗血马而著名。

⑨中国:指华夏族活动范围,包括黄河中下游地区,也指中原王朝。

⑩桑弘羊:西汉大臣、财政家。出身为富商。武帝元封元年(前 110),任治粟都尉,领大司农。曾主持订立盐铁酒类的官营专卖政策,并在地方置均输,使远方各以当地所产互相转贩;在京师置平准,贵卖贱买,抑平物价,使商人不能牟取暴利。

⑪王温舒:西汉酷吏。少时曾以盗墓为生。刚开始为亭长,后为廷尉张汤的属吏,得到提拔,任御史,迁广平都尉,又迁河内太守。他用重刑治郡,到任即捕郡中豪强,连坐千余家,尽杀之。武帝因为欣赏他的能力,元

狩四年(前119)召为中尉,后历任廷尉、少府、右内史。

⑫兒(ní)宽:西汉大臣、水利家。曾跟从欧阳生治《尚书》。武帝时,以文学举为博士弟子,受业于孔安国。任掌故,又补廷尉文学卒史。善属文,为廷尉张汤所器重。曾为武帝讲《尚书》,得迁中大夫。元鼎四年(前113),又迁左内史。在任数年间,劝农事,缓刑罚,理狱讼,礼贤下士,深得吏民喜爱。元封元年(前110),任御史大夫。曾与司马迁等共制定《太初历》。

⑬更:互。

⑭关:告知。

⑮所忠:西汉官吏。武帝时曾任掌故、谏大夫,深得武帝亲信。司马相如病重时,曾任武帝特使前往相如处取书。咸宣:姓或作减。初以佐史给事河东守,办事干练,卫青把他推荐给武帝,征为厩丞,后迁御史、御史中丞。在职二十年,屡治大狱,枉杀无辜,称为"敢决疑"。

〔译文〕

元狩元年时,皇上立太子,在群臣中选拔可以教导太子的人。石庆从沛郡太守升任为太子太傅,七年后又升任为御史大夫。元鼎五年,丞相赵周犯了献给朝廷供祭祀的贡金不足的罪而被罢免。皇上下诏御史大夫说:"先帝尊敬万石君,其子孙极尽孝道,因此任御史大夫石庆为丞相,封为牧丘侯。"这时汉朝正向南讨伐南越和闽越,向东攻击朝鲜,向北驱逐匈奴,向西讨伐大宛,中原王朝所统辖的地区政事繁多。皇帝在国内巡行,修建神祠,祭祀天地,大兴礼乐。国家的用度缺少了,桑弘羊等人致力于国家财政,王温舒等人严峻执法,兒宽等人推崇儒学,九卿互相配合执行政事,并不告知石庆政事也不由他决断,石庆只是淳厚恭谨而已。石庆在位九年,未能进言匡正。他曾经想请求惩治皇帝亲近的大臣所忠、九卿咸宣,但未能制服,反而受到刑罚,最后用钱免除刑罚。

元封四年①,关东流民二百万口,无名数者四十万②,公卿议欲请徙流民于边以适之。上以为庆老谨,不能与其议,乃赐丞相告归,而案御史大夫以下议为请者③。庆惭不任职,上书曰:“臣幸得待罪丞相,疲驽无以辅治。城郭仓廪空虚,民多流亡,罪当伏斧质④,上不忍致法。愿归丞相侯印,乞骸骨归⑤,避贤者路。”

〔注释〕

①元封四年:即公元前107年。

②名数:户籍。

③案:考察。

④斧质:古代腰斩人的刑具,亦泛指刑戮。质:通“锧”,斩人的垫座。

⑤乞骸骨:古代官吏自请退职,意思是使骸骨可以归葬乡土。

〔译文〕

元封四年,关东的难民有二百万,无户籍的难民有四十万,公卿商议想请求皇上迁徙难民到边境安置。皇帝认为石庆年老恭谨,不能与他商议,于是便赐丞相石庆休假,而对御史大夫以下的大臣中请求迁徙难民的人查办治罪。石庆对于自己不能胜任职位而感到惭愧,上书说:“我有幸当了一个待罪的丞相,好似一匹疲惫的马没有能力辅佐皇上治理国家了。城郭中贮藏米谷的仓库空虚,民众大多流亡,按罪应当受到刑戮,皇帝不忍心将我治罪。我愿意归还丞相侯的官印，自请退职回乡，给贤能的人让路。”

上报曰：“间者，河水滔陆[①]，泛滥十馀郡，堤防勤劳，弗能堙塞[②]，朕甚忧之。是故巡方州，礼嵩岳[③]，通八神[④]，以合宣房[⑤]。济淮江[⑥]，历山滨海[⑦]，问百年民所疾苦。惟吏多私[⑧]，征求无已[⑨]，去者便[⑩]，居者扰，故为流民法，以禁重赋。乃者封泰山，皇天嘉况[⑪]，神物并见[⑫]。朕方答气应，未能承意，是以切比闾里[⑬]，知吏奸邪。委任有司，然则官旷民愁，盗贼公行。往年觐明堂，赦殊死，无禁锢，咸自新，与更始。今流民愈多，计文不改，君不绳责长吏[⑭]，而请以兴徙四十万口，摇荡百姓，孤儿幼年未满十岁，无罪而坐率[⑮]，朕失望焉。今君上书言仓库城郭不充实，民多贫，盗贼众，请入粟为庶人[⑯]。夫怀知民贫而请益赋，动危之而辞位，欲安归难乎？君其反室！”

〔注释〕

①滔：漫。陆：陆地，与水域相对。

②堙（yīn）：阻塞。

③嵩（sōng）岳：又称嵩山，古号中岳。在今河南登封县北。

④八神：指天主、地主、兵主、阴主、阳主、月主、日主、四时主。其祠皆在齐地（今山东）。

⑤宣房：地名，一作“宣防”，在今河南濮阳西南。汉武帝时，黄河决口

于瓠子堤，在此堵塞了决口，并修两条渠引导河水北行，回到大禹所疏通的旧河道。

⑥淮江：淮河、长江。

⑦历山：山名，在今湖南桑植西北。滨海：沿海。

⑧惟：思维，思考。

⑨已：停止。

⑩便：安宁。

⑪况：通“贶”，赏赐。

⑫见：显示。

⑬比：近。

⑭长吏：地位较高的官吏。汉朝一般称六百石以上官吏为长吏。但是县丞的俸禄等级虽然为四百石到二百石，也与县令并称为长吏。

⑮率（lǜ）：法。

⑯入粟：纳粟于官府，用以买官或赎罪。

〔译文〕

皇上回答说：“近来，黄河漫上了陆地，淹没了十余郡，防水堤坝上的人辛勤劳苦着，还是不能堵塞决口，我十分担忧。所以巡视全国各个地区，礼敬嵩岳，通于八神，在宣房堵塞决口。渡过淮河和长江，在历山沿海巡视，询问百姓多年的疾苦。考虑到官吏多徇私枉法，征求不止，离开本土的人便安宁，居住在本土的人却饱受烦扰，所以制定了流民法，为了禁止苛重的赋税。近日登上泰山筑坛祭天，皇天赏赐了美好的事物，神与祥瑞一同显示出来。我答应了整顿朝纲以与瑞气相应，恐怕不能承顺上天之意。我因此走近乡里，得知官吏奸诈邪恶。委任了各种职能的官吏，然而官位形同虚设、百姓愁苦不堪，盗贼公然行恶。往年我朝拜明堂，赦免死囚，没有监禁，他们全都改过自新，重新开始。如今流亡的民众愈来愈多，但是郡县上计的文书却不更改，你们不督责地位较高的官吏，却请求发动去迁徙四十万人，使百姓动荡不安，未满十岁的孤儿，没有犯罪却要被牵连获罪，也迁走，我很失望。你上书说城中仓库的粮食储备不充实，百姓贫困，盗贼众多，你位居丞相而没能力治理，请求纳粟赎罪，退为平民。你深知民众贫困却请求增加赋税，动摇民心，使其陷于危难后想要退位，你想将此危难局面给何人承担呢？你回家反省吧！”

庆素质[①]，见诏报反室，自以为得许，欲上印绶[②]。掾史以为见责甚深[③]，而终以反室者，丑恶之辞也。或劝庆宜引决[④]。庆甚惧，不知所出，遂复起视事。

〔注释〕

①素质：向来老实巴交。

②印绶（shòu）：印和系印的丝带。指官吏的印章。

③掾（yuàn）史：属吏的泛称。秦汉时中央及地方官署均有设置。严格讲，掾为曹署之正职，史为副职。但作为通称，则不细加区分。

④引决：自杀。

〔译文〕

石庆为人质朴，看见诏书传达了让他回家的命令，自认为得到了皇帝的许可，想要交还丞相的印绶。掾史认为被皇上严加斥责并最终遣回家反省，是最严厉的批评。有的人劝石庆应当自杀。石庆十分害怕，不知道该怎么办，于是又回到朝中就职治事。

庆为丞相，文深审谨，无他大略。后三岁馀薨[①]，谥曰恬侯。中子德，庆爱之。上以德嗣，后为太常[②]，坐法免，国除。庆方为丞相时，诸子孙为小吏至二千石者十三人[③]。及庆死后，稍以罪去，孝谨衰矣。

〔注释〕

①后三岁馀：即西汉武帝太初二年（前103）。

②太常：官名。位列九卿之首，官居清要，职务繁重，多由列侯充任。主管祭祀社稷、宗庙和朝会、丧事礼仪，管理皇帝陵墓、寝庙所在县邑，每月巡视诸陵，兼管文化教育，博士和博士弟子的考核、荐举、补吏亦由其主持。

③小吏：低级职吏的统称。

〔译文〕

石庆身为丞相，思虑周密谨慎，没其他的远大谋略。三年多后去世，谥号恬侯。其二子石德是石庆喜爱的。皇帝让石德继承爵位，后来被任命为太常，因犯法而被罢免，封国被废除。石庆为丞相的时候，子孙们当小吏至二千石这一俸禄等级的有十三人。到石庆去世后，有的人因犯罪而官职被除，孝顺恭谨的美德衰落了。

张释之传

〔题解〕

张释之是西汉大臣，官至廷尉，以“守法”著称。文帝时他以赀选为骑郎，十年没有升迁，而后受到中郎将袁盎的举荐，拜为谒者仆射、公车令。他曾弹劾太子(即景帝)和梁王经过司马门没有下车的不敬罪，受到了文帝的欣赏，拜为中大夫、中郎将，后升至廷尉，主管诏狱。他任廷尉期间，以法律为准绳，没有迎合文帝的意旨去重罚中渭桥惊舆马者和高庙盗玉环者，皆按法论处，以此遵循了“法者，天子所与天下公共也”“廷尉，天下之平也”。景帝时，他降为淮南相，后年老病卒。

本篇以典型生动的事例和流畅准确的语言，记述了张释之恪尽职守，依律断案，依罪量刑，成为维护法律公正的使者，不愧被时人称赞“张释之为廷尉，天下无冤民”。此人物形象具有艺术感染力并深入人心，在当时的社会历史背景下更是难能可贵的。

张释之字季，南阳堵阳人也[①]。与兄仲同居，以赀为骑郎[②]，事文帝，十年不得调，亡所知名。释之曰：“久宦减仲之产,不遂。”欲免归。中郎将爰盎知其贤③,惜其去,乃请徙释之补谒者④。释之既朝毕,因前言便宜事。文帝曰:“卑之,毋甚高论,令今可行也。”于是释之言秦汉之间事,秦所以失,汉所以兴者。文帝称善,拜释之为谒者仆射⑤。

〔注释〕

①堵阳:县名,治所在今河南方城县东。

②赀(zī):同“资”,资财。西汉规定,赀五百万得为常侍郎,所以汉时入仕,有赀选的方式。骑郎:官名,平时居宫中更值宿卫,皇帝出行则充任车骑侍从。

③中郎将:官名,职掌宫禁宿卫,随行护驾,协助郎中令考核选拔郎官及从官,亦常奉诏出使,职位清要。

④谒者:官名,西汉时本职为侍从皇帝,担任宾礼司仪,宿卫宫廷及供其他临时差遣,亦常充任皇帝使者,出使诸侯王国、少数民族,巡视地方,派往灾区宣慰存问、发放赈贷,或收捕、考案贵戚、大臣,主持水利工程等。

⑤拜:授官。谒者仆射:官名,统领诸谒者,职掌朝会司仪,传达策书,皇帝出行时在前奉引。

〔译文〕

张释之,字季,是南阳堵阳县人。他和哥哥张仲一同生活,用钱买了骑郎这一职务,侍奉文帝,十年来没有升调,也没有什么被世人所知的名气。张释之说:“长时间做官消减了哥哥张仲的财产,不顺我的心愿。”想要主动免官回家。中郎将爰盎知道他的贤能,不舍得他离去,就请求调迁张释之补缺谒者的职位。张释之已经朝见完毕，因此就上前进言有利国家并合乎时宜的事情。文帝说：“低下的言论，没有什么高明的见解，要说现在可行的事。”于是张释之就说秦、汉之间的事，说秦朝之所以灭亡，汉朝之所以兴盛的原因。文帝称赞他，授予张释之为谒者仆射。

从行，上登虎圈[①]，问上林尉禽兽簿[②]，十馀问，尉左右视，尽不能对。虎圈啬夫从旁代尉对上所问禽兽簿甚悉[③]，欲以观其能口对向应亡穷者[④]。文帝曰：“吏不当如此邪？尉亡赖[⑤]！”诏释之拜啬夫为上林令。释之前曰：“陛下以绛侯周勃何如人也[⑥]？”上曰：“长者。”又复问：“东阳侯张相如何如人也[⑦]？”上复曰：“长者。”释之曰：“夫绛侯、东阳侯称为长者，此两人言事曾不能出口[⑧]，岂效此啬夫喋喋利口捷给哉！且秦以任刀笔之吏[⑨]，争以亟疾苛察相高，其敝徒文具，亡恻隐之实。以故不闻其过，陵夷至于二世[⑩]，天下土崩。今陛下以啬夫口辩而超迁之，臣恐天下随风靡，争口辩，亡其实。且下之化上，疾于景向，举错不可不察也。”文帝曰：“善。”乃止，不拜啬夫。

〔注释〕

①虎圈：养虎之处。

②上林尉：官名，帮助上林苑令掌管苑中禽兽及苑中居民。

③啬（sè）夫：农夫。啬，本义为收获，有写作“穑”，这里引申为农事。

悉:详尽。

④观:显示,炫耀。

⑤亡赖:张晏曰:“材无可恃也。”

⑥周勃:西汉初大臣。秦二世元年,跟从刘邦起兵于沛。次年,为虎贲令,率敢死队,跟从刘邦西进灭秦,每战必为先锋,封威武侯。他还定三秦,得赐食邑,率军平定陇西,又参加垓下会战,击灭项羽。汉朝建立后,先后领兵平定臧荼、韩王信、陈豨和卢绾叛乱。高祖六年,改封绛侯,食八千一百户。刘邦十分器重他,临终遗言称他“重厚少文”,然安刘氏者必是他。

⑦张相如:西汉初大臣。秦末跟从刘邦起兵,累有战功。汉高祖六年,任中大夫,后出任河间郡守。有治绩,善治兵。赵相陈豨叛乱时,他率河间兵跟从刘邦平叛,不久又协助周勃平定代地,有功。汉高祖十一年,封东阳侯,食一千三百户。文帝即位后,迁太子太傅。

⑧曾:竟,乃。

⑨刀笔之吏:主办文案的官吏。刀笔:刀与笔是古代的书写工具。最早用刀在龟甲和竹木简片上刻字,创造笔以后,用笔在竹木简片、丝帛以及纸上写字,所以“刀笔”连称。后来称写诉讼状子的人为“刀笔”,意思是说这种人笔利如刀,能杀死人。

⑩陵夷:衰颓,衰落。

〔译文〕

张释之跟从皇帝出行,皇上来到虎圈,询问上林尉关于登记禽兽的簿书,问题有十几个,上林尉左右看向自己的属官,都不能回答出来。虎圈的农夫从旁边代替上林尉详尽地回答了皇上所提的问题,他想要以此显示自己的才能,回答快得如回声一般没有穷尽。文帝说:“官吏不应当像他这样吗?上林尉没有可以依赖的才能!”下诏让张释之授予这个农夫为上林令。张释之上前问道:“陛下认为绛侯周勃是怎样的人呢?”皇上回答:“德高望重的长者。”又问:“东阳侯张相如是怎样的人呢??”皇上再次回答:“德高望重的长者。”张释之说:“绛侯、东阳侯被称为是德高望重的长者,这两个人谈论事情竟然都不能说出口,怎么能让人们效仿这个农夫喋喋不休、口才敏捷呢!况且秦朝因为任用刀笔吏,官吏们争着以办事急快严苛为明察,互比高低,这样的弊端就是徒有文章形式而无实际作用,丝毫没有恻隐之心。因此皇上无法听到自己的过失,衰颓到二世,天下就土崩瓦解了。现今陛下因为农夫巧言善辩而越级提拔他,我担心天下人会追随效仿,争相巧言善辩不求实际。况且民众被在上位者影响,快得犹如影之随形、响之应声,陛下做任何事情都不可不明察。”文帝说:“好。”于是停止下令,没有任用农夫。

就车,召释之骖乘①,徐行,行问释之秦之敝②。具以质言。至宫,上拜释之为公车令③。

〔注释〕

①骖乘:亦作“参乘”“陪乘”,为古代乘车居右之人。古代乘车之法,尊者居左,御者居中,随从人员居右。

②行问:且行且问。

③公车令:官名,即公车司马令的省称。属卫尉,职掌皇宫司马门警卫,夜晚则徼巡宫中。

〔译文〕

皇上登上车,召张释之陪乘,车子缓慢行进,车子一边走皇上一边问张释之秦朝的弊端，他都如实地回答了。到了宫中，皇上授予张释之为公车令。

顷之，太子与梁王共车入朝[①]，不下司马门[②]，于是释之追止太子、梁王毋入殿门。遂劾不下公门不敬，奏之。薄太后闻之[③]，文帝免冠谢曰[④]："教儿子不谨。"薄太后使使承诏赦太子、梁王，然后得入。文帝繇是奇释之[⑤]，拜为中大夫[⑥]。

〔注释〕

①太子：指文帝之子，刘启。梁王：指梁孝王刘武。

②司马门：指皇宫外门。汉制，卫尉属官公车令负责警卫司马门，凡出入宫禁者，到此都得下车步行，否则罚金四两。

③薄太后：高祖妃姬，文帝之母。文帝即位，尊为皇太后。

④免冠：脱帽。古人用以表示谢罪。

⑤繇(yóu)：通常作"由"，自，从。

⑥中大夫：官名，掌议论，侍从皇帝左右。

〔译文〕

不久，太子与梁王共乘一辆车入朝，经过司马门时没有下车，于是张释之追上去阻止太子、梁王不能进入殿门。随后弹劾他们经过司马门时没有下车的不敬罪，奏报上去。薄太后听说了这件事，文帝脱帽谢罪道："是我对儿子管教不严。"薄太后派人奉诏赦免了太子和梁王，他们然后才得以进入。文帝从这件事认为张释之是个不寻常的人，任命他为中大夫。

顷之,至中郎将。从行至霸陵[①],上居外临厕[②]。时慎夫人从[③],上指视慎夫人新丰道[④],曰:“此走邯郸道也[⑤]。”使慎夫人鼓瑟,上自倚瑟而歌,意凄怆悲怀,顾谓群臣曰[⑥]:“嗟乎!以北山石为椁[⑦],用纻絮斫陈漆其间[⑧],岂可动哉!”左右皆曰:“善。”释之前曰:“使其中有可欲[⑨],虽锢南山犹有隙[⑩];使其中亡可欲,虽亡石椁,又何戚焉[⑪]?”文帝称善。其后,拜释之为廷尉[⑫]。

〔注释〕

①霸陵:西汉文帝刘恒的陵墓,在今陕西西安市东北。

②临:居上视下。厕:通“侧”,边侧,旁边。

③慎夫人:西汉文帝夫人。邯郸人。善鼓瑟,无子。曾受文帝宠幸,常出同车、坐同席。虽然受到宠幸,但是她“衣不曳地,帷帐无文绣”,以示节俭而为天下表率。

④新丰:县名,治所在今陕西临潼县东北阴盘城。

⑤邯郸:县名,治所在今河北邯郸市西南。

⑥顾:回头看。

⑦椁(guǒ):外棺。

⑧纻(zhù):苎麻。絮:质地差的丝绵。斫(zhuó):用斧砍。

⑨使:假使。

⑩锢(gù):封闭。

⑪戚:忧患,悲哀。

⑫廷尉:官名,为中央最高司法审判机构长官,遵照皇帝旨意修订法律,汇总全国断狱数,主管诏狱。

〔译文〕

不久，张释之官至中郎将。他跟从皇上出行到达霸陵，皇上站在霸陵上的边侧往下看。慎夫人跟从着，皇上指着通往新丰的路让慎夫人看，说："这是去邯郸的路。"皇上让慎夫人鼓瑟，他亲自伴着瑟而歌唱，意境凄凉悲怆，回头对群臣说："唉！用北山的石头做外椁，把苎麻和粗丝绵砍碎，加上漆，塞在内棺和外椁之间，怎么还能打开呢！"左右侍从都说："好。"张释之上前说："假使其中有引起人贪欲的东西，即使封闭南山作为棺材还是有缝隙；假使其中没有引起人贪欲的东西，即使没有石制的棺材，又有什么忧患的呢？"文帝称说得好。此后，任命他为廷尉。

顷之，上行出中渭桥[①]，有一人从桥下走，乘舆马惊[②]。于是使骑捕之，属廷尉。释之治问。曰："县人来[③]，闻跸[④]，匿桥下。久，以为行过，既出，见车骑，即走耳。"释之奏当[⑤]："此人犯跸，当罚金[⑥]。"上怒曰："此人亲惊吾马，马赖和柔[⑦]，令它马，固不败伤我乎？而廷尉乃当之罚金！"释之曰："法者天子所与天下公共也。今法如是，更重之，是法不信于民也。且方其时，上使使诛之则已。今已下廷尉，廷尉，天下之平也，壹倾，天下用法皆为之轻重，民安所错其手足[⑧]？唯陛下察之。"上良久曰："廷尉当是也。"

〔注释〕

①中渭桥:在今陕西咸阳市东北秦咸阳城南渭河上。

②乘舆(yú):古代特指天子和诸侯所乘坐的车子。

③县:指长安县。治所在今陕西西安市西北。

④跸(bì):帝王出行时清道戒严。

⑤当:谓判决刑当其罪。

⑥当罚金:汉代有令:“跸先至而犯者,罚金四两。”

⑦赖:幸赖,幸亏。

⑧安:疑问代词,哪里。错:通“措”,措置,安置。

〔译文〕

不久,皇上出行途经中渭桥,有一人从桥下跑过,使得皇上驾乘的马受到了惊吓。于是派骑兵去追捕他,交给廷尉处置。由张释之审问那个人。犯人说:“我是长安县人,来到这里,听闻皇上出行清道戒严,就藏匿在桥下。过了很久,以为天子已经过去了,就从桥下出来,正看到皇上的车马,就立即跑了。”张释之奏报应当处以刑罚:“这个人冒犯了皇上出行时的威严,应当处以罚金。”皇上生气地说:“这人使我的马受到了惊吓,幸亏我的马品性和顺温柔,如果是其他的马,不就会伤到我吗?而廷尉却才处以罚金!”张释之说:“法律是天子和天下人共同遵守的。如今法律就是这样规定的,却要变更重罚他,这法律就不能取得民众的信任。况且正当那时,皇上派人诛杀他也就罢了。现今已把他交给廷尉处置,廷尉,代表的是天下的公平,一旦有所偏颇,天下依法断罪时都会任意轻重,民众哪里能安放他们的手足呢？希望陛下明察。”过了很久，皇上说：“廷尉的处置是正确的。”

其后人有盗高庙座前玉环[①]，得，文帝怒，下廷尉治。案盗宗庙服御物者为奏[②]，当弃市[③]。上大怒曰：“人亡道，乃盗先帝器！吾属廷尉者，欲致之族，而君以法奏之[④]，非吾所以共承宗庙意也[⑤]。”释之免冠顿首谢曰：“法如是足也。且罪等，然以逆顺为基。今盗宗庙器而族之，有如万分一，假令愚民取长陵一抔土[⑥]，陛下且何以加其法乎？”文帝与太后言之，乃许廷尉当。是时，中尉条侯周亚夫与梁相山都侯王恬启见释之持议平[⑦]，乃结为亲友。张廷尉繇此天下称之。

〔注释〕

①高庙：祭祀汉高祖刘邦的宗庙。在今陕西西安西北汉长安故城。

②案：依照，按照。

③弃市：刑罚名。古代在闹市执行死刑，并将尸体暴露街头，与众人一同唾弃。

④法：常法。

⑤共：通“恭”，恭敬。

⑥长陵：汉高祖刘邦陵。故址在今陕西咸阳东北白庙村东。一抔（póu）土：一捧土，这里代指陵墓。抔：用手捧取，这里是量词，相当于“捧”“把”。

⑦周亚夫：西汉大臣。周勃之子。其兄周胜之继承了绛侯，后因罪废侯，文帝追念周勃之功，就封周亚夫为条侯。匈奴入侵，他以河南守为将

军,驻地细柳,军令严整。文帝亲自去慰劳将士,先驱不让进入军门,军中有言:“只闻将军令,不闻天子诏。”文帝赞誉他为“真将军”。王恬启:西汉人。高祖五年(前202)任郎中柱下令,后迁卫将军,跟从高祖平定陈豨叛乱。惠帝时调任梁国相,高后四年(前184)封山都侯。

〔译文〕

后来有人盗窃了高祖庙内座前的玉环,被官吏抓捕了,文帝非常生气,交给廷尉治罪。廷尉按照盗窃宗庙服饰御物的罪上奏,应当在闹市执行死刑。皇上勃然大怒道:“那个人没有道德,竟敢盗窃先帝宗庙里的器物!我交给廷尉处置,想要让他灭族,而你却按照通常的法律上奏,这不是我所用来恭敬地承奉宗庙的意思。”张释之脱帽磕头谢罪说:“法律像这样判处已经是足够的。而且弃市与灭族都是死罪,要以情节轻重为基础。现今偷盗宗庙器物就灭族,这只是灭族罪的万分之一,假如有愚昧无知的民众盗掘长陵,陛下会施加什么刑罚给他呢?”文帝和太后商讨了这件事,就批准了廷尉的判罪。这时,中尉条侯周亚夫与梁相山都侯王恬启看到张释之评判公正,就和他结为亲密的朋友。张廷尉由此被天下人称赞。

文帝崩,景帝立,释之恐,称疾。欲免去,惧大诛至;欲见,则未知何如。用王生计,卒见谢①,景帝不过也。

〔注释〕

①卒。副词,终于。

〔译文〕

文帝驾崩,景帝即位,张释之十分恐惧曾经揭发过景帝不在司马门下车的事,自称有病。想要免官归去,害怕受到严厉的刑罚;想要去拜见景帝,又不知怎么做。他采用了王生的计策,终于见到景帝并谢罪,景帝没有责怪他。

王生者,善为黄老言,处士①。尝召居廷中,公卿尽会立,王生老人,曰"吾袜解",顾谓释之:"为我结袜!"释之跪而结之。既已,人或让王生②:"独奈何廷辱张廷尉如此?"王生曰:"吾老且贱,自度终亡益于张廷尉。廷尉方天下名臣,吾故聊使结袜,欲以重之。"诸公闻之,贤王生而重释之。

〔注释〕

①处士:有才德而隐居不仕的人。

②让:责备。

〔译文〕

王生,喜好黄老之学,是个有才德的隐士。曾被召到朝廷中,公卿百官都相聚而立,王生是年老的长辈,他说"我的袜带松了",回头对张释之说:"帮我把袜带系好!"张释之跪在地上为他系袜带。事情过后,有人责备王生说:"为什么偏偏在朝廷上如此羞辱张廷尉?"王生说:"我年纪已老且地位低微,自己估计直到死也不会带给张廷尉什么益处。张廷尉是当今天下的名臣,我之所以姑且让他为我系袜带,是为了显示他尊贤敬老的品德,想让他得到重用。"各位官员听了这话都认为王生贤能,而敬重张释之。

释之事景帝岁馀,为淮南相,犹尚以前过也。年老病卒。其子挚,字长公,官至大夫,免。以不能取容当世,故终身不仕。

〔译文〕

张释之侍奉景帝一年多,降为淮南相,仍然还是因为之前揭发景帝不在司马门下车的过失。张释之年老得病去世。他的儿子张挚,字长公,官至大夫,后被罢免。因为他不善于迎合当权者,所以直到死也没有再做官。

李广传

〔题解〕

李广是西汉著名将领，以骁勇善射著称，并被匈奴号为“汉飞将军”。他一生征战沙场，与匈奴作战七十余回，匈奴畏服数年不敢侵犯。他为人朴实，不善言谈，爱抚士卒，深得军心，善于治军，并前后历任七郡太守，却未得封爵。元狩四年，李广主动请缨跟从大将军卫青出击匈奴，后因失道被责，自刎而死。

本篇选自《汉书·李广苏建传》，是极为精彩的篇章，对李广神勇善战却卒而无功的英雄之路表现得淋漓尽致，可歌可泣。较《史记·李将军列传》而言，文学性虽略显苍白，但班固对李广的刻画是公允客观，冷静持平的。“李将军恂恂如鄙人，口不能出辞，及死之日，天下知与不知皆为流涕，彼其中心诚信于士大夫也。”班固的评论既表达了对李广的敬重赞扬，同时也点明了“然三代之将，道家所忌，自广至陵，遂亡其宗，哀哉”的历史悲叹。

李广，陇西成纪人也①。其先曰李信，秦时为将，逐得燕太子丹者也②。广世世受射③。孝文十四年④，匈奴大入萧关[5]，而广以良家子从军击胡[6]，用善射，杀首虏多，为郎[7]，骑常侍[8]。数从射猎，格杀猛兽[9]，文帝曰："惜广不逢时，令当高祖世，万户侯岂足道哉[10]！"

〔注释〕

①陇西：郡名，治所在狄道县（今甘肃临洮县）。成纪：县名，治所在今甘肃静宁县西南治平河西岸。

②燕太子丹：战国末燕王喜的太子。秦灭韩、赵后，他派荆轲往秦，借献督亢图、交验逃亡在燕秦将樊於期的头，伺机行刺秦王政。事败后，被燕王喜斩首奉献给秦国。

③世世受射：世代传授射箭技法。

④孝文十四年：即公元前166年。

⑤萧关：地名，在今宁夏固原县东南。

⑥良家子：旧时用以指清白人家的子弟。

⑦郎：官名，为君主侍从近官。西汉依职责不同有郎中、中郎、外郎、侍郎、议郎等。

⑧骑常侍：常骑以侍天子。

⑨格杀：击杀。

⑩万户侯：汉代侯爵的最高一级，享有万户农民的赋税，后泛指高官贵爵。

〔译文〕

李广是陇西郡成纪县人。他的祖先是李信，秦朝时任将军，李信曾追获过燕国太子丹。李广家世代传授射箭技法。孝文帝十四年，匈奴大举入侵萧关，李广以良家子弟的身份参军抵制匈奴入侵，因为他擅长箭法，杀死、俘获了很多胡人，被任命为郎官，经常骑马以侍皇上。李广多次跟随文帝射猎，击杀猛兽，文帝说："可惜啊，李广，你没有碰到好的时机，如果你身处高帝时代，封个万户侯算什么呀！"

景帝即位，为骑郎将①。吴楚反时，为骁骑都尉②，从太尉亚夫战昌邑下③，显名。以梁王授广将军印，故还，赏不行。为上谷太守④，数与匈奴战。典属国公孙昆邪为上泣曰⑤："李广材气，天下亡双，自负其能⑥，数与虏确⑦，恐亡之。"上乃徙广为上郡太守⑧。

〔注释〕

①骑郎将：官名，亦泛指骑兵将领。

②骁骑都尉：官名，掌统兵出征。

③太尉：官名，西汉初为武将最高称号之一，有兵事则设，事毕即省。担任临时性的高级军事统帅，或者为皇帝的军事顾问，并无发兵领兵的实际职权。亚夫：即周亚夫。西汉名将，官至丞相。景帝前元三年，他担任太尉平定了吴楚七国之乱。

④上谷：郡名，治所在沮阳县(今河北怀来县东南)。

⑤典属国：官名，掌少数民族事务。公孙昆邪：西汉将领，跟从周亚夫助平吴楚七国之乱，有功。

⑥负：仗恃，依靠。

⑦确(jué)：角逐胜负。

⑧上郡：郡名，治所在肤施县(今陕西榆林市东南)。

〔译文〕

孝景帝即位时，李广任骑郎将。吴、楚叛乱时，担任骁骑都尉，跟从太尉周亚夫在昌邑攻打吴国、楚国，立下显著功劳。因私自接受梁王的军印有过，所以回朝后没有受到封赏。被任命为上谷郡的太守，多次与匈奴交战。典属国公孙昆邪流着泪对景帝说："李广的才干，全天下没有第二个，他自恃有本领，多次和敌人进行角逐胜负，恐怕会丧命。"于是皇上任命他为上郡太守。

匈奴侵上郡，上使中贵人从广勒习兵击匈奴[1]。中贵人者将数十骑从，见匈奴三人，与战。射伤中贵人，杀其骑且尽。中贵人走广，广曰："是必射雕者也。"广乃从百骑往驰三人。三人亡马步行，行数十里，广令其骑张左右翼，而广身自射彼三人者，杀其二人，生得一人，果匈奴射雕者也。已缚之上山，望匈奴数千骑，见广，以为诱骑[2]，惊，上山陈[3]。广之百骑皆大恐，欲驰还走。广曰："我去大军数十里，今如此走，匈奴追射，我立尽。今我留，匈奴必以我为大军之诱，不我击。"广令曰："前！"未到匈奴陈二里所，止，令曰："皆下马解鞍！"骑曰："虏多如是，解鞍，即急，奈何？"广曰："彼虏以我为走，今解鞍以示不去，用坚其意。"有白马将出护兵[4]。广上马，与十馀骑奔射杀白马将，而复还至其百骑中，解鞍，纵马卧[5]。时会暮，胡兵终怪之，弗敢击。夜半，胡兵以为汉有伏军于傍欲夜取之，即引去。平旦[6]，广乃归其大军。后徙为陇西、北地、雁门、云中太守。

〔注释〕

①中贵人:君王所宠信的宦官。勒:约束,统领。

②诱骑:诱敌的骑兵。

③陈(zhèn):同“阵”,布阵,摆开阵势。

④护:监视。

⑤纵:放任。

⑥平旦:清晨。

〔译文〕

匈奴侵入上郡,皇上派中贵人跟随李广统领训练军队,抗击匈奴。中贵人率领几十骑兵,遇见了三个匈奴人,与之交战。匈奴人射伤了中贵人,并杀光了他的骑兵。中贵人逃跑到李广面前说:“他们一定是射手。”李广于是带领一百名骑兵去追赶那三人。那三人没有骑马步行了几十里,李广命令骑兵左右散开,要亲自射杀那三人,杀死了其中两人,并活捉了一人,他们果然是匈奴的射手。刚把这个匈奴捆绑上山,就看见了匈奴几千骑兵,他们见到李广,以为是引诱的骑兵,非常吃惊,上山摆开了阵势。李广的一百名骑兵都十分惊恐,想要快马往回逃。李广说:“我们离大军有几十里地,现在就这样逃走了,匈奴来追赶射杀我们,我们会立即死光。现在如果我们留下来,匈奴必定认为我们是大军的诱敌,不敢击杀我们。”李广下命令道:“前进!”还没到匈奴阵地二里的地方,停了下来,命令说:“全部下马解下马鞍!”骑兵说:“敌人众多,解下马鞍,遇到紧急情况,怎么办?”李广说:“那匈奴以为我们会逃跑,现在都解下马鞍,表示不会走,以此来坚定他们的想法。”匈奴有一个骑白马的将领出来监视士兵。李广上马，与十几个骑兵射死了那个骑白马的将领，然后李广他们又返回到骑兵阵中，命令士兵解下马鞍，放任马匹躺下。这时已经接近傍晚了，匈奴兵一直感到很奇怪，不敢出击。半夜时，匈奴兵以为汉军埋伏的军队将要乘夜偷袭，立即撤退了。第二天清晨，李广才回归大部队。后来调任为陇西郡、北地郡、雁门郡、云中郡的太守。

武帝即位，左右言广名将也，由是入为未央卫尉①，而程不识时亦为长乐卫尉②。程不识故与广俱以边太守将屯③。及出击胡，而广行无部曲行陈④，就善水草顿舍⑤，人人自便，不击刁斗自卫⑥，莫府省文书⑦，然亦远斥候⑧，未尝遇害。程不识正部曲行伍营陈，击刁斗，吏治军簿至明，军不得自便。不识曰：“李将军极简易，然虏卒犯之，无以禁；而其士亦佚乐⑨，为之死。我军虽烦扰，虏亦不得犯我。”是时汉边郡李广、程不识为名将，然匈奴畏广，士卒多乐从，而苦程不识。不识孝景时以数直谏为太中大夫⑩，为人廉，谨于文法。

〔注释〕

①未央卫尉：官名，掌未央宫的禁卫。

②长乐卫尉：官名，掌长乐宫的禁卫。

③程不识：西汉名将。为人廉洁，谨于文法，武帝时被任命为长乐卫尉。曾与李广一起担任边郡太守出击匈奴，带兵严谨、治军严明是他的

特点。

④部曲：古代军队编制单位。大将军营五部，校尉一人；部有曲，曲有军候一人。

⑤顿：停留。舍：休息。

⑥刁斗：古代军中用具。铜质，有柄，能容一斗。白天用来烧饭，夜则击以巡更。

⑦莫府：为军幕之义，即行军宿营的帐幕。古代军旅没有固定的场所，所以在此处理军务。省：减少。

⑧斥候：侦察，瞭望。

⑨佚乐：悠闲安乐。

⑩直谏：直言规谏。太中大夫：官名，侍从皇帝左右，掌顾问应对，参谋议政，奉诏出使，多以宠臣贵戚担任。

〔译文〕

汉武帝即位，左右近臣说李广是有名的将领，于是命李广为未央宫的卫尉，而程不识当时担任长乐宫的卫尉。程不识先前和李广都以边郡太守的身份带兵驻守。等到攻打匈奴时，李广行军没有严格的编制、队列和阵势，在靠近良好的水源草地停留休息，人人按照自己的方便行事，自由行动，晚上巡夜不敲刁斗自卫，军幕中减少文书，但是在远处也安排了侦察瞭望人员，没有遇到过危险。程不识严格军队编制、行军的阵势，晚上敲击刁斗巡夜，处理军中文件直到天亮，军中人员不能自由活动。程不识说："李广带领军队很随意，但是当敌人突然袭击时，就无法阻挡了；而他的士兵也悠闲安乐，乐于为他效死力。我的军队虽然事务烦琐，但敌人也不敢来侵犯我们。"那时候，汉朝的边郡太守李广和程不识都为名将，但是匈奴惧怕李广，士兵们都很愿意追随李广，而认为追随程不识是要受苦的。程不识在孝景帝时因为屡次直言规谏而为太中大夫。他为人廉洁，恪守文法。

后汉诱单于以马邑城①，使大军伏马邑傍，而广为骁骑将军，属护军将军。单于觉之，去，汉军皆无功。后四岁，广以卫尉为将军，出雁门击匈奴②。匈奴兵多，破广军，生得广。单于素闻广贤，令曰："得李广必生致之。"胡骑得广，广时伤，置两马间，络而盛卧③。行十馀里，广阳死④，睨其傍有一儿骑善马⑤，暂腾而上胡儿马⑥，因抱儿鞭马南驰数十里，得其馀军。匈奴骑数百追之，广行取儿弓射杀追骑，以故得脱。于是至汉，汉下广吏。吏当广亡失多⑦，为虏所生得，当斩，赎为庶人。

〔注释〕

①马邑：郡名，治所在今山西陵川县东。

②雁门：郡名，治所在善无县（今山西右玉县东南）。

③络：网。

④阳：假装。

⑤睨（nì）：斜视。

⑥暂：突然。腾：跳跃。

⑦当：判罪，意为处以相当的刑罚。

〔译文〕

后来，汉朝用马邑城来引诱单于，派大部队埋伏在马邑城旁，李广担任骁骑将军，归属于护军将军韩安国。单于有所察觉，撤退了，汉军都没有立下战功。此后四年，李广从卫尉到成为将军，从雁门郡出兵攻打匈奴。匈奴军队兵多，攻破了李广的军队，活捉了李广。单于向来知道李广是贤才，下令说："得到李广一定要将他活捉回来。"胡人的骑兵捉到了李广，李广当时受伤，便把李广放在两马之间，用绳子结成网让李广躺着。行进了十几里，李广装死，斜视旁边骑着好马的少年，李广忽然纵身跃起，跳到匈奴少年的马上，抱着少年鞭策马匹向南奔驰了几十里，汇合了其他残余军队。匈奴有几百个骑兵追他，李广一边行进一边拿少年的弓箭射杀追他的骑兵，因此得以脱身。于是回到汉营，李广被交到官吏定罪。官吏认为李广带兵伤亡众多，又被匈奴活捉，应当斩首，后来用钱赎为平民。

数岁，与故颍阴侯屏居蓝田南山中射猎[①]。尝夜从一骑出，从人田间饮。还至亭，霸陵尉醉[②]，呵止广，广骑曰："故李将军。"尉曰："今将军尚不得夜行，何故也！"宿广亭下。居无何[③]，匈奴入辽西[④]，杀太守，败韩将军。韩将军后徙居右北平[⑤]，死。于是上乃召拜广为右北平太守。广请霸陵尉与俱，至军而斩之，上书自陈谢罪。上报曰："将军者，国之爪牙也[⑥]。《司马法》曰：'登车不式[⑦]，遭丧不服，振旅抚师[⑧]，以征不服；率三军之心，同战士之力，故怒形则千里竦，威振则万物伏；是以名声暴于夷貉[⑨]，威棱憺乎邻国[⑩]。'夫报忿除害，捐残去杀[⑪]，朕之所图于将军也；若乃免冠徒跣[⑫]，稽颡请罪[⑬]，岂朕之指哉[⑭]！将军其率师东辕，弥节白檀[⑮]，以临右北平盛秋。”广在郡,匈奴号曰“汉飞将军”,避之,数岁不入界。

〔注释〕

①颍阴侯:为灌婴之孙,灌彊。屏居:退居,隐居。蓝田:县名,治所在今陕西蓝田县西灞河西岸。

②霸陵:县名,治所在今陕西西安市东北。

③无何:不多时;不久。

④辽西:郡名,治所在阳乐(今辽宁义县西)。

⑤右北平:郡名,治所在平刚县(今内蒙古宁城县西南)。

⑥爪牙:这里比作勇士、卫士。

⑦式:通“轼”,车前扶手横木。这里指抚车前扶手横木代表礼敬。

⑧振旅:整顿部队,操练士兵。抚师:抚慰军队。

⑨夷貉(mò):古代对北方少数民族的蔑称。

⑩威棱:声威,威势。憺(dàn):通“惮”,畏惧。

⑪捐残去杀:放弃残暴和屠杀的行为。

⑫跣(xiǎn):赤脚。

⑬稽颡(qǐsǎng):古时一种跪拜礼,即屈膝下拜,以额触地。这里是指请罪时的行为,表示十分惶恐。

⑭指:意指,意图。

⑮弥(mǐ)节:古指官员在巡视途中暂时留住。节,官员出行时所用的旌节。白檀:县名,治所在今河北滦平县东北。

〔译文〕

几年后,李广和隐居在蓝田县的前颍阴侯灌彊到南山中打猎。曾经在夜里带着一个骑兵外出,和别人在田间饮酒。回来到了霸陵亭,霸陵县尉喝醉了,呵斥阻拦李广,李广的从骑说:“这是前任李广将军。”县尉说:“现任的将军都不可以夜间通过,何况前任将军!”将李广扣留在霸陵亭过夜。过了不久,匈奴攻入辽西郡,杀了太守,打败了韩安国将军。韩安国将军随后迁往右北平郡,去世了。于是皇上召见李广任其为右北平郡太守。李广请求派霸陵县尉和他一起,而到了军中就将他斩杀了,李广上书自述谢罪。皇上回答说:“将军,是国家的勇士。《司马法》中说:‘登上战车不抚车前扶手横木,遇到丧事不穿丧服,整顿抚慰军队,以征服叛逆的力量;统一三军军心,激发战士的力量,因此气势可以震慑千里,威严可以降服万物;这才使得威名远播夷貉,威势使得邻国畏惧。’怀恨除恶,使之放弃残暴和屠杀的行为,正是我所希望将军做的;如果你脱帽赤脚,屈膝下拜,以额触地来进行谢罪,这哪是我的意图!将军你应该率军东征,暂时留在白檀县,来抵御盛秋马肥之时敌人对右北平郡的侵略。”李广在边郡时,匈奴称他为“汉飞将军”,躲避他,多年不骚扰汉朝边界。

广出猎,见草中石,以为虎而射之,中石没矢,视之,石也。他日射之,终不能入矣。广所居郡闻有虎,常自射之。及居右北平射虎,虎腾伤广,广亦射杀之。

〔译文〕

李广出外打猎,看到草丛中的石头,以为是老虎而用箭射去,箭头射进了石头里,走近一看,原来是石头。后来又去射,始终不能再射入。李广听说自己居住的郡有老虎,他常常亲自去射。等到驻守右北平郡时，有一次射老虎，老虎腾跳伤到了李广，李广也将老虎射死了。

石建卒[①]，上召广代为郎中令。元朔六年[②]，广复为将军，从大将军出定襄[③]。诸将多中首虏率为侯者[④]，而广军无功。后三岁，广以郎中令将四千骑出右北平，博望侯张骞将万骑与广俱，异道。行数百里，匈奴左贤王将四万骑围广，广军士皆恐，广乃使其子敢往驰之。敢从数十骑直贯胡骑，出其左右而还，报广曰："胡虏易与耳[⑤]。"军士乃安。为圜陈外向，胡急击，矢下如雨。汉兵死者过半，汉矢且尽。广乃令持满毋发[⑥]，而广身自以大黄射其裨将[⑦]，杀数人，胡虏益解[⑧]。会暮，吏士无人色，而广意气自如[⑨]，益治军。军中服其勇也。明日，复力战，而博望侯军亦至，匈奴乃解去。汉军罢[⑩]，弗能追。是时广军几没，罢归。汉法，博望侯后期，当死，赎为庶人。广军自当，亡赏。

〔注释〕

①石建：石奋的长子，以孝谨闻名，武帝建元二年为郎中令。

②元朔六年：即公元前 123 年。

③定襄：郡名，治所在成乐县（今内蒙古和林格尔县西北土城子）。

④中首虏率：达到首虏率。即古代按首级及获俘数量评核军功的标准。

⑤易与：容易对付。含有轻蔑之意。

⑥持满毋发：拉开弓勿发射。

⑦大黄：弓名。黄色的大弩，可以连发、远射。裨(pí)：副，辅助的。

⑧解(xiè)：通“懈”，懈怠，松懈。

⑨意气自如：比喻遇事神态自然，十分镇静。

⑩罢(pí)：通“疲”，困乏，乏力。

〔译文〕

郎中令石建去世了，于是皇上征召李广代替他为郎中令。元朔六年，李广再次被任命为将军，跟从大将军卫青从定襄出击匈奴。各位将领多因达到首级及获俘数量评核军功的标准而封侯，而李广没有功绩。三年后，李广作为郎中令率领四千骑兵从右北平出兵，博望侯张骞率领一万骑兵与李广同行，兵分两路。行军约几百里，匈奴左贤王率领四万骑兵包围李广，李广的士兵都很恐惧，李广就派他的儿子李敢骑马奔驰进攻敌人。李敢与几十名骑兵直穿入匈奴骑兵的布阵，从匈奴左右两翼出来而回师，报告李广说：“匈奴是容易对付的。”士兵才安定下来。李广布成圆形阵势，面向着外边，匈奴猛烈出击，箭如雨下。死亡的汉兵超过一半，箭也快用尽了。李广于是命令士兵拉满弓弦，不要放箭，而李广亲自用大黄弩弓射击匈奴的副将，杀死了几个人，匈奴更加懈怠了。恰巧天色黑了下来，军官士兵都很恐惧，可是李广神态自若，十分镇静，更加振奋精神去指挥军队，排列阵势。军中士兵都很佩服他的英勇。第二天，继续奋力作战，而博望侯的援军也到了，匈奴对汉军的围困被解除而离去。汉军疲乏，不能追击。这时李广的军队几乎全军覆没，只得罢兵回朝。按照汉朝的法律，博望侯迟误了作战期限，应当处死，后出钱赎为庶人。李广的功过相当,所以没有封赏。

初,广与从弟李蔡俱为郎,事文帝。景帝时,蔡积功至二千石。武帝元朔中,为轻车将军,从大将军击右贤王,有功中率,封为乐安侯。元狩二年[①],代公孙弘为丞相。蔡为人在下中[②],名声出广下远甚,然广不得爵邑,官不过九卿[③]。广之军吏及士卒或取封侯。广与望气王朔语云[④]:“自汉击匈奴,广未尝不在其中,而诸妄校尉已下[⑤],材能不及中[⑥],以军功取侯者数十人。广不为后人[⑦],然终无尺寸功以得封邑者,何也?岂吾相不当侯邪?”朔曰:“将军自念,岂尝有恨者乎[⑧]?”广曰:“吾为陇西守,羌尝反[⑨],吾诱降者八百馀人,诈而同日杀之,至今恨独此耳。”朔曰:“祸莫大于杀已降,此乃将军所以不得侯者也。”

〔注释〕

①元狩二年:即公元前121年。

②下中:下等中的中等。即第八等。

③九卿:官名合称,亦称“列卿”。汉朝习惯将奉常、郎中令、太仆、廷尉、典客、宗正、治粟内史、少府、卫尉、中尉、三辅长官等中央各高级行政机构长官并列为九卿,并非专指九种官职。

④望气:古代方士的一种占候术,观察云气以预测吉凶。王朔:西汉的术士,擅长望气。

⑤诸妄:所有,一切。

⑥中：中庸的人。

⑦不为后人：不在他人之后。

⑧恨：后悔，遗憾。

⑨羌：中国古代西部的民族。

〔译文〕

当初，李广和堂弟李蔡都是郎官，侍奉文帝。景帝时，李蔡积累的功绩可领到二千石的俸禄。汉武帝元朔年间，被任命为轻车将军，跟从大将军卫青出击匈奴右贤王，因为功绩达到了封赏的标准，被封为乐安侯。元狩二年，代替公孙弘出任丞相。李蔡的为人处于下中等，名声远小于李广，然而李广却得不到封爵封邑，官级不过九卿。隶属于李广的军官和士兵有的都取得了封侯之赏。李广和善于望气的术士王朔说："自从汉朝攻打匈奴，我没有一次不在其中，而那些级别在校尉以下，才能不如中庸的人，因军功被封侯的有几十人。我并不在他人之后，然而终究也没有因一点功劳而得到封邑，这是为什么呢？难道是我生相不该封侯吗？"王朔说："将军自己想想，难道曾经有过遗憾的事情吗？"李广说："我担任陇西郡守，羌人曾经反叛，被我引诱而投降的有八百多人，我欺骗他们并将他们全杀了，至今遗憾的只有这一件事。"王朔说："没有比杀死投降者更大的罪过了，这就是将军您没有被封侯的原因。"

广历七郡太守，前后四十余年，得赏赐，辄分其戏下[①]，饮食与士卒共之。家无馀财，终不言生产事。为人长，爰臂[②]，其善射亦天性，虽子孙他人学者莫能及，广呐口少言[3]，与人居，则画地为军陈[4]，射阔狭以饮。专以射为戏。将兵，乏绝处见水，士卒不尽饮，不近水，不尽餐，不尝食。宽缓不苛，士以此爱乐为用。其射，见敌，非在数十步之内，度不中不发，发即应弦而倒[5]。用此，其将数困辱，及射猛兽，亦数为所伤云。

〔注释〕

①戏下：在主帅的旌麾之下，引申为部下。戏，通“麾”。

②爰（yuán）臂：臂长如猿，可以运转自如。爰，通“猿”。

③呐（nè）口：不善言谈。呐，言语迟钝，不流畅。

④军陈：指军队的阵法或军伍的行列。

⑤应弦而倒：随着弓弦的声音而倒下。以此形容李广射箭技艺高超。

〔译文〕

李广前后任七个郡的太守，一共四十多年，得到赏赐就分给他的部下，和士兵们一起吃饭。家里没有多余的钱财，一生不谈购买家产的事情。李广身材高大，手臂长得像猿，生来就有射箭的天赋，即使子孙后代与其他人都向他学习，也赶不上他。李广不善言谈，和别人在一起居住，就在地上画军队的阵法，射箭以距离的远近来罚酒喝。专门把射箭当作游戏。他带领军队，每当断粮缺水，士兵没有全部喝水，他就不喝水；士兵没有全部吃饭，他就不吃饭。他对待士兵宽容不严苛，士兵因此愿意为他做事。他射箭时，看见敌人距离不到几十步之内，估计射不中就不发箭，射出去就要随着弓弦的声音而倒下。因此，他带兵几次被围困和射杀猛兽，也多次被伤。

元狩四年[①],大将军票骑将军大击匈奴,广数自请行,上以为老,不许;良久乃许之,以为前将军[②]。

〔注释〕

①元狩四年:即公元前 119 年。

②前将军:官名,与后将军、左将军、右将军一起位于上卿,位次在大将军、骠骑将军之下。票骑将军:汉代将军名号,即骠骑将军。

〔译文〕

元狩四年,大将军卫青和骠骑将军霍去病大举出兵进攻匈奴,李广几次请求前往作战。皇上认为他老了,没有允许;过了好久才允许,任他为前将军。

大将军青出塞,捕虏知单于所居,乃自以精兵走之,而令广并于右将军军[①],出东道。东道少回远[②],大军行,水草少,其势不屯行[③]。广辞曰:“臣部为前将军[④],今大将军乃徙臣出东道,且臣结发而与匈奴战[⑤],乃今一得当单于,臣愿居前,先死单于。”大将军阴受上指,以为李广数奇[⑥],毋令当单于,恐不得所欲。是时公孙敖新失侯[⑦],为中将军,大将军亦欲使敖与俱当单于,故徙广。广知之,固辞。大将军弗听,令长史封书与广之莫府[⑧],曰:“急诣部[⑨],如书。”广不谢大将军而起行[⑩],意象愠怒而就部[⑪],引兵与右将军食其合军出东道。惑失道,后大将军。大将军与单于接战,单于遁走[12],弗能得而还。南绝幕[13],乃遇两将军。广已见大将军,还入军。大将军使长史持糒醪遗广[14],因问广、食其失道状,曰:“青欲上书报天子失军曲折。”广未对。大将军长史急责广之莫府上簿[15]。广曰:“诸校尉无罪,乃我自失道。于今自上簿。”

〔注释〕

①并:合并。

②回远:迂曲遥远。

③屯行:集中行进。

④部:统率,统领。

⑤结发:束发。古代男子自成童开始束发,因以指初成年。

⑥数奇:指命运不好,遇事多不利。

⑦公孙敖:西汉将领,武帝时被封为合骑侯,后因出击匈奴时,士兵逃亡者过多而下狱失侯。

⑧长史:官名,掌顾问参谋。西汉丞相、御史大夫、大将军、车骑将军、前后左右将军皆有设置。之:往。

⑨诣(yì):到,到达。多用于上级、尊长或尊敬的人所在的地方。

⑩谢:辞别,告辞。

⑪慍怒:恼怒。

⑫遁(dùn):逃走。

⑬绝:横穿,横渡。

⑭糒(bèi):干饭、干粮。醪(láo):浊酒。遗(wèi):给予。

⑮上簿:呈递文状以接受审问或质讯。

〔译文〕

大将军卫青出边塞捕获了俘虏,知道了单于的住所,就亲自率领精锐部队赶去追击匈奴,下令让李广和右将军赵食其的部队合并,一同从东路出兵。东路稍微迂曲遥远,而大军所行之路,水草稀少,这种情况不能集中行进。李广推辞说:“我是统率军队的前将军,现在大将军却让我从东路出击,况且我初成年时就与匈奴作战,到今天才得到一次与单于对敌的机会,我愿意先行,先和单于决一死战。”大将军卫青暗地里受皇上的旨意,认为李广命运不好,不要派他和单于正面交锋,恐怕不能实现战胜敌军的愿望。这时,公孙敖正好失去了侯爵,担任中将军,大将军也想要让公孙敖和他一起对决单于,所以调走了李广。李广知道是这样,坚决拒绝调动。大将军不听,命令长史写文书给李广送到卫青的军幕中,他说:“赶快到所在军部去,照文书所写的办。”李广没有向大将军告辞就出发了,面色恼怒地去了军部,带领军队和右将军赵食其合兵,一同从东路出发。军队迷失了道路,落在了大将军的后面。大将军与单于交战,单于逃走了,未能战胜回师。向南横穿了沙漠,才遇到两位将军。李广见过大将军后,回到自己军中。大将军派长史拿着干饭浊酒给李广,趁机问李广和赵食其迷失道路的情况,说:“卫青想要上书向皇上报告军队迷失道路的详细情况。”李广没有回答。大将军的长史急着要求李广去军幕府呈递文状以接受审问。李广说:“各位校尉没有罪,是我自己迷失了道路。现在我亲自呈递文状接受审问。”

至莫府，谓其麾下曰："广结发与匈奴大小七十馀战，今幸从大将军出接单于兵，而大将军徙广部行回远，又迷失道，岂非天哉！且广年六十馀，终不能复对刀笔之吏矣①！"遂引刀自刭。百姓闻之，知与不知②，老壮皆为垂泣。而右将军独下吏，当死，赎为庶人。

〔注释〕

①刀笔之吏：泛称主办文案的官吏。后来称替打官司的人出主意、写状纸为职业的讼师为刀笔，指其笔利如刀，亦能杀人。刀笔：为古代书写工具。

②不知：素未相识。

〔译文〕

回到了军幕，李广对他的部下说："我初成年时与匈奴作战，大大小小一共七十多次，如今有幸跟随大将军迎战单于，而大将军派我的部队走迂曲遥远的路线，又迷失了道路，这难道不是天意吗？况且我六十多岁了，终究不能应付刀笔吏的审讯侮辱了。"于是拔刀自刎。百姓听说这件事，无论是相识的还是素未相识的，老年人与青年人都为李广低声哭泣。而右将军赵食其单独被交付司法官吏审讯，应当处以死刑，后花钱赎为庶人。

广三子，曰当户、椒、敢，皆为郎。上与韩嫣戏①，嫣少不逊，当户击嫣，嫣走，于是上以为能。当户蚤死②，乃拜椒为代郡太守③，皆先广死。广死军中时，敢从票骑将军。广死明年，李蔡以丞相坐诏赐冢地阳陵当得二十亩[4]，蔡盗取三顷，颇卖得四十馀万，又盗取神道外壖地一亩葬其中[5]，当下狱，自杀。敢以校尉从票骑将军击胡左贤王[6]，力战，夺左贤王旗鼓，斩首多，赐爵关内侯，食邑二百户，代广为郎中令。顷之，怨大将军青之恨其父，乃击伤大将军，大将军匿讳之[7]。居无何，敢从上雍，至甘泉宫猎[8]，票骑将军去病怨敢伤青，射杀敢。去病时方贵幸，上为讳，云鹿触杀之。居岁馀，去病死。

〔注释〕

①韩嫣(yǎn)：字王孙，韩颓当的庶孙，擅长骑射，善于迎合谄媚。武帝为胶东王时，与韩嫣一起读书，二人关系友好。武帝即位，他想要攻伐匈奴就操练军事，更加被重视，官至上大夫，常与武帝在宫中一起生活。

②蚤(zǎo)：通“早”。

③拜：授官。

④李蔡：李广的堂弟，武帝时被封为乐安侯，后任丞相。阳陵：县名，治所在今陕西咸阳市东北。

⑤神道：墓前的道路。壖(ruán)地：空地。

⑥左贤王：匈奴贵族的封号。

⑦匿讳：隐瞒。

⑧甘泉宫：宫名，在今陕西淳化县西北甘泉山上。汉武帝曾游宿于此。

〔译文〕

李广有三个儿子，叫李当户、李椒、李敢，都是郎官。有一次天子与韩嫣玩闹，韩嫣稍有些傲慢无礼，李当户打了韩嫣，韩嫣跑掉了，于是皇上认为李当户有能力。李当户去世早，于是天子授予李椒为代郡太守，都比李广先死。李广在军中死时，李敢正跟从骠骑将军霍去病。李广死的第二年，担任丞相的李蔡犯了侵占汉景帝阳陵空地的罪，本应奉诏被赐予空地二十亩，李蔡私自侵占了三顷，卖地得到四十多万钱，又盗取了神道外一亩空地当作墓地，其罪过应当下狱，他自杀而死。担任校尉的李敢跟从骠骑将军攻打匈奴左贤王，用尽全力作战，夺得了左贤王的战鼓和帅旗，斩杀众多匈奴首级，被赐予关内侯的爵位与二百户封邑，代替李广为郎中令。很快，李敢怨恨大将军卫青使得他父亲含恨而死，于是出击打伤了大将军，大将军隐瞒了这件事。不久，李敢随皇上去雍地，来到甘泉宫狩猎，骠骑将军霍去病怨恨李敢打伤卫青，将李敢射死。当时霍去病正得显贵宠幸，皇上隐瞒了这件事，说是野鹿撞死了李敢。过了一年多，霍去病去世了。

敢有女为太子中人[①]，爱幸。敢男禹有宠于太子，然好利，亦有勇。尝与侍中贵人饮，侵陵之，莫敢应。后诉之上，上召禹，使刺虎，县下圈中[②]，未至地，有诏引出之。禹从落中以剑斫绝累[③]，欲刺虎。上壮之，遂救止焉。而当户有遗腹子陵[④]，将兵击胡，兵败，降匈奴。后人告禹谋欲亡从陵，下吏死。

〔注释〕

①中人：宫女。

②县(xuán):同“悬”,吊挂。

③落:同“络”,网,绳网。斫(zhuó):砍。累(léi):绳索。

④遗腹子:孕妇在丈夫死后所生的孩子。

〔译文〕

李敢有个女儿是太子刘据的宫女,受到了宠幸。李敢的儿子李禹也受到太子宠爱,可是李禹贪图钱财,也有勇气。一次他和侍中贵人喝酒,侵犯欺凌了她,贵人不敢反抗。后来告诉了皇上,皇上召见李禹,命他去刺杀老虎,他吊挂着下放到老虎圈中,还没有到地面,就有诏令要把李禹拉上来。李禹从绳网中用剑砍断绳索,想去刺杀老虎。皇上认为他有勇气有力量,于是把他救上来并制止他。李当户有一个遗腹子叫李陵,他带兵攻击匈奴,失败后投降匈奴。后来有人告李禹说他谋划想要逃走去投奔李陵,李禹被交付司法官吏审问治罪而处死。

苏武传

〔题解〕

本篇选自《汉书·李广苏建传》，苏武的事迹附在其父苏建之后，即使此人物没有单传，却是班固塑造得极为成功的人物之一，充分展现了“文赡而事详”。天汉元年(前100)，苏武奉命出使匈奴，因其副使张胜参与匈奴内乱而被扣押，他担心受辱自杀未遂。匈奴多次派人威逼利诱想要劝降他，都被严词拒绝。他被幽禁在大窖中，断绝饮食，以雪与旃毛为食，而后迁至北海牧羊，过着穷厄的生活，却持汉节威武不屈，直至汉昭帝即位，匈奴与汉朝和亲，才得以获释回朝。

本篇以苏武被扣匈奴十九年为主线记录了他的一生，在历史真实的基础上，运用高超的语言描写，选取典型的情景安排，进行恰当的剪裁编排，尤其多次采用对比手法，使得通篇具有很强的艺术感染力和可读性。苏武生动传神的人物形象、矢志不渝的爱国情操、威武不屈的民族气节，体现了中华优秀传统文化的精神并为后代的仁人志士树立榜样，正如班固所言“孔子称‘志士仁人，有杀身以成仁，无求生以害仁’，‘使于四方，不辱君命’，苏武有之矣。”

武字子卿，少以父任[①]，兄弟并为郎，稍迁至栘中厩监[②]。时汉连伐胡，数通使相窥观，匈奴留汉使郭吉、路充国等，前后十馀辈。匈奴使来，汉亦留之以相当。天汉元年[③]，且鞮侯单于初立[④]，恐汉袭之，乃曰："汉天子我丈人行也[⑤]。"尽归汉使路充国等。武帝嘉其义，乃遣武以中郎将使持节送匈奴使留在汉者[⑥]，因厚赂单于，答其善意。武与副中郎将张胜及假吏常惠等募士斥候百馀人俱[⑦]。既至匈奴，置币遗单于[⑧]。单于益骄[⑨]，非汉所望也。

〔注释〕

①父：苏武之父，即苏建。西汉武帝时将领。元朔二年（前127），跟从车骑将军卫青进击匈奴，收复河套地区，有功，封平陵侯。又以将军筑朔方城。五年，任游击将军，跟从卫青出朔方击匈奴，大胜。

②栘（yí）中厩（jiù）监：官名，掌管皇室马厩的官吏。

③天汉元年：即公元前100年。

④且（jū）鞮（dī）侯单于：西汉时匈奴单于。句黎湖单于的弟弟。

⑤丈人：古时对长辈的尊称。行（háng）：排行，辈分。

⑥中郎将：官名，职掌宫禁宿卫，随行护驾，协助郎中令考核选拔郎官及从官，也常常奉诏出使，职位清要。持节：古代使臣奉命出行，执符节以为凭证。

⑦假吏：暂时委以差事的官吏。斥候：侦察。这里指进行侦察的士兵。斥，远。候，侦察。

⑧遗（wèi）：给予，赠送。

⑨益：副词，更加。

〔译文〕

苏武，字子卿，年少时因为父亲苏建而被任命官职，他与兄弟们一起被任命为郎官，苏武之后逐渐升迁到移中厩监的职位。当时汉朝不断讨伐匈奴，双方多次互派使者暗中查看对方的情况，匈奴扣留了郭吉、路充国等前后十多批汉朝使者。为此匈奴使者来访，汉朝也扣留了他们来相互制衡。天汉元年，且鞮侯单于初即位，害怕汉朝侵袭他们，于是说："汉朝天子是我尊敬的长辈。"将扣留的汉朝使者路充国等人全部归还。汉武帝赞许他的深明大义，于是派遣苏武以中郎将的官职出使，拿着符节护送扣留在汉朝的匈奴使者，还赠送单于丰厚的财物，以报答他的好意。苏武与副中郎将张胜以及暂时委以差事的官吏常惠等人招募士卒、侦察兵一百多人一同出使。已经到达匈奴地区，他们放下馈赠给单于的财物。单于却更加骄横，不是汉朝所期望的那样。

方欲发使送武等①，会缑王与长水虞常等谋反匈奴中②。缑王者，昆邪王姊子也③，与昆邪王俱降汉，后随浞野侯没胡中④。及卫律所将降者⑤，阴相与谋劫单于母阏氏归汉。会武等至匈奴，虞常在汉时素与副张胜相知⑥，私候胜曰⑦："闻汉天子甚怨卫律，常能为汉伏弩射杀之。吾母与弟在汉，幸蒙其赏赐。"张胜许之，以货物与常。后月馀，单于出猎，独阏氏子弟在。虞常等七十馀人欲发，其一人夜亡，告之。单于子弟发兵与战。缑王等皆死，虞常生得⑧。

〔注释〕

①方：副词，正好，正当。

②缑（gōu）王：西汉时匈奴贵族。昆邪王的外甥。虞常：西汉武帝时人，投降于匈奴，但是他的母亲与弟弟在汉朝。

③昆邪王：西汉诸侯。亦作“昆邪”“浑邪王”“混邪王”。原为匈奴诸王。武帝时拥兵数万，活动在今祁连山及河西走廊一带，常常侵犯汉朝边境。元狩二年（前121），汉朝派遣骠骑将军霍去病率数万骑出击匈奴，屡挫其军。匈奴伊稚斜单于怨他作战无能，想要对他治罪，昆邪王就率兵数万投降于汉朝。

④浞（zhuó）野侯：即赵破奴。西汉将领。元封三年（前108），以匈河将军出击楼兰，复封为浞野侯。太初二年（前103）为浚稽将军，率二万骑击匈奴左贤王，兵败被俘，居匈奴十年，天汉元年（前100）逃归汉朝。

⑤卫律：其父本为长水胡人，卫律生长于汉朝。武帝时，与协律都尉李延年交好，因为李延年的推荐而出使匈奴。出使回汉，恰逢李延年被灭族，他害怕被牵连诛杀而逃降匈奴。匈奴很器重他，被封为丁灵王。苏武出使匈奴被拘时，卫律多次劝说投降，没有成功。

⑥张胜：西汉官吏。曾经担任中郎将为苏武的副使出使匈奴。

⑦私：私自，私下。

⑧生得：生获，活捉。

〔译文〕

单于正想要派使者护送苏武等人回去，恰逢缑王和长水虞常等人在匈奴中谋划造反。缑王是昆邪王姐姐的儿子，曾与昆邪王一同投降于汉朝，后来又跟随浞野侯赵破奴进击匈奴，兵败投降了。他们与卫律等投降的人，背地里一同谋划劫持单于的母亲阏氏然后归服汉朝。恰逢苏武等人出使到匈奴，虞常在汉朝时与苏武的副使张胜关系很好，就私下对张胜说："听闻汉朝天子非常怨恨卫律，我能为汉朝埋伏弓箭手射杀他。我的母亲和弟弟都居住在汉朝，希望我为汉朝立功后，他们能有幸得到赏赐。"张胜赞成他的想法，并把一些财物送给虞常。一个多月后，单于外出狩猎，只有阏氏和一些随从在家。虞常等七十余人想要动手，但其中有一个人趁夜逃走，向单于告密。单于及手下将领发兵与虞常等人战斗。缑王等人都被杀了。虞常被活捉。

单于使卫律治其事。张胜闻之，恐前语发，以状语武①。武曰："事如此，此必及我。见犯乃死②，重负国③。"欲自杀，胜、惠共止之。虞常果引张胜。单于怒，召诸贵人议④，欲杀汉使者。左伊秩訾曰⑤："即谋单于⑥，何以复加？宜皆降之。"单于使卫律召武受辞，武谓惠等："屈节辱命，虽生，何面目以归汉！"引佩刀自刺。卫律惊，自抱持武，驰召医。凿地为坎⑦，置煴火⑧，覆武其上，蹈其背以出血。武气绝，半日复息⑨。惠等哭，舆归营⑩。单于壮其节，朝夕遣人候问武，而收系张胜⑪。

〔注释〕

①状：情况。

②见犯：受到匈奴的侵犯。

③重：副词，表示程度深，相当于“极”“甚”。

④贵人：公卿大夫，亦泛指地位贵显的人。

⑤左伊秩訾（zī）：汉时匈奴官号。与其相应者有右伊秩訾。左、右职各治理不同的地区，一般左职均居东方。

⑥即：副词，如果。

⑦坎：坑。

⑧煴（yūn）火：没有火焰的微火。

⑨息：气息，呼吸。

⑩舆（yú）：抬，负荷。

⑪收系：拘捕。

〔译文〕

单于委派卫律处理这件事。张胜听到这一消息，害怕之前与虞常密谋的话被发现，就把这一情况告诉苏武。苏武说：“事情已经这样了，这件事必然会牵连到我身上。受到匈奴的侵犯然后才死，这会更加辜负国家。”于是想要自杀，张胜、常惠一同制止了他。虞常果然供出了张胜。单于十分生气，召集各位公卿大夫来商议，想要杀死汉朝使者。左伊秩訾说：“如果有谋害单于的人，还能用什么来加重惩罚呢？这样惩罚太重了，应当让他们全都归降我们。”单于便派卫律传召苏武听取他的供词。苏武对常惠等人说：“失去自己的节操，辱没了国家的使命，即使苟活于世，还有什么脸面回到汉朝呢？”说完，他便拔出佩刀刺向自己。卫律惊恐，上前抱住苏武，并派人赶快骑马去找医生。医生让人在地上凿出一个坑，放进没有火焰的微火，把苏武放在火坑的上方，拍打他的后背让淤血流出来。苏武晕厥过去，半日才再次呼吸平稳。常惠等人痛哭流涕，把他抬回了营帐。

单于听说这件事后，敬佩他的气节，早晚派人问候苏武，并拘捕了张胜。

武益愈，单于使使晓武。会论虞常①，欲因此时降武。剑斩虞常已，律曰："汉使张胜谋杀单于近臣②，当死，单于募降者赦罪。"举剑欲击之，胜请降。律谓武曰："副有罪，当相坐③。"武曰："本无谋，又非亲属，何谓相坐？"复举剑拟之④，武不动。律曰："苏君，律前负汉归匈奴，幸蒙大恩，赐号称王，拥众数万⑤，马畜弥山⑥，富贵如此。苏君今日降，明日复然。空以身膏草野⑦，谁复知之！"武不应。律曰："君因我降⑧，与君为兄弟，今不听吾计，后虽欲复见我，尚可得乎？"武骂律曰："女为人臣子⑨，不顾恩义，畔主背亲⑩，为降虏于蛮夷⑪，何以女为见？且单于信女，使决人死生，不平心持正，反欲斗两主，观祸败。南越杀汉使者⑫，屠为九郡；宛王杀汉使者⑬，头县北阙；朝鲜杀汉使者⑭，即时诛灭。独匈奴未耳。若知我不降明⑮，欲令两国相攻，匈奴之祸从我始矣。"

〔注释〕

①论：定罪，论定罪行。

②近臣：这里是卫律自谓。

③相坐：一人犯罪，连带他人一同治罪。

④拟：比画。

⑤拥：拥有，领有。

⑥弥：遍，满。

⑦膏（gào）：滋润。

⑧因：凭借，依靠。

⑨女（rǔ）：通“汝”，你。

⑩畔：通“叛”，背叛。

⑪蛮夷：古代对华夏中原民族以外各民族的泛称。

⑫南越：古民族名、古国名。古代越人的一支，分布在五岭以南地区。秦于其地置桂林、南海、象郡。秦末，赵佗兼并三郡，并于公元前 203 年自称南越武王，都番禺（今广东广州），建立南越国。赵佗改从越人装束、习俗，使汉越两族和睦相处，逐步改变了越人各部互相攻杀的陋习，定期向汉朝进贡，双方互开关市。武帝元鼎四年（前 113）赵兴上书汉朝，请求内属。武帝元鼎五年（前 112）南越丞相吕嘉因为不愿内属，杀南越王、太后及汉使者。次年，汉朝平定反叛，废南越国王。于其地置南海、郁林、苍梧、交趾、九真、日南、合浦和儋耳、珠崖等九郡。

⑬宛王：即大宛国王“毋寡”。汉武帝派遣使者想要求取大宛好马，他拒绝不给，并杀害汉朝使者。武帝于是派遣贰师将军李广利以十万兵进击大宛。大宛兵败，大宛贵族杀了毋寡并投降。宛：即大宛国，古西域国名。领地相当今中亚费尔干纳盆地。其民从事农牧业，其地产葡萄、苜蓿，以产汗血马著名，商业也较为发达。汉武帝太初三年（前 102）服属汉朝。

⑭朝鲜：古国名。其地约当今朝鲜半岛北部及辽宁东部一带。秦时内属为臣，汉初，燕人卫满自立为王，都王险城（今朝鲜平壤）。汉武帝元封二年（前 109），朝鲜发兵杀汉使，武帝派遣将士进攻，次年击破朝鲜，并以其地置为乐浪、临屯、玄菟、真番四郡。

⑮若：第二人称代词，你。

［译文］

苏武的身体逐渐好转，单于派人劝说让他归降。又让他一同论定虞常的罪行，想要借此机会使苏武归降。用剑杀死了虞常后，卫律说："汉朝使者张胜谋划要杀单于的近臣，应当被处死，但是单于招募投降的人，可以赦免他的罪过。"他举起剑想要杀掉张胜，张胜请求投降。卫律对苏武说："您的副使张胜犯罪，你应当被连带一同治罪。"苏武说："我本来就没有参与密谋，又不是他的亲属，怎么能叫作相坐呢？"卫律再次举起剑比画要刺向苏武，苏武纹丝不动。卫律说："苏君，我卫律从前背叛汉朝归顺匈奴，承蒙单于深厚的恩德，被赐予名号封为丁灵王，使我拥有几万的部众，满山的马牛羊等牲畜，是这样的富裕显贵。您今日归降，明日也会像我这样。即使白白牺牲自己，以自己的尸体滋润荒草野岭，谁又能知道呢？"苏武置之不理。卫律说："您凭借我的引荐而投降，我愿与您结为兄弟；今天您不听我的主意，以后即使想要再见我，还能做到吗？"苏武斥责卫律说："你作为汉朝的臣子，却不顾恩情义气，背叛皇帝和亲友，投降成为蛮夷的俘虏，为什么要见你呢？况且单于宠信你，让你决断人的生死，你却不用心公平，持守公正，反而想要挑起两国之主的斗争，旁观双方产生的祸乱。南越杀害汉朝使者，其地被置为汉朝的九个郡；大宛王杀害汉朝使者，他的头颅被悬挂在宫殿北面的门楼上；朝鲜杀害汉朝使者，很快被诛灭。唯独匈奴还未发生这样的事情啊。你明知我不肯投降，想要让两国互相攻伐，匈奴的灾祸将从杀我开始。"

律知武终不可胁，白单于[①]。单于愈益欲降之，乃幽武置大窖中[②]，绝不饮食。天雨雪[③]，武卧啮雪与旃毛并咽之[④]，数日不死，匈奴以为神。乃徙武北海上无人处[⑤]，使牧羝，羝乳乃得归[⑥]。别其官属常惠等，各置他所。

〔注释〕

①白：禀告。

②幽：囚禁。

③雨（yù）雪：下雪。

④旃（zhān）：毛织物，同“毡”。啮（niè）：咬，啃。咽：吞。

⑤北海：特指今俄罗斯贝加尔湖。

⑥羝（dī）：公羊。乳：产子。

〔译文〕

卫律深知苏武到底不会被胁迫投降，于是将情况禀告单于。单于更加想劝降苏武，就把苏武囚禁在大地窖里，断绝向他供给饮食。天下雪时，苏武就卧在地上，就着雪嚼吞毡毛，这样很多天都没有死，匈奴把他当作神人。于是把他迁徙到北海荒无人烟的地方，让他放养公羊，公羊产子才让他回来。并把他与属官常惠等人分开，分别安置在其他的地方。

武既至海上，廪食不至[①]，掘野鼠去中实而食之[②]。杖汉节牧羊，卧起操持[③]，节旄尽落[④]。积五六年，单于弟於靬王弋射海上[⑤]。武能网纺缴[⑥]，檠弓弩[⑦]，於靬王爱之，给其衣食。三岁馀，王病，赐武马畜服匿穹庐[8]。王死后，人众徙去。其冬，丁令盗武牛羊[9]，武复穷厄。

〔注释〕

①廪(lǐn)：粮食。

②去(jǔ)：藏。屮(cǎo)：古“草”字。

③操持：握持。

④旄(máo)：旄牛尾。

⑤於靬(wūjiān)王：西汉时匈奴诸王。且鞮侯单于之弟。弋(yì)：用绳系矢而射。

⑥纺：丝织物。缴(zhuó)：系在箭上的丝绳。

⑦檠(qíng)：动词，矫正弓弩。

⑧服匿：陶制容器。小口大腹方底，受二斗左右，用以装酒酪等物。穹庐：游牧民族居住的毡帐。

⑨丁令：古民族名。亦作“丁零”“丁灵”“钉灵”。主要分布于今贝加尔湖以南地区(钱穆《史记地名考》说在今新疆吐鲁番)。汉初为匈奴冒顿单于所慑服。西汉宣帝、东汉章帝时，曾配合汉朝军队，协同乌孙、乌桓、鲜卑等族击败匈奴，迫使匈奴西迁。

〔译文〕

苏武已经到达北海，匈奴不给他粮食吃，他便挖掘野鼠所藏的草籽来吃。他拄着汉朝的符节牧羊，无论睡觉还是清醒都握持着符节，以致符节上装饰的旄牛尾的毛全都脱落了。过了五六年，且鞮侯单于的弟弟於靬王到北海射猎。因为苏武会网结系在箭上的丝绳，矫正弓弩，於靬王很喜欢他，送给他衣服和食物。又过了三年多，於靬王生病了，就赐予苏武牲畜、装酒酪的容器和毡帐。於靬王死后，他的部众也都迁徙离开。这年冬天，丁令族人盗窃了苏武的牛羊，苏武再次陷入穷困的境地。

初，武与李陵俱为侍中[①]，武使匈奴明年，陵降，不敢求武。久之，单于使陵至海上，为武置酒设乐，因谓武曰："单于闻陵与子卿素厚，故使陵来说足下[②]，虚心欲相待。终不得归汉，空自苦亡人之地，信义安所见乎？前长君为奉车[③]，从至雍棫阳宫[④]，扶辇下除[⑤]，触柱折辕[⑥]，劾大不敬[⑦]，伏剑自刎[⑧]，赐钱二百万以葬。孺卿从祠河东后土[⑨]，宦骑与黄门驸马争船[⑩]，推堕驸马河中溺死，宦骑亡，诏使孺卿逐捕不得，惶恐饮药而死。来时，大夫人已不幸[⑪]，陵送葬至阳陵[⑫]。子卿妇年少，闻已更嫁矣。独有女弟二人[⑬]，两女一男，今复十馀年，存亡不可知。人生如朝露，何久自苦如此！陵始降时，忽忽如狂[⑭]，自痛负汉，加以老母系保宫[⑮]，子卿不欲降，何以过陵？且陛下春秋高，法令亡常，大臣亡罪夷灭者数十家，安危不可知，子卿尚复谁为乎？愿听陵计，勿复有云。"武曰："武父子亡功德，皆为陛下所成就，位列将，爵通侯，兄弟亲近，常愿肝脑涂地。今得杀身自效，虽蒙斧钺汤镬[⑯]，诚甘乐之。臣事君，犹子事父也，子为父死亡所恨。愿勿复再言。"陵与武饮数日，复曰："子卿壹听陵言。"武曰："自分已死久矣[⑰]！王必欲降武，请毕今日之欢[⑱]，效死于前！"陵见其至诚，喟然叹曰[⑲]："嗟乎，义士！

陵与卫律之罪上通于天。”因泣下沾衿⑳，与武决去㉑。

〔注释〕

①李陵：西汉将领。字少卿，名将李广之孙。少为侍中建章监，善骑射。武帝时，为骑都尉。天汉二年（前99），率五千步兵出居延千余里击匈奴，遇敌骑十万，陷入重围，他奋勇突击，连战九天，终因粮尽矢绝，寡不敌众，被迫投降，后病死于匈奴。侍中：官名。西汉为加官，凡列侯、将军、卿大夫、将、都尉、尚书以至郎中，加此即可入侍宫禁，亲近皇帝。多授外戚、亲信、文学侍从、才武之士、功臣子弟等。侍从皇帝左右，侍奉生活起居，分掌御用乘舆服物、下至亵器虎子唾壶等杂务。武帝以后常授重臣儒者，与闻朝政，赞导众事，顾问应对，与公卿大臣论辩，平议尚书奏事，为中朝要职。

②说（shuì）：劝说，说服。

③长君：苏武之兄苏嘉的字。奉车：官名，奉车都尉的简称。西汉武帝始置，职掌皇帝车舆，入侍左右，多由皇帝亲信充任。

④雍：县名，在今陕西凤翔县西南豆腐村、河南屯之间。棫（yù）阳宫：战国秦昭王时筑，在今陕西扶风县东北。

⑤辇（niǎn）：秦汉以后专指皇帝及后妃所乘之车。除：台阶。

⑥辕：车辕子，车前驾牲口的直木。

⑦大不敬：刑罪名。中国古代重罪之一。不敬罪内容广泛，凡有对君主不敬重的言行，都可被加上“不敬”或“大不敬”的罪名。

⑧刎（wěn）：割颈，抹脖子自杀。

⑨孺卿：苏建之子、苏武之弟苏贤的字。河东：郡名，治所在安邑县（今山西夏县西北禹王城）。后土：土地神。

⑩宦骑：由宦官充任的骑士。黄门驸马：官名，掌管天子副车之马。

⑪不幸：这里指死。

⑫阳陵：县名，治所在今陕西咸阳市东北。

⑬女弟：妹妹。

⑭忽忽：失意的样子。

⑮保宫：官署名。隶属于少府，为管理宫内房屋并兼系囚的机构。原名“居室”，武帝太初元年（前 104）改名“保宫”。

⑯斧钺（yuè）汤镬（huò）：泛指刑戮。斧钺：本为用以砍劈的两种兵器。钺，大斧。这里代指斩刑，即死刑。《刑法志》：“大刑用甲兵，其次用斧钺。”汤镬：古代把人投入滚汤中煮死的酷刑。汤，滚水。镬，无足大鼎。

⑰分（fèn）：料想。

⑱毕：完毕，结束。

⑲喟然：感叹、叹息的样子。

⑳衿（jīn）：衣襟。

㉑决：通“诀”，辞诀，告辞，告别。

［译文］

刚开始，苏武与李陵在汉朝同为侍中，苏武出使匈奴的第二年，李陵投降匈奴，不敢求见苏武。很久之后，单于派李陵到北海，为苏武摆下酒宴，安排乐舞，于是对苏武说：“单于听说我与您平素交情深厚，所以派我来劝说您，单于想要以诚心对您。您终归不能回到汉朝，白白地在这荒芜之地自讨苦吃，谁能看到您的信用与道义呢？以前您的兄长苏嘉为奉车都尉，跟从皇上到雍县的棫阳宫，扶着辇下台阶，不小心撞到柱子，使车辕折断，判为大不敬罪，拔剑自刎，皇上赐了二百万钱安葬。您的弟弟苏贤跟从皇上去河东郡祭祀土地神，宦骑与黄门驸马争船，黄门驸马被推进河中溺水而死，宦骑逃跑了，皇上下诏派苏贤追捕，却没能捕获到，苏贤十分惶恐害怕就喝药自杀了。我从汉朝来时，您的母亲已经不幸过世，我将她送葬到阳陵。您的妻子还年轻，听说已经改嫁了。仅仅还有两个妹妹、两个女儿和一个儿子，现今又过去十几年，不知道是生是死。人的生命就像清晨的露水一样短促，何必这样长久地自寻苦恼呢！我刚开始投降时，十分失意像发疯了一样，痛恨自己背叛了汉朝，加上因为老母亲被囚禁在保宫，您不想投降的心情，怎么能超过我呢？况且汉朝皇上年事已高，发布的法令没有准则，大臣无罪而被诛杀灭亡的有几十家，安危是不可知的，您还要再为谁守节呢？希望您能听从我的计策，不要再多言了。"苏武说："我们父子没有功德，都是被皇上提携的，才能位列将军，爵至通侯，兄弟三人都是皇上的近臣，平素的愿望就是为汉朝肝脑涂地，誓死效忠。现今如果有牺牲自己报效国家的机会，即使遭受刑戮，也心甘情愿，以此为乐。臣子侍奉君主，就像儿子侍奉父亲，儿子为父亲而死是没有遗憾的。希望您不要再说了。"李陵与苏武宴饮了几天，又对苏武说："您一定要听我的劝告之言。"苏武说："我料想已经死去很久了！如果您一定想要我投降，就请结束今天的宴饮，让我报效汉朝，死于您的面前！"李陵见苏武如此忠诚，感叹道："唉，您真是忠义之士！我和卫律所犯的罪比天还高。"随之潸然泪下，沾湿了衣襟，与苏武辞诀而去。

陵恶自赐武[①]，使其妻赐武牛羊数十头。后陵复至北海上，语武："区脱捕得云中生口[②]，言太守以下吏民皆白服，曰上崩。"武闻之，南乡号哭，欧血[③]，旦夕临[④]。

〔注释〕

①恶（wù）：羞耻。

②区(ōu)脱：为匈奴、东胡等少数民族用语，或写作“瓯脱”，意思为边境屯守处，亦引申指代屯守边境之官兵或边界。云中：县名，治所在今内蒙古托克托东北。生口：活人，这里指俘虏。

③欧(ǒu)血：吐血。欧同“呕”。

④临(lìn)：哭吊。

〔译文〕

李陵羞于亲自送给苏武东西，就派他的妻子送给苏武几十头牛羊。后来李陵再次来到北海，对苏武说：“匈奴屯守边境的官兵俘虏了云中汉人，说太守以下的官吏与民众都身穿丧服，说皇上驾崩了。”苏武听到这个消息，面向南方痛哭到吐血，每天早晚哭吊。

数月，昭帝即位①。数年，匈奴与汉和亲。汉求武等，匈奴诡言武死②。后汉使复至匈奴，常惠请其守者与俱，得夜见汉使，具自陈道③。教使者谓单于，言天子射上林中④，得雁，足有系帛书⑤，言武等在某泽中⑥。使者大喜，如惠语以让单于⑦。单于视左右而惊，谢汉使曰⑧：“武等实在。”于是李陵置酒贺武曰：“今足下还归，扬名于匈奴，功显于汉室，虽古竹帛所载⑨，丹青所画⑩，何以过子卿！陵虽驽怯⑪，令汉且贳陵罪⑫，全其老母⑬，使得奋大辱之积志，庶几乎曹柯之盟⑭，此陵宿昔之所不忘也⑮。收族陵家，为世大戮⑯，陵尚复何顾乎⑰？已矣！令子卿知吾心耳。异域之人，壹别长绝！”陵起舞，歌曰:“径万里兮度沙幕[18],为君将兮奋匈奴。路穷绝兮矢刃摧,士众灭兮名已隤[19]。老母已死,虽欲报恩将安归!”陵泣下数行,因与武决。单于召会武官属[20],前以降及物故[21],凡随武还者九人。

〔注释〕

①昭帝:即武帝少子刘弗陵。公元前87年—前74年在位。

②诡言:假称,谎称。

③具:全都。

④上林:苑名,在今陕西蓝田县以西、周至县以东终南山北麓一带。秦汉时为帝王射猎、游乐之所。

⑤帛书:用缣帛写的书信。

⑥泽:聚水的洼地。

⑦让:责问。

⑧谢:告诉。

⑨竹帛:指史书典册。古时无纸,书写在竹简和白绢上,因以竹帛指史书。

⑩丹青:泛指中国古代绘画中常用的色彩,因此称绘画艺术为丹青。

⑪驽(nú):本为劣马,这里比喻才能低下。

⑫令:假使,如果。且:副词,将。贳(shì):赦免,宽纵。

⑬全:保全。

⑭庶几:也许可以,差不多,表示希望或揣测。曹柯之盟:春秋时,齐鲁作战,鲁败,割地求和,与齐相会于柯,盟誓时,鲁将曹沫持匕首胁迫齐桓公归还失地而立下大功的故事。

⑮宿昔:亦作“夙昔”。从前,旧日。

⑯大戮(lù):大耻辱。

⑰顾：眷念。

⑱沙幕：即“沙漠”。

⑲隤（tuí）：败坏。

⑳会：集聚。

㉑物故：死亡。

〔译文〕

几个月之后，汉昭帝即位。几年之后，匈奴与汉朝和亲。汉朝寻求苏武等人，匈奴假称苏武死了。后来汉朝使者又到匈奴地区，常惠请求看守他的人与他一同去，晚上见到使者，自己陈述了全部的事情。又教汉使者对单于说，汉天子在上林苑射猎，射得一只雁，雁的足上系有一封用缣帛写的书信，信中说苏武等人在某个大泽中。汉使者十分高兴，如常惠所说的话去责问单于。单于左顾右盼而大吃一惊，只好告诉汉使者说：“苏武等人确实还在。”于是李陵摆设酒宴祝贺苏武说：“您现今返回汉朝，在匈奴传播了美好的名声，在汉室显示了伟大的功绩，即使古代史书典册所载的，丹青图卷所绘的，谁能超过您呢！我虽然才能低下、胆怯懦弱，如果汉朝赦免我的罪过，保全我的老母亲，让我能够将投降匈奴的屈辱所积累的志气施展出来，也许可以像曹柯之盟中曹沫那样立功赎罪，这是我从前没有忘记的事。皇上收捕、族灭我全家，这是世上莫大的耻辱，我还有什么可眷念的呢？都过去了！我只是让您知道我的心罢了。你我是不同邦国的人，这一分别将永久地隔绝了！”李陵起身而舞，唱道：“经过万里之路啊横渡沙漠，为君主率兵出征啊奋击匈奴。道路穷尽困绝啊矢尽刀折，部众将士战死啊名声已经败坏。老母亲已经死去，即使想报答恩情又能去哪儿呢！”李陵歌罢泪流满面，与苏武诀别。单于召见集聚了苏武的属官，除去以前投降的人和死亡的人，一共跟随苏武返回汉朝的有九人。

武以始元六年春至京师①。诏武奉一太牢谒武帝园庙②，拜为典属国③，秩中二千石④，赐钱二百万，公田二顷，宅一区。常惠、徐圣、赵终根皆拜为中郎⑤，赐帛各二百匹。其馀六人老归家，赐钱人十万，复终身⑥。常惠后至右将军⑦，封列侯⑧，自有传。武留匈奴凡十九岁，始以强壮出，及还，须发尽白。

〔注释〕

①京师：即国都长安。始元六年：即公元前81年。

②太牢：盛牲的食器叫牢，大的叫太牢。太牢盛有牛、羊、豕三牲，因此把祭祀用的三牲称作太牢。

③典属国：官名。掌蛮夷降者，即负责归附的少数民族事务。主要属官有九译令（即翻译官）。汉武帝元狩三年（前120）设五属国以处内附匈奴，所置属国都尉等官，皆隶属之。多以熟悉边事者充任。

④秩（zhì）：俸禄。中二千石：秦汉官秩（俸禄）等级。中即满。西汉月俸一百八十斛（即石，十斗），一岁凡得谷二千一百六十石。九卿皆为中二千石。

⑤中郎：官名。为秦汉九卿之一郎中令（光禄勋）所属郎官之一。担任宫中护卫、侍从，秩比六百石，无员数，由五官、左、右三署中郎将主之。

⑥复终身：免除终身徭役。

⑦右将军：官名。汉朝为重号将军之一，与前、左、后将军并为上卿，

位次大将军及骠骑、车骑、卫将军,有兵事则典掌禁兵,戍卫京师,或任征伐。平时无具体职务,一般兼任他官,常加诸吏、散骑、给事中等号,成为中朝官,宿卫皇帝左右,参与朝政。

⑧列侯:爵名。秦汉二十等爵制的第二十级,为最高爵位。

〔译文〕

苏武在汉昭帝始元六年的春天到达长安。皇上诏令苏武奉着牛、羊、豕三牲去武帝墓地所建的宗庙祭祀,授予他为典属国,官秩等级中二千石,赏赐二百万钱,公田二顷,宅地一处。常惠、徐圣、赵终根都被授予为中郎,赏赐每人绢帛二百匹。其余六人年老还家,赏赐每人十万钱,免除终身徭役。常惠后来官至右将军,封为列侯,在《汉书》中有自己的传记。苏武停留在匈奴一共十九年,刚开始出使时为壮年,等到回来时,胡须与头发都白了。

武来归明年,上官桀子安与桑弘羊及燕王、盖主谋反①。武子男元与安有谋,坐死。

〔注释〕

①上官桀:少为羽林期门郎,事武帝,迁未央厩令,后为侍中、太仆。帝病,封为左将军,与霍光同受遗诏辅少主。昭帝时,以捕得反者莽何罗封安阳侯。孙女为昭帝皇后。后因与霍光争权,昭帝亲霍光疏上官桀,他就结交燕王刘旦、盖长公主,谋杀霍光,废昭帝。事发后被灭族。上官安:上官桀之子,其女为昭帝皇后,其妻为霍光之女。桑弘羊:武帝时,任治粟都尉,领大司农。推行盐、铁、酒类收归官营,并设立平准、均输机构,控制全国商品,平抑物价,使商贾不得获取大利,以充实国家经济收入。赐爵

左庶长。昭帝年幼即位,受武帝遗诏与霍光共同辅政,任御史大夫。始元六年,与贤良文学辩论,坚持盐铁官营。次年,受燕王刘旦、上官桀等谋反事牵连,被杀。燕王:即刘旦,武帝第四子。元狩六年为燕王。博学经书杂说,好星历数术,招致游士。及卫太子、齐怀王死,刘旦自以次第当立,上书求入宿卫,武帝未许,遂立少子为太子。昭帝立,年幼,霍光秉政。刘旦与上官桀等谋杀霍光,废帝自立,事败自杀。盖主:武帝之女,昭帝之姊,因为其夫被封为盖侯,所以她被称为盖长公主,亦称盖主。

〔译文〕

苏武回来的第二年,上官桀的儿子上官安与桑弘羊以及燕王刘旦、盖长公主密谋造反。苏武的儿子苏元因为与上官安有密谋,获罪被处死。

初桀、安与大将军霍光争权①,数疏光过失予燕王②,令上书告之。又言苏武使匈奴二十年不降③,还乃为典属国,大将军长史无功劳④,为搜粟都尉⑤,光颛权自恣⑥。及燕王等反诛,穷治党与,武素与桀、弘羊有旧,数为燕王所讼⑦,子又在谋中,廷尉奏请逮捕武。霍光寝其奏,免武官。

〔注释〕

①大将军:官名。将军作为高级武官的通称,始自战国,秦汉沿置,其最尊者称大将军,职掌统兵征战。汉武帝时始冠以大司马官号,为中朝官的领袖。这里霍光就是以大司马大将军执掌朝政。大将军虽然形式上位次丞相,但实际的优宠和权力均在丞相之上。霍光:霍去病异母弟。武帝

时，为奉车都尉，甚见亲信。后元二年，为大司马大将军。昭帝年幼即位，与桑弘羊等同受武帝遗诏辅政，封博陆侯。与上官桀、桑弘羊等争权有隙，后以结交燕王刘旦谋反罪名，杀桀等，专朝政。昭帝死，迎立昌邑王刘贺，旋废之而迎立宣帝。前后秉政达二十年。

②疏（shù）：分条记载。

③二十年：实际为十九年。

④大将军长史：即杨敞。长史：官名，掌顾问参谋。西汉丞相、太尉、御史大夫、大将军、车骑将军、前后左右将军皆置，为所在官署掾属之长。

⑤搜粟都尉：官名，属大司农，职掌农耕及屯田事宜。

⑥颛（zhuān）：通“专”。自恣（zì）：放纵自己，不加约束。

⑦讼：争论，争辩。

〔译文〕

起初上官桀、上官安与大将军霍光争权夺势，屡次逐条记载霍光的过失并上报给燕王，请求燕王告诉昭帝。又说苏武出使匈奴二十年不投降，回来才被授予典属国之职，大将军的长史杨敞没有功劳，却能担任搜粟都尉，霍光独揽大权，放纵自己，不加约束。等到燕王等人谋反被诛杀之后，彻底查办同党之人，苏武平素与上官桀、桑弘羊有旧交，燕王屡次为苏武的事向皇帝争辩，他的儿子涉及谋反之事，所以廷尉上奏请求逮捕苏武。霍光把这个上奏搁置，仅免除苏武的官职。

数年，昭帝崩，武以故二千石与计谋立宣帝①，赐爵关内侯②，食邑三百户③。久之，卫将军张安世荐武明习故事④，奉使不辱命，先帝以为遗言。宣帝即时召武待诏宦者署[5]，数进见，复为右曹典属国[6]。以武著节老臣，令朝朔望[7]，号称祭酒[8]，甚优宠之。

〔注释〕

①与(yù)：参与。宣帝：即刘询，武帝曾孙。公元前74年—前49年在位。

②关内侯：爵名。为二十等爵第十九级，位在彻(通)侯之下。因秦都咸阳，以关内为王畿，故名。但有侯号，居京师；无封土而依封户多少享受征收租税之权。

③食邑：依爵赐予的享受民户赋税村邑，得爵者可享其赋税作衣食之费，故名食邑。食邑大小，因爵级而异。西汉中期以后，除列侯、关内侯外，各级均无食邑。

④卫将军：官名。西汉初为将军名号之一，统兵征战，事讫即罢。文帝即位，开始成为重要武职，其后屡典京城、皇宫禁卫军队。张安世：字子孺，张汤之子。故事：成例，旧日的典章制度。

⑤宦者署：宦者令的办公之处。宦者令，官名，掌宫中宦者。

⑥右曹：西汉加官名号。武帝时置，与左曹合称诸曹，秩二千石。加此者每日朝谒，在殿中收受平省尚书奏事，亲近皇帝，典掌枢机。这里是典属国的加官。

⑦朔望：朔日和望日，旧历每月初一日和十五日。亦指每逢朔望朝谒之礼。

⑧祭酒：官名。古礼，祭祀宴飨，必推年长者一人先举酒以祭，故名祭酒，为尊敬之称，后因以为官名。汉时有给大臣加祭酒之号，表示优尊的做法。

〔译文〕

几年之后，汉昭帝驾崩，苏武因为官秩等级二千石参与朝臣迎立宣帝的谋划，被赏赐关内侯的爵位和三百户的食邑。过了很久，卫将军张安世向皇帝举荐说，苏武明了熟悉旧日的典章制度，奉命出使不辱使命，先帝以此为遗言。宣帝立即传召苏武在宦者署等待诏命，苏武多次进见宣帝，又为右曹典属国。因为苏武是以高尚气节闻名的老臣，宣帝特令他每逢朔望朝谒，给他加祭酒之号，十分优待尊宠他。

武所得赏赐，尽以施予昆弟故人，家不馀财。皇后父平恩侯、帝舅平昌侯、乐昌侯、车骑将军韩增、丞相魏相、御史大夫丙吉皆敬重武①。武年老，子前坐事死，上闵之②，问左右③："武在匈奴久，岂有子乎④？"武因平恩侯自白："前发匈奴时，胡妇适产一子通国，有声问来⑤，愿因使者致金帛赎之。"上许焉。后通国随使者至，上以为郎。又以武弟子为右曹。武年八十有馀，神爵二年病卒⑥。

〔注释〕

①平恩侯：即许广汉。平昌侯：即王无故。乐昌侯：即王武。
②闵（mǐn）：同"悯"，怜悯。
③左右：在旁侍候的人，近侍。
④岂（qǐ）：副词，表示反问、揣度或期望。
⑤声问：音信。
⑥神爵二年：即公元前60年。神爵是汉宣帝的年号。

〔译文〕

苏武所获得的赏赐之物，全都给了兄弟和旧友，家中不余留财产。皇后的父亲平恩侯许伯、宣帝的舅舅平昌侯王无故和乐昌侯王武、车骑将军韩增、丞相魏相、御史大夫丙吉都很敬佩尊重苏武。苏武年事已高，他的儿子之前因为参与谋废昭帝的事获罪而死，宣帝怜悯他，问在旁侍候的人："苏武在匈奴那么久，难道没有生孩子吗？"苏武通过平恩侯向皇上自我表白："之前从匈奴返回时，我的匈奴妻子恰好产下一个儿子，名为苏通国，有音信传来，希望可以通过使者用金帛赎回他。"皇上应允了他。之后苏通国跟随使者来到汉朝，皇上封他为郎官。又封苏武弟弟的儿子为右曹。苏武活到八十多岁，于神爵二年病逝。

霍去病传

〔题解〕

本篇选自《汉书·卫青霍去病传》，介绍了西汉名将霍去病的传奇一生，以及在抗击匈奴中立下的赫赫战功。他十八岁为侍中，善于骑射，跟从大将军卫青两次出征皆为全军第一，得封冠军侯；元狩二年（前121）他率兵攻打匈奴，战功累累，控制了河西四郡，开辟了通往西域的走廊；元狩四年（前119）他与大将军卫青深入漠北，击败了匈奴主力，官至大司马，秩禄与卫青持平；元狩六年（前117），英年早逝，年仅二十四岁。

霍去病受到汉武帝的器重，先后六次出击匈奴，勇猛果敢，战术灵活，功绩卓著，可谓军事奇才。尽管他不善于学习兵法、不体恤士兵，但是瑕不掩瑜，他为西汉边境的稳定立下的汗马功劳是不可磨灭的，他那忠君报国的精神、有胆有谋的气概，都闪烁着"匈奴不灭，无以家为"的英雄主义光辉。

霍去病，大将军青姊少儿子也。其父霍仲孺先与少儿通[①]，生去病。及卫皇后尊[②]，少儿更为詹事陈掌妻[③]。去病以皇后姊子，年十八为侍中。善骑射，再从大将军。

大将军受诏，予壮士，为票姚校尉[④]，与轻勇骑八百直弃大军数百里赴利[⑤]，斩捕首虏过当[⑥]。于是上曰："票姚校尉去病斩首捕虏二千二十八级，得相国、当户[⑦]，斩单于大父行藉若侯产[⑧]，捕季父罗姑比[⑨]，再冠军，以二千五百户封去病为冠军侯[⑩]。上谷太守郝贤四从大将军，捕首虏千三百级，封贤为终利侯。骑士孟已有功，赐爵关内侯，邑二百户。"

〔注释〕

①霍仲孺：西汉时人。亦作霍中孺。名将霍去病父。初以县吏身份在平阳侯家做事，和侍者卫少儿私通，生下去病。役毕回家乡，别娶女为妻，和卫少儿不相来往。去病成名后，曾两次到平阳看他，为其大买田宅奴婢，且把同父异母弟霍光带至京师。

②卫皇后：即卫子夫。武帝皇后。本为平阳公主家歌女，武帝纳之，元朔元年生太子据，立为皇后。其弟卫青官至大司马大将军，姊子霍去病亦官至大司马骠骑将军。

③詹事：官名。战国秦为管理太后、王后、太子诸宫庶务的官员。秦、西汉皇太后、皇后、太子宫皆置。皇太后宫所置冠以宫名，称长信詹事，地位在九卿之上，掌宫内大小庶务。景帝时改名少府，有长信少府、长乐少府等名目。皇后宫所置亦称中少府，掌宫内供御侍奉事务，与大长秋分领后宫官属，辖中长秋，私府、永巷、仓、厩、祠祀、食官令丞，诸中宫宦者皆属之。

④票姚校尉：官名。汉武帝初任霍去病之官，为中级将领。《汉书》颜师古注："票姚，劲疾之貌也。"校尉：官名。秦汉为统兵武官，略次于将军，高于都尉。出征时临时任命，领一校（营）兵，有司马、候等属官。西汉秩二千石。

⑤赴利:逐取功名,特指上阵杀敌。

⑥斩捕首虏过当:杀获匈奴的数量超过汉军伤亡的数量。斩捕:斩杀或捕获。首虏:首级和俘虏。过当:超过相抵之数。

⑦相国:官名。本名相邦,因避讳而改现名。秦汉时掌丞天子助理万机的最高长官,金印紫绶,秩万石。其与丞相是同一官职在不同时期的不同称谓。当户:汉时匈奴官名。

⑧大父行:祖父辈。藉若:匈奴侯名。产:人名。西汉时匈奴贵族,为伊稚斜单于族祖父。

⑨季父:最小的叔父。罗姑比:人名。西汉时匈奴伊稚斜单于叔父。一说名罗姑。汉武帝元朔六年(前123),汉击匈奴,他为霍去病所俘。

⑩冠军:县名,治所在今河南邓县西北。汉武帝置侯国以封霍去病,因霍去病功冠诸军,故名。

〔译文〕

霍去病,是大将军卫青的姐姐卫少儿的儿子。他的父亲霍仲孺先前与卫少儿私通,生下霍去病。等到卫皇后获得宠爱,卫少儿改嫁成为詹事陈掌的妻子。霍去病因为是卫皇后姐姐的儿子,十八岁时被任命为侍中。他擅长骑马与射箭,两次跟从大将军卫青出征。大将军秉承皇帝的诏命,拨给他强壮的兵士,任他为票姚校尉,他与轻捷勇猛的骑兵一直距离卫青大军几百里杀敌、逐取功名,杀获匈奴的数量超过汉军伤亡的数量。于是皇上说:“票姚校尉霍去病斩获二千二十八人,抓住相国、当户,斩杀单于祖父辈的藉若侯产,捕获单于最小的叔父罗姑比,霍去病的功劳两次居于全军第一,用二千五百户封霍去病为冠军侯。上谷郡太守郝贤四次跟从大将军出战,捕获一千三百人,封他为终利侯。骑士孟已经有战功,赏赐他爵位为关内侯,二百户食邑。”

是岁失两将军，亡翕侯[①]，功不多，故青不益封。苏建至[②]，上弗诛，赎为庶人。青赐千金。是时王夫人方幸于上[③]，宁乘说青曰[④]：“将军所以功未甚多，身食万户，三子皆为侯者，以皇后故也。今王夫人幸而宗族未富贵，愿将军奉所赐千金为王夫人亲寿[⑤]。”青以五百金为王夫人亲寿。上闻，问青，青以实对。上乃拜宁乘为东海都尉[⑥]。

〔注释〕

①翕（xī）侯：即赵信。匈奴人，原为匈奴相，武帝时降汉。元光四年（前131）封翕侯。元朔六年（前123）任右将军（《史记》作“前将军”），率军击匈奴，兵败投降，国除。

②苏建：西汉武帝时将领。苏武之父。初任校尉。元朔二年（前127），从车骑将军卫青击匈奴，收复河套地区，有功，封平陵侯。五年，任游击将军，从卫青出朔方击匈奴，大胜。六年，再以右将军从卫青出定襄击匈奴。他率一军与主力分道而行，遇单于，苦战，全军覆亡，只身逃回。卫青听从军正闳等人之言，未将他处死，解送武帝处置，以钱赎罪，废侯免职。

③王夫人：西汉武帝妃姬。有宠于武帝，封为夫人。

④说（shuì）：说服，劝说别人听从。

⑤亲：母亲。

⑥东海：郡名，治所在郯县（今山东郯城县北）。都尉：郡军事长官。协助太守典掌军事，维护治安，统率、训练本郡军队，职权颇重。

〔译文〕

这年，汉朝损失了苏建、赵信两支军队，翕侯赵信逃亡了，功绩不多，所以卫青没能增加封邑。右将军苏建回到汉朝，皇上没有诛杀他，用钱赎罪成为平民。皇上赏赐给卫青千金。这时王夫人正受到武帝的宠幸，宁乘劝说卫青道："将军您之所以功绩不是很多却能享有万户食邑，三个儿子都为列侯，是因为卫皇后是你姐姐的缘故。现今王夫人受到宠幸，但其同宗同族之人没有富裕显贵，希望将军您将皇上赏赐你的千金奉献给王夫人的母亲作为寿礼。"于是卫青用五百金为王夫人的母亲祝寿。皇上听闻这件事，询问卫青，卫青如实回答，皇上于是任命宁乘为东海都尉。

校尉张骞从大将军①，以尝使大夏②，留匈奴中久，道军③，知善水草处，军得以无饥渴，因前使绝国功，封骞为博望侯。

〔注释〕

①张骞：西汉官吏、外交家。初任郎，武帝建元三年（前138）应募出使大月氏，相约共击匈奴。他越过葱岭，亲历大宛（今中亚费尔干纳盆地）、康居（今巴尔喀什湖与咸海间）、大月氏（今阿姆河流域）、大夏（今阿富汗北部）等地。元朔三年（前126）方归汉。来去途中，皆曾为匈奴扣留，前后达十一年之久，他始终坚贞不屈。虽因大月氏不愿重回故地而未完成出使任务，但带回大量有关西域各国政治经济、军事地理、风物人情等重要材料，并向汉朝提供了可从西南绕道北通西域的线索。以功拜太中大夫。

元朔六年任校尉，随大将军卫青征匈奴，因熟悉水草处，使军得不乏，封博望侯。

②大夏：中亚古国名。其地在兴都库什山与阿姆河上游之间，即今阿富汗北部。本为古波斯帝国一行省，后隶属马其顿亚历山大帝国及塞琉西王国。公元前3世纪中叶独立，都蓝市城（即今阿富汗巴里黑）。公元前3世纪末至前二世纪初国势强盛，辖有北起阿姆河上游、南至印度河流域的广大地区，后分裂、衰落。约在公元前140年—前130年为大月氏吞并。

③道（dǎo）：引导。

〔译文〕

校尉张骞跟从大将军卫青征战，因为他曾经出使大夏，在匈奴中羁留了很长时间，这时他引导军队，知道哪些地方有丰富的水源和草，军队得以没有遭受饥渴之苦，又因为以前他出使到辽远的邦国有功，皇上封他为博望侯。

去病侯三岁①，元狩二年春为票骑将军②，将万骑出陇西③，有功。上曰："票骑将军率戎士隃乌盭④，讨遬濮⑤，涉狐奴⑥，历五王国，辎重人众摄詟者弗取⑦，几获单于子。转战六日，过焉支山千有馀里⑧，合短兵，鏖皋兰下⑨，杀折兰王⑩，斩卢侯王⑪，锐悍者诛，全甲获丑⑫，执浑邪王子及相国、都尉，捷首虏八千九百六十级⑬，收休屠祭天金人⑭，师率减什七⑮，益封去病二千二百户。"

〔注释〕

①岁：年。

②元狩二年：即公元前121年。

③陇西：郡名，治所在狄道县（今甘肃临洮县）。

④隃（yú）：古通"逾"，越过，超过。乌盭（lì）：丁谦《汉书卫青霍去病传地理考证》说乌盭，山名，即媪围转音。《一统志》媪围故城在皋兰县（今甘肃皋兰）东北。钱穆《史记地名考》说乌盭即乌兰山，在靖远县（今甘肃靖远）南一百二十里，下有乌兰关。

⑤遬（sù）濮：汉代时匈奴部落名。

⑥狐奴：水名，在今北京市顺义区东北汉狐县境。

⑦辎重：军用器械、粮草、营帐、服装等的统称。摄詟（zhé）者：这里指投降者。摄詟，恐惧。

⑧焉支山：山名。一作"焉耆山"。在今甘肃永昌西，山丹东南，绵延于祁连山和龙首山之间。

⑨鏖（áo）：苦战而多杀敌人。皋兰：山名，在今甘肃兰州市南。

⑩折兰王：西汉时匈奴诸王。

⑪卢侯王：西汉时西域卢侯国王。

⑫获丑：俘获敌众。丑：恶人，这里指敌人。

⑬浑邪王：西汉时匈奴诸王。亦作"昆邪王"。

⑭休屠：即休屠王。西汉时匈奴诸王。与浑邪王共守匈奴西境，武帝元狩二年（前121）骠骑将军霍去病大破之。伊稚斜单于怒，欲召二王杀之。二王惊恐，共谋降汉，霍去病受命前往迎降。休屠王临时反悔，被浑邪王所杀。其部属为浑邪王所并，降于汉。祭天金人：古代匈奴祭天用的神像。据《匈奴传上》记载，每年五月，匈奴诸部之长"大会龙城，祭其先、天地、鬼神"。

⑮率：计算。减什七：指匈奴的军队减损十分之七。

〔译文〕

霍去病封侯三年后，在元狩二年春天被任命为骠骑将军，带领一万骑兵从陇西郡出兵攻打匈奴，有战绩。皇上说："骠骑将军率领将士越过乌盭山，讨伐遬濮部落，渡过狐奴河，经过五个匈奴王国，辎重人马多，不杀投降者，几乎俘获单于的儿子。连续在不同地区作战了六天，越过焉支山一千多里，和敌人用短兵器交战，在皋兰山下苦战而多杀敌人，杀死折兰王，斩获卢侯王的首级，诛杀强悍抵抗的敌人，其他敌众全部俘获，捕获浑邪王的儿子和相国、都尉，战绩为斩获八千九百六十人，得到休屠王祭天用的神像，总计匈奴军队减损了十分之七，增加霍去病封邑二千二百户。"

其夏，去病与合骑侯敖俱出北地[①]，异道。博望侯张骞、郎中令李广俱出右北平[②]，异道。广将四千骑先至，骞将万骑后。匈奴左贤王将数万骑围广，广与战二日，死者过半，所杀亦过当。骞至，匈奴引兵去。骞坐行留[③]，当斩，赎为庶人。而去病出北地，遂深入，合骑侯失道，不相得。去病至祁连山[④]，捕首虏甚多。上曰："票骑将军涉钧耆[⑤]，济居延[⑥]，遂臻小月氏[⑦]，攻祁连山，扬武乎鱳得[⑧]，得单于单桓、酋涂王[⑨]，及相国、都尉以众降下者二千五百人，可谓能舍服知成而止矣。捷首虏三万二百，获五王，王母、单于阏氏、王子五十九人，相国、将军、当户、都尉六十三人，师大率减什三，益封去病五千四百户。赐校尉从至小月氏者爵左庶长[⑩]。鹰击司马破奴再从票骑将军斩遬濮王，捕稽且王[⑪]，右千骑将得王、王母各一人，王子以下四十一人，捕虏三千三百三十人，前行捕虏千四百人⑫，封破奴为从票侯。校尉高不识从票骑将军捕呼于耆王王子以下十一人⑬，捕虏千七百六十八人，封不识为宜冠侯。校尉仆多有功⑭，封为烰渠侯。”合骑侯敖坐行留不与票骑将军会，当斩，赎为庶人。诸宿将所将士马兵亦不如去病⑮，去病所将常选⑯，然亦敢深入，常与壮骑先其大军，军亦有天幸，未尝困绝也。然而诸宿将常留落不耦⑰。由此去病日以亲贵，比大将军。

〔注释〕

①合骑侯敖：即公孙敖。西汉将领。少为骑士，精于骑射。景帝时，以良家子弟从军击胡，因武勇调入宫中，任骑郎。后事武帝。与卫青为友，并曾救护过卫青。官至太中大夫。元光六年（前 129），为骑将军，与车骑将军卫青等分道击匈奴，伤亡过半，罪当死。因其奋勇力战，准予出钱赎罪，降为庶人。元朔五年（前 124），起用为校尉，从大将军卫青击匈奴，有功，封合骑侯。北地：郡名，治所在马岭县（今甘肃庆阳县西北马岭镇）。

②右北平：郡名，治所在平刚县（今辽宁凌源县西南）。

③坐行留：犯了行军时滞留不进的罪。

④祁连山：山名。有广义、狭义之分。广义之祁连山为今甘肃西部和青海东部边境山地之总称；狭义之祁连山指今甘肃酒泉、张掖以南一支。

⑤涉：以人马渡。钧耆：水名，约在今甘肃境内，确地不详。

⑥济：乘舟船渡。居延：泽名，在今内蒙古额济纳旗北境。由居延水（弱水，即额济纳河）汇聚而成。因其地时为匈奴族居延人活动之处，故名。

⑦臻：到达。小月氏（zhī）：古民族名。原在敦煌、祁连间（相当今甘肃兰州以西至敦煌的河西走廊一带）。汉文帝时，因遭匈奴攻击，大部分西迁塞种地区（今新疆西部伊犁河流域及其迤西一带，后又西迁大夏即今阿姆河上游），称大月氏；一部分进入南山（今祁连山），与羌人杂居，称小月氏。

⑧觻（lù）得：地名。说法不一：指《地理志》载张掖郡觻得县，故治在今甘肃张掖县西北。颜师古注说："此觻得，匈奴中地名，而张掖县转取其名耳。"

⑨单（shàn）桓、酋涂王：西汉时匈奴诸王。

⑩左庶长：爵名。秦汉二十等爵制的第十级。

⑪稽且（jū）王：西汉时匈奴诸王。

⑫前行：先锋部队。

⑬高不识：西汉武帝时将领。匈奴人，原为匈奴句王，后归顺汉朝。呼于耆王：西汉时匈奴诸王。

⑭仆多：颜师古注："《功臣侯表》作'仆朋'，今此作'多'，转写者误也。"

⑮宿将：有丰富经验的老将。

⑯常选：素常选拔的精兵。

⑰耦（ǒu）：匹敌，相对。

〔译文〕

这年夏天，霍去病与合骑侯公孙敖同时从北地郡分不同路线出兵。博望侯张骞、郎中令李广同时从右北平郡分不同路线出兵。李广率领四千骑兵先到，张骞率领一万骑兵后到。匈奴左贤王率领几万骑兵包围了李广军队，李广与他战斗了两天，死者过半，杀死匈奴的数量超过自己的伤亡数。张骞率领的军队到达,匈奴才率军离去。张骞犯了行军时滞留不进的罪,应当被斩杀,他用钱赎罪成为平民。而霍去病从北地郡出兵,于是深入匈奴地区,合骑侯公孙敖迷失了道路,没能会合。霍去病到达祁连山,捕杀俘虏敌人很多。皇上说:"骠骑将军率将士渡过钧耆河,乘舟船渡过居延泽,于是就到达小月氏,攻打祁连山,扬武于觻得,俘获单于的单桓王、酋涂王,以及相国、都尉率领众兵投降的人有二千五百人,可以称为能释放归降汉朝的人,能知道功成就适可而止的人。这次战绩为斩首和俘虏三万零二百人,俘获五个匈奴王以及王母、单于阏氏、王子等五十九人,相国、将军、当户、都尉六十三人,霍去病的军队大约总计损失十分之三,增加霍去病封邑五千四百户。赐予跟从骠骑将军到小月氏的校尉们左庶长的爵位。鹰击司马赵破奴两次跟随骠骑将军斩杀遬濮王,捕获稽且王,右千骑将捕获匈奴王、王母各一人,王子以下四十一人,捕获俘虏三千三百三十人,先锋部队捕获俘虏一千四百人,封赵破奴为从票侯。校尉高不识跟从骠骑将军捕获呼于耆王王子以下十一人,捕获俘虏一千七百六十八人,封高不识为宜冠侯。校尉仆朋立有战功,封为煇渠侯。"合骑侯公孙敖犯了行军时滞留不进的罪没能与骠骑将军会合,应当被斩杀,他用钱赎罪成为平民。众多有丰富经验的老将所率领的将士兵马也不如霍去病,霍去病所率领的将士兵马是素常选拔的精兵,而且他也敢深入匈奴地区,常常与剽悍的骑兵行军在大军的前面,他的军队也是得到了上天的宠爱,从没处于困难的绝境。然而众多有丰富经验的老将却常常落在霍去病后面,不能与他匹敌。因此霍去病一天天地受到了皇上的亲近贵幸,地位与大将军卫青并列。

其后,单于怒浑邪王居西方数为汉所破,亡数万人,以票骑之兵也,欲召诛浑邪王。浑邪王与休屠王等谋欲降汉,使人先要道边①。是时大行李息将城河上②,得浑邪王使,即驰传以闻③。上恐其以诈降而袭边,乃令去病将兵往迎之。去病既度河,与浑邪众相望。浑邪裨王将见汉军而多欲不降者,颇遁去④。去病乃驰入,得与浑邪王相见,斩其欲亡者八千人,遂独遣浑邪王乘传先诣行在所,尽将其众度河,降者数万人,号称十万。既至长安,天子所以赏赐数十钜万。封浑邪王万户,为漯阴侯⑤。封其裨王呼毒尼为下摩侯⑥,鹰庇为煇渠侯,禽黎为河綦侯⑦,大当户调虽为常乐侯⑧。于是上嘉去病之功⑨,曰:"票骑将军去病率师征匈奴,西域王浑邪王及厥众萌咸奔于率⑩,以军粮接食,并将控弦万有馀人⑪,诛獟悍,捷首虏八千馀级,降异国之王三十二。战士不离伤⑫,十万之众毕怀集服。仍兴之劳⑬,爰及河塞,庶几亡患。以千七百户益封票骑将军。减陇西、北地、上郡戍卒之半⑭,以宽天下繇役⑮。"乃分处降者于边五郡故塞外,而皆在河南,因其故俗为属国⑯。其明年,匈奴入右北平、定襄⑰,杀略汉千馀人。

〔注释〕

①要:同"邀",邀约。道边:在边界之上商谈。

②大行:官名,汉朝大行令省称。西汉武帝太初元年由行人令改名,为大鸿胪属官,秩六百石。协助大鸿胪掌管安排诸侯王、列侯入朝之迎送接待、朝会、封授等活动,百官朝会、少数民族使节朝见之礼仪。李息:西汉将领。初事景帝。武帝元光二年(前133),以太中大夫出为材官将军,驻军马邑。元朔二年(前127),为将军,与大将军卫青共出代郡击匈奴。三年,任中尉。五年,复为将军,从卫青出朔方,皆未立功。元狩元年(前122),任大行令。

③驰传(zhuàn):驾传车急行。传车,古代驿站专用车。

④颇:副词,大多数。遁(dùn):逃走,逃避。

⑤漯(luò)阴:县名,治所在今山东济阳县西。

⑥裨(pí)王:汉时称匈奴的小王。呼毒尼:西汉诸侯。原为匈奴昆邪王(一作"浑邪王")之裨王。

⑦禽黎:颜师古注:"《功臣侯表》作'乌黎',今此作'禽黎',转写误耳。"

⑧调虽:颜师古注:"《功臣侯表》作'稠雎',今此作'调虽',表传不同,当为误者。"

⑨嘉:赞美,表彰。

⑩厥:代词,其。众萌:众民。萌:通"氓",百姓,民众。

⑪控弦:开弓。古代以弓矢为战具,因又以"控弦"作兵士的代称。

⑫离伤:受伤。离:遭受。

⑬仍:频繁。

⑭上郡:郡名,治所在肤施县(今陕西榆林市东南)。

⑮繇役:同"徭役"。

⑯因:沿袭。属国:汉特区名。武帝元狩三年(前120年,或说元狩二年),匈奴昆邪王降,置五属国以处之,后相沿为制度,以属国专门安置降附或内属的少数民族。其内沿用内附少数民族旧俗及官号,置都尉以主之,另有丞、候、千人等官。属国之设,对维护汉边疆地区安全,曾起了一

定的积极作用。

⑰定襄:郡名,治所在成乐县(今内蒙古和林格尔县西北土城子)。

〔译文〕

在这次战斗后,单于对于驻守西方的浑邪王多次被汉军攻破而感到十分愤怒,死了几万人将士,这是因为骠骑将军率领的军队,他想将浑邪王招来并诛杀他。浑邪王与休屠王等人谋划想要向汉朝投降,派人先约在边界之上商谈。这时大行令李息正率领士兵在黄河边上修筑城池,捕获了浑邪王的使者,便立即乘传车急行向皇上报告这个消息。皇上担心匈奴是假装投降而趁机偷袭边境,于是就命令霍去病率兵去迎接他们。霍去病的军队已经渡过黄河,与浑邪王的军队遥遥相望。浑邪王的裨王、裨将见到汉朝的军队,又多是不想投降的人,许多人逃走了。霍去病于是奔驰冲入,与浑邪王相见,斩杀了想要逃跑的八千人,于是单独遣送浑邪王乘坐驿车先到皇帝巡行之处,又率领浑邪王的部众渡过黄河,投降的人有几万,号称十万。他们已经到达长安,天子所以赏赐给他们许多财物。封给浑邪王一万户的食邑,为漯阴侯。封他的裨王呼毒尼为下摩侯,雁疵为煇渠侯,乌黎为河綦侯,大当户铜离为常乐侯。于是皇上表彰霍去病的功劳,说:“骠骑将军霍去病率领军队征讨匈奴,西域王浑邪王及其众民奔来由霍去病率领,霍去病用军粮接济他们,并率领一万多兵士,诛杀那些健捷勇悍的敌人,斩获敌人八千多人,降服的异国之王有三十二人。我军战士没有受伤,却使十万人都怀着诚心归降。由于霍去病频繁征战的功劳,黄河流域和北方边境之地几乎没有忧患了。用一千七百户增加骠骑将军的封邑。减少一半戍守在陇西郡、北地郡、上郡的士兵，来减轻天下民众的徭役。”于是把投降的人分别安置在边境五郡的要塞之外，并都在黄河以南的地区，让他们沿袭自己的旧俗，成为汉朝的属国。第二年，匈奴入侵右北平郡和定襄郡，杀掠了一千多汉人。

其明年，上与诸将议曰：“翕侯赵信为单于画计①，常以为汉兵不能度幕轻留②，今大发卒，其势必得所欲。”是岁元狩四年也③。春，上令大将军青、票骑将军去病各五万骑，步兵转者踵军数十万④，而敢力战深入之士皆属去病。去病始为出定襄，当单于⑤。捕虏，虏言单于东，乃更令去病出代郡，令青出定襄。郎中令李广为前将军，太仆公孙贺为左将军⑥，主爵赵食其为右将军⑦，平阳侯襄为后将军⑧，皆属大将军⑨。赵信为单于谋曰：“汉兵即度幕，人马罢⑩，匈奴可坐收虏耳。”乃悉远北其辎重，皆以精兵待幕北。而适直青军出塞千馀里，见单于兵陈而待，于是青令武刚车自环为营⑪，而纵五千骑往当匈奴，匈奴亦纵万骑。会日且入⑫，而大风起，沙砾击面⑬，两军不相见，汉益纵左右翼绕单于。单于视汉兵多，而士马尚强，战而匈奴不利，薄莫⑭，单于遂乘六裸⑮，壮骑可数百，直冒汉围西北驰去。昏⑯，汉匈奴相纷挐⑰，杀伤大当。汉军左校捕虏⑱，言单于未昏而去，汉军因发轻骑夜追之，青因随其后。匈奴兵亦散走。会明，行二百馀里，不得单于，颇捕斩首虏万馀级，遂至窴颜山赵信城⑲，得匈奴积粟食军⑳。军留一日而还，悉烧其城馀粟以归。

〔注释〕

①赵信：西汉诸侯。匈奴人。原为匈奴相，武帝时降汉。元光四年（前131）封翕侯。元朔六年（前123）任右将军（《史记》作“前将军”），率军击匈奴，兵败投降，国除。画计：谋划。亦指筹谋计策。

②幕（mò）：通“漠”，沙漠。

③元狩四年：即公元前119年。

④转：运输辎重。踵（zhǒng）：追逐，跟随。

⑤当（dǎng）：通“挡”。匹敌、抵抗。

⑥太仆：官名。秦、汉秩中二千石，列位九卿，掌皇帝专用车马，有时亲自为皇帝驾车，地位亲近重要；兼管官府畜牧业。

⑦主爵：官名。“主爵中尉”之省称。秦置，掌列侯封爵之事。入汉因之，秩二千石。景帝中元六年（前144）更名主爵都尉。

⑧襄：即曹襄。西汉诸侯。高祖功臣曹参玄孙，平阳夷侯曹时之子，其母为平阳公主（一说“阳信公主”）。武帝元光五年（前130）嗣为平阳侯，娶卫长公主为妻。元狩四年（前119）曾任后将军从卫青出征匈奴。

⑨大将军：官名。高级军政官员。西汉武帝以后，大将军常冠大司马之号，秩万石，领尚书事，执掌朝政，成为中朝官最高领袖，优宠、权力常在外朝首领丞相之上。非将帅之文臣亦得居其职，多由皇帝宠信的贵戚担任。这里指卫青。

⑩罢（pí）：通“疲”，困乏，乏力。

⑪武刚车：古代战车名。环：绕。

⑫且：副词，将要。

⑬沙砾（lì）：沙子和碎石。

⑭薄（bó）：迫近，靠近。莫（mù）：同“暮”，日落的时候。

⑮六騍：六匹骡马拉的车。

⑯昏：天刚黑，傍晚。

⑰纷挐（rú）：混战。

⑱左校：即左校令。官名。汉朝隶属于将作大匠（将作少府），带领本署工徒修造宫室、宗庙、陵园、道路等，秩六百石。

⑲寘（tián）颜山：山名。约为今蒙古高原杭爱山南面的一支。赵信城：城名。匈奴筑以居赵信，故名。

⑳积粟（sù）：贮存的谷物。食（sì）：给……吃。

〔译文〕

第二年，皇上与诸将商议说："翕侯赵信为单于筹谋计策，常常以为汉朝兵将不能越过沙漠轻松深入其地而久留，现今我们大力发动军队征战，一定会取得我们想要的胜利。"这年是元狩四年。春天，皇上下令大将军卫青、骠骑将军霍去病各率五万骑兵，步兵和运输辎重的军队跟随在大军后面有几十万人，而那些敢于奋战深入敌军的士卒都隶属于霍去病。霍去病最初将要从定襄郡发兵，来抵抗单于军队。后捕获到俘虏，俘虏说单于在东面，于是皇上更改命令霍去病从代郡出兵，令卫青从定襄郡出兵。郎中令李广为前将军，太仆公孙贺为左将军，主爵赵食其为右将军，平阳侯曹襄为后将军，他们都隶属于大将军卫青。赵信为单于谋划说："汉朝兵将就是越过沙漠了，人困马乏，我们可以轻易俘获他们。"于是单于把辎重全部运走放在北方，把精兵布防在沙漠北面等待汉军。这时恰逢卫青军队出边塞一千多里，看到单于陈列士兵等待汉军，于是卫青命令士兵用武刚车环绕自己成为阵营，而派发五千骑兵去抵抗匈奴，匈奴也派发一万骑兵对战。恰逢太阳将要落下，而天刮起大风，沙子和碎石扑打面庞，双方军队不能看到对方，汉军再派发左右两侧部队像鸟两翅一样去合围单于。单于见汉兵众多，而兵马还很强壮，再战就会对匈奴不利，迫近日落的时候，单于就乘着六匹骡马拉的车，带着几百名精壮的骑兵，冲破汉军的包围向西北奔驰而去。天刚黑，汉军和匈奴军相互混战，双方伤亡大致相当。汉军的左校捕获了一个俘虏，他说单于在天还没黑时就离开了。汉军因此派发轻骑连夜追击单于，卫青紧随其后。匈奴兵也四散奔逃。天亮时，汉军行军二百多里，没有追上单于，斩获一万多敌军，然后到达窴颜山的赵信城，获得匈奴贮存的粮食，供给汉军食用。汉军停留了一天才返回，返回前把赵信城内剩余的粮食全部烧毁了。

青之与单于会也，而前将军广、右将军食其军别从东道，或失道①。大将军引还，过幕南，乃相逢。青欲使使归报，令长史簿责广，广自杀。食其赎为庶人。青军入塞，凡斩首虏万九千级。

〔**注释**〕

①或：通“惑”。迷惑。

〔**译文**〕

卫青与单于会战，而前将军李广、右将军赵食其的军队另外从东部地区进军，迷失了道路。大将军卫青率兵退回，越过大漠南面，他们才相遇。卫青想派人回朝报告这个情况，命令长史依据文书所列罪状逐一责问李广，李广自杀。赵食其用钱赎罪为平民。卫青的军队打入边塞地区，总计斩获一万九千人。

是时匈奴众失单于十馀日，右谷蠡王自立为单于[1]。单于后得其众，右王乃去单于之号[2]。

〔注释〕

①右谷(lù)蠡(lí)王：汉时匈奴官名。亦作“右谷蠡”。位仅次于左右贤王，为匈奴高层贵族担任的高级官员。居西方，直汉上郡以西。在匈奴诸邦国中，其与左右贤王所治领地，均为最大国。官位世袭。与其相应者还有左谷蠡王。

②去：除去。

〔译文〕

这时匈奴部众已经找不到单于有十几天，右谷蠡王自立为单于。单于后来找到了他的部众，右谷蠡王才除去单于的名号。

去病骑兵车重与大将军军等[1]，而亡裨将[2]。悉以李敢等为大校[3]，当裨将，出代、右北平二千馀里，直左方兵[4]，所斩捕功已多于青。

〔注释〕

①车重：辎重车。

②裨(pí)将：副将。

③李敢：西汉将领。李广之子。初为郎。后以校尉从骠骑将军霍去

病进击匈奴左贤王,奋力征战,勇夺左贤王鼓旗,斩首甚多,赐爵关内侯,代李广为郎中令。大校(xiào):武官名。校本为军营,古代以军之一部称一校,亦用来表示军职级别。秦汉时校尉相连为次于将军一级的军官名称。大校即张大校尉的意思,表示其虽无将军名号,但实际在军中代替将军,起将军的作用。

④左方:即左贤王。

〔译文〕

霍去病的骑兵、辎重车数量与大将军卫青的军队相等,而没有副将。全都任李敢等人为大校,当作副将。他从代郡、右北平郡出兵两千多里,遇到匈奴左贤王的兵将,所斩杀俘虏敌人的功绩已经比卫青多。

既皆还,上曰:"票骑将军去病率师躬将所获荤允之士①,约轻赍②,绝大幕③,涉获单于章渠④,以诛北车耆⑤,转击左大将双⑥,获旗鼓,历度难侯⑦,济弓卢⑧,获屯头王、韩王等三人⑨,将军、相国、当户、都尉八十三人,封狼居胥山⑩,禅于姑衍⑪,登临翰海⑫,执讯获丑七万有四百四十三级,师率减什二,取食于敌,卓行殊远而粮不绝⑬。以五千八百户益封票骑将军。右北平太守路博德属票骑将军⑭,会兴城,不失期,从至梼余山,斩首捕虏二千八百级,封博德为邳离侯。北地都尉卫山从票骑将军获王,封山为义阳侯。故归义侯因淳王复陆支⑮,楼刳王伊即靬皆从票骑将军有功⑯,封复陆支为杜侯,伊即靬为众利侯。从票侯破奴、昌武侯安稽从票骑有功[17],益封各三百户。渔阳太守解[18]、校尉敢皆获鼓旗[19],赐爵关内侯,解食邑三百户,敢二百户。校尉自为爵左庶长[20]。"军吏卒为官,赏赐甚多。而青不得益封,吏卒无封者。唯西河太守常惠、云中太守遂成受赏[21],遂成秩诸侯相,赐食邑二百户,黄金百斤,惠爵关内侯。

〔注释〕

①荤(xūn)允:也作荤粥,古代匈奴的别称。

②约:用为动词,减少。轻赍:随身携带的少量粮食。

③绝:横穿。

④涉:渡水。章渠:单于的近臣。

⑤北车耆:匈奴的王号。

⑥左大将:汉匈奴及西域乌孙等国官名。与此官相应还设右大将。匈奴左大将居东方,在汉上谷郡以东地区,接秽貉、朝鲜。

⑦难侯:山名。

⑧弓卢:水名。

⑨屯头王、韩王:西汉时匈奴王。

⑩封:筑坛祭天。狼居胥山:山名。约在今内蒙古克什克腾旗西北至阿巴嘎旗一带。

⑪禅:筑坛祭地。姑衍:山名。在今蒙古乌兰巴托东南,漠北狼居胥山附近。

⑫翰海:一作"瀚海"。说法不一:《史记·匈奴列传》《集解》引如淳曰"瀚海,北海名"。《史记·卫将军骠骑列传》《索隐》引《广异志》云"在沙漠北",疑指今俄罗斯贝加尔湖。齐召南曰瀚海为大漠之别名。今人林幹《匈奴通史》说在今内蒙古锡林郭勒盟苏尼特左旗北一带。岑仲勉《汉

书西域传地里校释》以为既云“登临”，则是“山”而非“海”，当即今蒙古杭爱山的不同音译。

⑬卓：远。殊：副词，极。

⑭路博德：西汉将领。西河平州（治所在今内蒙古东胜境内）人。武帝时任右北平太守，从骠骑将军霍去病屡次出击匈奴。元狩四年（前119）封邳离侯（《史记》作“符离侯”）。

⑮复陆支：西汉诸侯。原为匈奴因孰王（一作固淳王），后归汉。

⑯伊即靬：西汉诸侯。本为匈奴楼剸王，后降汉。

⑰安稽：即赵安稽。西汉诸侯。匈奴人。武帝时以匈奴王降汉。元朔四年（前125）封昌武侯，从骠骑将军霍去病出击匈奴左贤王，以功增封三百户。

⑱渔阳：郡名，治所在渔阳县（今北京市密云区西南）。

⑲鼓旗：鼓和旗。古代军中用以指挥战斗的工具。

⑳自为：即徐自为。

㉑西河：郡名，西汉元朔四年置，治所在平定县（今陕西府谷县西北）。常惠：西汉诸侯。少时家贫，应募从苏武使匈奴，皆被扣留十九年。云中：郡名，治所在云中县（今内蒙古托克托县东北）。

〔译文〕

众将士已经都回朝了，皇上说：“骠骑将军霍去病率军出兵，亲自统率所俘获的匈奴士兵，减少随身携带的粮食，横越大漠，渡水俘获了单于的大臣章渠，诛杀了北车耆，又转过来进击左大将双，缴获了匈奴指挥战斗的旗鼓，越过难侯山，渡过弓卢水，俘获了屯头王、韩王等三人，将军、相国、当户、都尉等八十三人。在狼居胥山筑坛祭天，在姑衍山筑坛祭地，登山观览瀚海，对所俘的敌人加以讯问，斩获敌众有七万零四百四十三人，汉朝率领的军队减损十分之二，向匈奴夺取粮食，行军路途很远而粮食供应没有断绝。把五千八百户加封给骠骑将军。右北平郡太守路博德隶属于骠骑将军，在兴城会合，没有耽误规定的期限，跟从骠骑将军到达梼余山，斩获敌兵二千八百人，封路博德为邳离侯。北地郡都尉卫山跟从骠骑将军俘获了匈奴王，封卫山为义阳侯。以前的归义侯因为淳王复陆支、楼剸王伊即靬都跟从骠骑将军立有战功，封复陆支为杜侯，伊即靬为众利侯。从票侯赵破奴、昌武侯赵安稽跟从骠骑将军立有战功，各自增加封邑三百户。渔阳郡太守解、校尉李敢都缴获了匈奴指挥战斗的旗鼓，赐给他们关内侯爵位，并赐给解食邑三百户、李敢食邑二百户。赐给校尉徐自为左庶长的爵位。"霍去病的军队有很多被授予官位、得到赏赐的吏卒。但是卫青没有得到加封，属下的吏卒也没有受封的人。唯有西河郡太守常惠、云中郡太守遂成受到封赏，遂成的俸禄等级为诸侯相，赐给他食邑二百户，黄金一百斤，赐给常惠关内侯的爵位。

两军之出塞，塞阅官及私马凡十四万匹①，而后入塞者不满三万匹。乃置大司马位②，大将军、票骑将军皆为大司马。定令，令票骑将军秩禄与大将军等。自是后，青日衰而去病日益贵。青故人门下多去事去病，辄得官爵，唯独任安不肯去③。

〔注释〕

①阅：计数。

②大司马:楚汉战争期间,项羽曾置为武将名号。西汉武帝元狩四年(前119)置为加官号,以冠大将军、骠骑将军、车骑将军等。初授此号者皆为功勋卓著的将帅,后多授显贵外戚,成为执掌中枢政务的中朝领袖之官号。

③任安:西汉官吏。字少卿。少孤贫,历任求盗亭父、亭长、三老等。后投大将军卫青门下为舍人,经卫青推举得任郎中,迁益州刺史。又改任太子太傅,北军使者护军。征和二年(前91),巫蛊之祸起,武帝太子刘据受诬起兵反叛,召其发兵相助,他接受节令却闭军不出。太子兵乱被平后,武帝认为他坐观成败,乃下狱,被腰斩处死。他生前与司马迁相善,曾写信给他,责以进贤之义,司马迁回信作答,即著名的《报任安书》。

〔译文〕

卫青、霍去病两支军队出征塞外,计数官马和私马共有十四万匹,而后回到塞内的马不足三万匹。于是设置大司马的官号,大将军卫青和骠骑将军霍去病都为大司马。制定这个法令,使骠骑将军与大将军秩禄相等。从这以后,卫青的势力日渐衰弱,但霍去病的势力日益显贵。卫青原来的属吏和门客大多离去侍奉霍去病,总是能获得官职和爵位,唯独任安不肯离去。

去病为人少言不泄,有气敢往。上尝欲教之吴孙兵法[①],对曰:"顾方略何如耳[②],不至学古兵法[③]。"上为治第[④],令视之,对曰:"匈奴不灭,无以家为也。"由此上益重爱之。然少而侍中,贵不省士[⑤]。其从军,上为遣太官赍数十乘[⑥],既还,重车馀弃粱肉[⑦],而士有饥者。其在塞外,卒乏粮,或不能自振[⑧],而去病尚穿域蹋鞠也[⑨]。

事多此类。青仁，喜士退让，以和柔自媚于上，然于天下未有称也⑩。

〔注释〕

①吴、孙：即吴起与孙武。吴起：战国时卫国左氏人。曾学于曾子，善用兵。初仕鲁，后入魏为将，屡建战功。魏文侯死后，遭大臣陷害，逃奔楚。楚悼王素慕其才，任用为相。他明法审令，裁减冗官，废公族疏远者，以抚养战斗之士，要在强兵。于是南平百越，北并陈、蔡，却三晋，西伐秦，国势日强。吴起的兵法与孙武、孙膑齐名，有《吴起》，已经亡佚。孙武：春秋时齐国乐安人，田完后裔。其先赐姓孙氏。吴王阖庐任用他，西破强楚，五战五胜，入楚都，北威齐、晋，显名于诸侯。有《孙子兵法》传世，为"百代谈兵之祖"，在世界军事科学史上有重要地位。

②顾：看。方略：方策谋略。

③不至：不必。

④治第：营造宅第。

⑤省（xǐng）：省问，问候。这里是体恤的意思。

⑥太官：官名，掌宫廷膳食。赍：与"资"同。

⑦粱肉：精美的膳食。

⑧自振：自救，自给。

⑨尚：副词，还。蹋鞠（tàjū）：即"踢球"。古代一种足球运动。亦作"蹴鞠""蹋鞠"等。蹋、蹋、蹴，皆为脚踢之意。鞠，为"球"的别称，也叫"毬"，以皮革为圆囊，实以毛发。在古代，原是一门军事体育活动，用以训练士卒，后来逐渐风行于民间。汉李尤曾作《鞠城铭》（见《古今图书集成·艺术典》），可以看出当时的球场（即鞠城）为长方形，四周有围墙，场上共有十二个鞠室，即球门，每边六个，附属在东西两边城垣（即围墙）下部，每边球门各有一守门员，比赛时设有"长"和"平"，进行公正裁判，以踢进鞠室球数多少决定胜负。

⑩然：连词，表转折。

〔译文〕

霍去病不善言谈，不泄露秘密，有勇气，行事果敢向前。武帝曾经想让他学习吴起、孙武的兵法，他回答道："只要看方策谋略在实战中如何运用，不必学习古代的兵法。"皇上为他修建了一座宅第，让他去看看，他回答道："匈奴尚未消灭，不能建造自己的家。"因为这样，皇上更加重视和宠爱他。然而霍去病少时为侍中，地位显贵不体恤士兵。他带兵出征时，皇上派遣太官为他带几十车物资，回来时，装载衣食用具的车子扔掉了剩余的精美膳食，而士兵中却有挨饿的人。霍去病在塞外作战时，士兵们缺乏粮食，有的人不能自给，但霍去病还要建造鞠城去踢球玩乐。这类事情很多。大将军卫青性格仁慈，爱护士兵谦逊礼让，以宽和柔顺爱戴皇上，然而天下却没有称赞他的人。

去病自四年军后三岁，元狩六年薨①。上悼之，发属国玄甲②，军陈自长安至茂陵，为冢像祁连山③。谥之并武与广地曰景桓侯。子嬗嗣。嬗字子侯，上爱之，幸其壮而将之④。为奉车都尉⑤，从封泰山而薨⑥。无子，国除。

〔注释〕

①元狩六年：即公元前117年。

②玄甲：黑色的盔甲。

③冢（zhǒng）：坟墓。霍去病墓，位于陕西兴平县茂陵东，为汉武帝刘

彻的重要陪葬墓。为了彰显霍去病威震匈奴的赫赫战功，特意模仿了他曾经征服过的祁连山。其墓上还有各种石人、石兽等巨型石刻群，有马踏匈奴、卧马、跃马、石人、伏虎、卧象、卧牛等。

④幸：希望。

⑤奉车都尉：官名。西汉武帝始置，职掌皇帝车舆，入侍左右，多由皇帝亲信充任，秩比二千石。

⑥薨（hōng）：指诸侯或者高级官员死亡。

〔译文〕

霍去病从元狩四年出征后的第三年，即元狩六年去世。皇上哀悼他，调发属国的士兵穿黑色盔甲，陈列军队从长安到茂陵，他的坟墓从侧面看形状像祁连山，他的谥号合并了“武”与“广地”的意义称为景桓侯。他的儿子霍嬗继承了爵位，霍嬗字子侯，武帝宠爱他，希望他壮年后做将军。封霍嬗为奉车都尉，却在跟从皇上去泰山祭天时去世。霍嬗没有儿子，封国被废除。

自去病死后，青长子宜春侯伉坐法失侯。后五岁，伉弟二人，阴安侯不疑、发干侯登，皆坐酎金失侯①。后二岁，冠军侯国绝。后四年，元封五年②，青薨，谥曰烈侯。子伉嗣，六年坐法免。

〔注释〕

①酎（zhòu）金：汉制，天子于八月祭祀宗庙，大会诸侯王、列侯，诸侯王、列侯须贡金助祭。这次大祀叫作饮酎或酎祭，因称助祭之金为“酎

金”。酎金金额，据《后汉书·礼仪志上》“八月饮酎”刘昭注引《汉律金布令》曰：“诸侯、列侯各以民口数，率千口奉金四两，奇（奇零之数）不满千口至五百口亦四两，皆会酎，少府受。”诸侯王如不按规定缴纳，“金少不如斤两，色恶”，则“王削县，侯免国”。

②元封五年：即公元前106年。

〔译文〕

自从霍去病死后，卫青长子宜春侯卫伉犯法获罪而免去侯位。五年后，卫伉的两个弟弟，阴安侯卫不疑、发干侯卫登都犯了献黄金酎祭宗庙不够份量而免去侯位。二年后，冠军侯霍去病的封国断绝了继承人。四年后，即元封五年，卫青去世，谥号为烈侯。卫青的儿子卫伉继承了侯位，六年后犯法获罪而免去侯位。

自青围单于后十四岁而卒[1]，竟不复击匈奴者，以汉马少。又方南诛两越，东伐朝鲜，击羌、西南夷，以故久不伐胡。

〔注释〕

①卒（zú）：去世。

〔译文〕

从卫青围攻单于十四年后去世，竟然没有再率军进击匈奴的人，这是因为汉朝兵马少，又正当向南征伐南越闽越，向东征伐朝鲜，进击羌、西南夷，所以长期没有征伐匈奴。

初，青既尊贵，而平阳侯曹寿有恶疾就国[①]，长公主问[②]："列侯谁贤者？"左右皆言大将军。主笑曰："此出吾家，常骑从我，奈何？"左右曰："于今尊贵无比。"于是长公主风白皇后[③]，皇后言之，上乃诏青尚平阳主[④]，与主合葬，起冢像庐山云[⑤]。

〔注释〕

①曹寿：一作"曹时"。西汉诸侯。高祖功臣、平阳懿侯曹参曾孙，曹奇之子。景帝前元四年（前153）嗣父爵为平阳侯。娶景帝之女平阳公主（一说阳信公主）为妻，故久居京城，权势显赫，后病重方就封国。

②长公主：汉景帝长女，武帝之姐。原称阳信公主、阳信长公主，嫁曹参曾孙平阳夷侯曹寿，故称平阳公主、平阳主。曾向武帝荐李延年，卫子夫（卫青姐，即后来的武帝卫皇后）亦因其家引见，得幸于武帝。曹寿有恶疾就国，她由武帝下诏改嫁于大将军卫青。

③风（fěng）：通"讽"，微言劝告。

④尚：匹配，多用于匹配帝王之女。

⑤冢：卫青墓，位于茂陵东北一千米处，今陕西省兴平市南位镇道常村西北，东侧是霍去病墓。其墓西北角凹进一部分，西南角凸出一部分，南面坡陡，北面坡长缓，中腰有平台，远远望去像一座小山。

〔译文〕

当初，卫青已经显贵了，而平阳侯曹寿患了严重的疾病回到封国，长公主问："列侯当中谁是贤能的人？"左右近侍都说是大将军卫青。长公主笑着说："他是从我家出来的，常常骑马跟从我，他现在怎么样了呢？”左右近侍说：“如今尊贵得无人能比。”于是长公主便含蓄地将自己的意思告诉了皇后，皇后又如实告诉了皇上，皇上于是下诏令让卫青匹配长公主，卫青死后与长公主合葬，建造的坟墓远远望去像庐山一样。

最大将军青凡七出击匈奴[①]，斩捕首虏五馀万级。一与单于战，收河南地[②]，置朔方郡[③]。再益封，凡万六千三百户；封三子为侯，侯千三百户，并之二万二百户。其裨将及校尉侯者九人，为特将者十五人[④]，李广、张骞、公孙贺、李蔡、曹襄、韩说、苏建皆自有传。

〔注释〕

①最：总计。

②河南：地区名。指今内蒙古河套地区一带。

③朔方郡：郡名。汉武帝元朔二年（前127）置，治所在朔方县（在今内蒙古杭锦旗西北黄河南岸）。

④特将：指率领军队独当一面的将领。十五人：除了李广、张骞、公孙贺、李蔡、曹襄、韩说、苏建，还有七位，依次是李息、公孙敖、李沮、张次公、赵信、赵食其、郭昌、荀彘。

〔译文〕

总计大将军卫青共七次出击匈奴，斩获首级与俘虏五万多人。他与匈奴一战，收复了河套以南地区，设置了朔方郡。再增加封邑，共计一万六千三百户；封卫青的三个儿子为侯，每人一千三百户，合在一起为二万零二百户。卫青的副将及校尉被封侯的有九人，能率领军队独当一面的将领有十五人，其中李广、张骞、公孙贺、李蔡、曹襄、韩说、苏建在《汉书》中都有自己的传记。

最票骑将军去病凡六出击匈奴，其四出以将军①，斩首虏十一万馀级。浑邪王以众降数万，开河西酒泉之地②，西方益少胡寇。四益封，凡万七千七百户。其校尉吏有功侯者六人，为将军者二人③。

〔注释〕

①四出以将军：有四次出征为将军。前二次出征为票姚校尉。

②河西：地区名。汉朝以今甘肃、青海两省黄河以西，即今河西走廊与湟水流域为河西之地，因在黄河之西而得名。酒泉：郡名。本匈奴昆邪王地。汉武帝元狩二年(前 121)置郡，治所在禄福(今甘肃酒泉)。《地理志》载领县九，辖境相当今甘肃省高台县以西、疏勒河以东地区。

③二人：即路博德与赵破奴。

〔译文〕

总计骠骑将军霍去病共六次出征抗击匈奴，其中四次出征为将军，斩获敌军十一万多人。浑邪王率领部众几万人来投降，开拓了河西酒泉郡地区，使得汉朝西面的匈奴侵犯更少了。霍去病受到四次加封，共一万七千七百户。他属下的校尉官立有战功被封侯的有六人，被封为将军的有两人。

路博德，西河平州人①，以右北平太守从票骑将军，封邳离侯。票骑死后，博德以卫尉为伏波将军[②]，伐破南越，益封。其后坐法失侯[③]。为强弩都尉，屯居延[④]，卒。

〔注释〕

①西河：郡名。治所在平定县（故治在今内蒙古东胜县境）。《地理志》载领县三十六，辖境相当今山西吕梁山以西，石楼以北，陕西宜川以北黄河沿岸地带及内蒙古伊克昭盟东部地区。平州：一作“平周”，县名，治所在今山西介休西（一说在今山西灵石境）。《地理志》载属西河郡。

②卫尉：官名。战国秦始置，西汉沿置，秩中二千石，列位九卿。掌皇帝所居未央宫禁卫，主管宫门屯驻卫士，专司昼夜巡警和检查出入者之门籍。亦称未央卫尉。京城外建章、甘泉等行宫亦或置，冠以宫名。

③坐法失侯：太初元年（前104），因为他的儿子犯法受到牵连而失去侯位。

④居延：城名。治所在今内蒙古额济纳旗东南哈拉和图。公元前102年路博德筑。

〔译文〕

路博德，西河郡平州县人，以右北平太守的官职跟从骠骑将军，封为邳离侯。骠骑将军死后，路博德从卫尉升为伏波将军，征伐并打败了南越，得到了加封。之后因为他的儿子犯法受到牵连而失去侯位。后来任强弩都尉，在居延城屯兵，死在那里。

赵破奴，太原人[①]。尝亡入匈奴，已而归汉[②]，为票骑将军司马[③]。出北地，封从票侯，坐酎金失侯。后一岁，为匈河将军[④]，攻胡至匈河水[⑤]，无功。后一岁，击虏楼兰王[⑥]，后为浞野侯。后六岁，以浚稽将军将二万骑击匈奴左王。左王与战，兵八万骑围破奴，破奴为虏所得，遂没其军。居匈奴中十岁，复与其太子安国亡入汉。后坐巫蛊，族。

〔注释〕

①太原：郡名。秦庄襄王三年（前247）置，治所在晋阳（今山西太原西南），辖境相当今山西五台、阳泉以西，霍山以北，黄河以东，管涔山、五台山以南地区。汉文帝前元二年（前178）改为太原国，武帝元鼎三年（前114）国除，复为太原郡。《地理志》载领县二十一，辖境较秦时为小，西部仅达今吕梁山。

②已而：不久。

③司马：官名，领兵武职。春秋至秦汉皆置为领兵官，或分左、右。汉朝大将军、将军所领诸营兵，各置校尉统领，而以军司马、军假司马副之。

④匈河将军：武官名。将军为古代高级武官的通称。匈河为将军之号，取自水名。

⑤匈河水：一作“匈奴河”。源出今蒙古巴彦洪戈尔城北，南流至西巴彦乌兰城南聚为泽。

⑥楼兰：古西域国名，治楼兰城（今新疆罗布泊西北楼兰故城），辖境相当今新疆阿尔金山北麓及罗布泊、孔雀河下游地区，地处中西交通要冲。汉初附属匈奴。汉武帝初通西域，楼兰攻劫汉使。元封三年（前108）为赵破奴所破，以后遂向汉与匈奴两面称臣。

〔译文〕

赵破奴，是太原郡人。曾经逃亡到匈奴，不久回到汉朝，为骠骑将军的司马。他从北地郡出兵,被封为从票侯,后来犯了献黄金酎祭宗庙不够份量而免去侯位。一年后,被封为匈河将军,进攻匈奴到达匈河水,没有功绩。一年后,击破了楼兰国并俘获了楼兰王,后来被封为浞野侯。六年后,以浚稽将军的官职率领二万骑兵进击匈奴左王。左王与他交战,有八万骑兵包围了赵破奴,赵破奴被俘,于是全军覆没。他在匈奴地区居住了十年,又与他的儿子赵安国逃回汉朝。后来犯了巫蛊罪,被诛族。

自卫氏兴,大将军青首封,其后支属五人为侯。凡二十四岁而五侯皆夺国。征和中①,戾太子败②,卫氏遂灭。而霍去病弟光贵盛③,自有传。

〔注释〕

①征和:汉武帝年号(前92—前89)。

②戾太子:即刘据。西汉武帝太子。卫皇后所生,故称“卫太子”,谥戾,又称“戾太子”。元狩元年(前122)立为太子。武帝晚年,迷信盛行,以为用巫术诅咒木偶人埋入地下可以害人致死,称为“巫蛊”。正值武帝患病,怀疑其左右巫蛊,便派宠臣江充调查。江充平素与戾太子不和,于是乘机诬告他在武帝寝室埋有木人。戾太子害怕有祸事发生,被迫起兵杀江充,朝廷发兵镇压,激战五日,他兵败逃亡,被地方官吏追捕,于是自杀而亡。

③光:即霍光。西汉大臣。霍去病同父异母的弟弟。武帝时,任奉车都尉。与桑弘羊等同受遗诏,立昭帝为嗣,以大司马大将军辅政,封为博陆侯。昭帝死,迎立昌邑王刘贺为帝,不久废,又迎立宣帝。前后执政凡二十年。

〔译文〕

自从卫氏家族兴起，大将军卫青首先被封侯，之后他的宗属中有五人被封侯。大约二十四年后五侯都被夺去了封国。征和年间，戾太子兵败，卫氏家族就灭亡了。而霍去病的弟弟霍光却有高贵显赫的地位，在《汉书》中有传。

赞曰：苏建尝说责“大将军至尊重，而天下之贤士大夫无称焉，愿将军观古名将所招选者，勉之哉①！”青谢曰：“自魏其、武安之厚宾客②，天子常切齿③。彼亲待士大夫，招贤黜不肖者，人主之柄也④。人臣奉法遵职而已，何与招士⑤！”票骑亦方此意，为将如此。

〔注释〕

①哉：语气词，表示感叹。

②魏其、武安：指魏其侯窦婴、武安侯田蚡。窦婴：西汉大臣。窦太后侄。景帝时为大将军。吴楚七国反叛时，他守荥阳，监齐赵兵。乱平后，以功封魏其侯。武帝时任丞相。田蚡（fén）：西汉大臣。汉景帝王皇后弟，好儒术。武帝即位，封为武安侯，拜为太尉，后迁至丞相。

③切齿：咬紧牙齿，使牙齿相摩擦。形容十分痛恨。

④人主：君主。柄：权柄。

⑤与（yù）：参与。

〔译文〕

班固评论说：苏建曾经劝说并责备卫青：“大将军您十分尊

贵显重，但是却不被天下贤士大夫称誉，希望将军观察古代名将招贤荐士的事情，以此勉励自己啊！”卫青推辞道：“自从魏其侯窦婴、武安侯田蚡重视招纳门客，天子常常十分痛恨他们。那亲近礼待士大夫，招揽贤才而罢黜不贤的人，是君主的权柄。臣子奉守法律、遵从本职而已，为何要参与招士的事情！”骠骑将军霍去病也仿照这个意思行事，他们二人的为将之道就是这样。

董仲舒传

〔题解〕

董仲舒是西汉著名学者，儒家公羊学派大师，今文经学创始人。在《史记》中他被附于《儒林列传》，记述较为简略，但《汉书》却为他专门作传，叙述了其人其事，并详细记载了举贤良对策（又名《天人三策》），本篇节选前二策。在策文中，他提出“天人相与”“君权神授”思想，宣扬“道之大，原出于天，天不变，道亦不变”，并创立“三纲五常”体系。在政治上，他主张以《春秋》大一统思想与法家集权思想结合，并提出罢黜百家、独尊儒术，被汉武帝采纳，促进了此后二千余年以儒学为正统的局面；建议京师设太学，州郡举茂材孝廉等。他还曾任江都相、中大夫、胶西王相，做到了“为人廉直”“正身率下”“所居而治”，而后卸职归居，专门修学著书，但是朝廷如有大议还是会派人询问他。

即使刘歆认为刘向对其才能的肯定有些言过其实，但是董仲舒在中国思想史、政治史上举足轻重的地位是不可否认的，正如班固所引刘歆之言“仲舒遭汉承秦灭学之后，《六经》离析，下帷发愤，潜心大业，令后学者有所统壹，为群儒首”。

董仲舒,广川人也[①]。少治《春秋》[②],孝景时为博士[③]。下帷讲诵[④],弟子传以久次相授业,或莫见其面。盖三年不窥园,其精如此。进退容止,非礼不行,学士皆师尊之。

〔注释〕

①广川:县名,治所在今河北景县西南广川镇。

②春秋:书名。孔子以鲁国的史书《鲁春秋》为基础,参以周游列国时所采集的史料,修成流传至今的第一部编年体史书。内容以鲁国历史为主,按鲁国十二君次序编排,故于鲁国内政特详,而涉及列国间的朝聘、盟会、战争等均有记载,实际上是一部春秋国际史。记事上起鲁隐公元年(周平王四十九年,前 722),下迄鲁哀公十四年(周敬王三十九年,前 481),共二百四十二年历史。记事方法,在一年之中,标出春、夏、秋,冬四季,再加月份和日期。据说古人重视春、秋二季,故把所写国史都称作“春秋”,孔子因袭《鲁春秋》之名,遂成专有名词。记事简单,每条文字一般只在十个字左右,最少的仅一个字,最多的也只四十五字,全书总共一万八千多字。本是史书,从西汉以来,被儒家奉为经典,列为《五经》或《六经》之一,故又称《春秋经》。由于文字过于简单而隐晦,故后人便从不同角度加以解释,汉代著名的便是《公羊传》与《穀梁传》。这里指《春秋公羊传》,解释《春秋》经文,叙述史事绝少,为所谓讲“微言大义”的说经之书。

③博士:官名。汉时隶属九卿之奉常(太常)。掌通古今,教弟子;国有疑事,掌承问对。秩比六百石,设仆射一人领之。汉武帝罢黜百家以前,博士治各家之学,其后专立儒学一家。博士被时人视为学官、儒官、礼官,秩卑而职尊。

④下帷:放下室内遮隔的帷幕,隔帷教授弟子。后来犹言教书。

〔译文〕

董仲舒，是广川人。年轻时研究《春秋公羊传》，孝景帝时为博士。他放下室内遮隔的帷幕，隔帷教授弟子，还有一部分弟子向受业较久学得较好的人学习，相互间传授学业，有的弟子没有见过老师的面。董仲舒三年不看园圃，专心治学到如此程度。他的进退行为、仪容举止，不合礼仪制度的事情不做，学士们都尊他为老师。

武帝即位，举贤良文学之士前后百数[①]，而仲舒以贤良对策焉。

〔注释〕

①贤良文学：汉代选拔人才的科目之一。汉文帝为了询访政治得失，始诏"举贤良方正能直言极谏者"，中选者经对策后授予官职。武帝时复诏举贤良或贤良文学。文学：指儒学或通晓儒学之人。

〔译文〕

汉武帝即位时，被举荐的贤良文学之士前后有上百个，而董仲舒作为贤良对答武帝的策问。

制曰：朕获承至尊休德[①]，传之亡穷，而施之罔极[②]，任大而守重，是以夙夜不皇康宁[③]，永惟万事之统[④]，犹惧有阙。故广延四方之豪俊[⑤]，郡国诸侯公选贤良修絜博习之士，欲闻大道之要[⑥]，至论之极[⑦]。今子大夫褎然为举首[8]，朕甚嘉之。子大夫其精心致思，朕垂听而问焉。

〔注释〕

①休：美好的。

②罔：无。

③皇：通“遑”，闲暇。康：乐。

④永惟：深思。统：头绪。

⑤延：引进。

⑥要：要领。

⑦极：中正，准则。

⑧子大夫：古代君王对臣下的敬称，这里指董仲舒。褎（yòu）然：出众、杰出的样子。

〔译文〕

汉武帝策问道：我获承了先帝尊贵的地位和美好的品德，要久远地传承并施行下去，责任巨大而职守重要，所以我从早到晚都没有闲暇享乐安宁，深刻地思考一切事情的头绪，还惧怕有不足之处。所以广泛地引进天下各处的豪杰俊才，让郡国及诸侯公正地选举出品德高尚、学识渊博的人，想要听到大道的纲要，高论的准则。现今你十分杰出，为被荐举者之首，我很欣赏你。你要用心集中思考，我想倾听你的想法并提出问题。

盖闻五帝三王之道，改制作乐而天下洽和，百王同之。当虞氏之乐莫盛于《韶》[1]，于周莫盛于《勺》[2]。圣王已没，钟鼓筦弦之声未衰[3]，而大道微缺，陵夷至乎桀纣之行[4]，王道大坏矣。夫五百年之间，守文之君，当涂之士[5]，欲则先王之法以戴翼其世者甚众[6]，然犹不能反，日以仆灭[7]，至后王而后止，岂其所持操或悖缪而失其统与[8]？固天降命不可复反，必推之于大衰而后息与[9]？乌虖[10]！凡所为屑屑[11]，夙兴夜寐，务法上古者，又将无补与[12]？三代受命，其符安在[13]？灾异之变，何缘而起？性命之情，或夭或寿，或仁或鄙[14]，习闻其号，未烛厥理[15]。伊欲风流而令行[16]，刑轻而奸改，百姓和乐，政事宣昭，何脩何饬而膏露降[17]，百谷登，德润四海，泽臻草木[18]，三光全[19]，寒暑平，受天之祜[20]，享鬼神之灵，德泽洋溢，施乎方外，延及群生？

〔注释〕

①虞氏：为上古帝王，史称虞舜或虞帝。初为有虞氏部落长，后继承尧的职位。韶：即韶舞，相传为虞舜时乐舞名。

②勺(zhuó)：即勺舞，乐舞名。相传为周公所作，文舞的一种，周代贵族子弟于幼年时所学。

③筦(guǎn)：同“管”，管乐器。

④陵夷：渐趋衰微。桀纣：夏桀和商纣的并称，相传都是暴君。桀：夏朝末代国王。又称“夏桀”。即位时，正值夏衰败之时，诸侯多叛之。为政暴虐，生活荒淫。被商汤战败于鸣条(今河南封丘东)之野后，出奔南巢(今安徽巢县东南)而死，夏朝随之灭亡。纣：商朝末代国王。史称暴虐无道，诸侯百姓多叛。周武王伐之，他发兵七十万以拒，决战于牧野(今河南淇县)，兵败赴火自焚而死。

⑤当涂:当权。

⑥则:效法。翼:辅助。

⑦仆灭:毁灭,覆灭。

⑧悖缪:亦作“悖谬”。荒谬,不合道理。与(yú):同“欤”。句末语气词,表示疑问或感叹。

⑨息:停止。

⑩乌虖:即“呜呼”。叹词。

⑪屑屑:忙碌不定的样子。

⑫补:补益,益处。

⑬符:古代称祥瑞的征兆。安:疑问代词,哪里。

⑭鄙:鄙陋。

⑮烛:洞察。厥:代词,其。

⑯伊:句首语气词。

⑰膏露:犹言甘露,比喻圣王施于民众的懿德教化。

⑱臻:至。

⑲三光:指日、月、星。

⑳祜(hù):福。

〔译文〕

听闻五帝三王的治国之道,是改革制度、实行乐教而天下和谐,之后许多君王都与此相同。虞舜时的乐舞没有比《韶》更好的,到周朝时没有比《勺》更好的。圣明的君王死后,钟鼓管弦的音乐没有衰败,但是大道衰微败缺了,渐趋衰微到了夏桀和商纣那样,王道严重败坏了。这五百年之间,遵守法令条文的君王与当权之士,想要效法先王的法度来拥护、辅助当世的人有很多,然而还不能返归于正道,王道一天天毁灭,直到后来君王兴起才停止,难道是他们所信奉的有不合理的地方,而失去了王道的统领准则?还是本来上天降下的命令是不能反转的,一定要在极度衰败后才停止呢?唉!所有忙碌不定的行为与日夜的辛劳,力求效法远古的明君,还是没有益处吗?那么,夏、商、周三代的君王受到天命,其祥瑞的征兆在哪里呢?灾害异常的变化,为什么而产生的呢?性与命的情况,有的人是短命的,有的人是长寿的,有的人是仁德的,有的人是鄙陋的,常常听到这些名称,但是没能洞察其中的道理。想要用风俗教化的方式使王道推行,使得刑罚减轻、奸邪之人变好、百姓和乐、政事昭明,怎样修整才能使甘露降临,百谷丰登,恩德滋润于四海,甚至恩泽到草木,使日月星辰不发生亏蚀,寒来暑往四季安定,受到上天的福佑与鬼神的帮助,使德泽广泛传播,施及其他地区,延伸到万物众生呢?

子大夫明先圣之业,习俗化之变,终始之序,讲闻高谊之日久矣,其明以谕朕[①]。科别其条[②],勿猥勿并[③],取之于术,慎其所出。乃其不正不直,不忠不极[④],枉于执事[⑤],书之不泄,兴于朕躬,毋悼后害[⑥]。子大夫其尽心,靡有所隐[⑦],朕将亲览焉[⑧]。

〔注释〕

①谕:告诉,使知道。

②科别:区别,甄别。

③猥:堆积。

④极:中正。

⑤执事：指专司某一职事的官员。

⑥悼（dào）：恐惧。

⑦靡（mǐ）：无。

⑧览：看。焉：句末语气词。

〔**译文**〕

你了解先代圣王的伟业，熟悉习俗教化的变通与事情从头到尾的次序，你讲学高深道理的日子很久了，请清楚地把对策告诉我。你要区别好条理，不要堆积观点，不要合并概括，要谨慎说出你的想法。要是有不正直、不忠正而偏私不公的官员，你告诉我，你所写的内容不会泄露出去，我会亲自打开看，你不要恐惧有后患而不敢说。你要竭尽心力，不要有所隐瞒，我将亲自看啊。

仲舒对曰：

陛下发德音，下明诏，求天命与情性，皆非愚臣之所能及也。臣谨案《春秋》之中，视前世已行之事，以观天人相与之际，甚可畏也。国家将有失道之败，而天乃先出灾害以谴告之[①]；不知自省，又出怪异以警惧之；尚不知变，而伤败乃至。以此见天心之仁爱人君而欲止其乱也。自非大亡道之世者，天尽欲扶持而全安之，事在强勉而已矣。强勉学问，则闻见博而知益明；强勉行道，则德日起而大有功：此皆可使还至而有效者也[②]。《诗》曰："夙夜匪解[③]。"《书》云："茂哉茂哉[④]！"皆强勉之谓也。

〔注释〕

①谴：谴责。

②还(xuán)：通“旋”，迅速，立即。

③夙夜匪解：语出《诗经·大雅·烝民》。夙：早。解(xiè)：懈怠，松懈。

④茂哉茂哉：语出《尚书·虞书·咎繇谟》。茂：通“懋”，勉力，尽力。

〔译文〕

董仲舒对策道：

陛下发出仁德的言语和英明的诏示，寻求天命与情性，这些问题的高度不是我所能到达的。我谨慎地查考《春秋》中的内容，比照前代已经做过的事，来查看天和人相互作用的情况，这是很令人敬畏的。国家将有违背道的败坏事情，而天就会发出灾害来谴责警告君王；如果不知道自我省察，天又发出奇异反常的现象来警告恐吓君王；仍然不知道改变，而伤害和败亡就会到达。以此可以看出，天的意志对君王是仁爱的，想要帮助君王制止国家的祸乱。倘若不是在无道的时代，天尽力想要扶持、保全君王使之平安，事情在于君王勤勉罢了。勤勉地学习知识，就会广博见识、更加明智；勤勉地行道，就会德行日善、功劳渐大：这都是可以迅速达到并产生成效的。《诗经》说：“早晚不能懈怠。”《尚书》说：“勉力啊！勉力啊！”都是勤勉的意思。

道者，所繇适于治之路也①，仁义礼乐皆其具也。故圣王已没，而子孙长久安宁数百岁，此皆礼乐教化之功也。王者未作乐之时，乃用先王之乐宜于世者，而以深入教化于民。教化之情不得，雅颂之乐不成②，故王者功成作乐，乐其德也。乐者，所以变民风，化民俗也；其变民也易③，其化人也著。故声发于和而本于情，接于肌肤，臧于骨髓。故王道虽微缺，而筦弦之声未衰也。夫虞氏之不为政久矣，然而乐颂遗风犹有存者，是以孔子在齐而闻《韶》也。夫人君莫不欲安存而恶危亡，然而政乱国危者甚众，所任者非其人，而所繇者非其道，是以政日以仆灭也。夫周道衰于幽厉，非道亡也，幽厉不繇也。至于宣王，思昔先王之德，兴滞补弊，明文武之功业，周道粲然复兴，诗人美之而作④，上天佑之，为生贤佐，后世称诵，至今不绝。此夙夜不解行善之所致也。孔子曰"人能弘道，非道弘人"也⑤。故治乱废兴在于己，非天降命不可得反，其所操持悖谬失其统也。

〔注释〕

①繇（yóu）：自，从。适：往，到……去。

②雅颂：是《诗经》内容分类的名称，也是乐曲分类的名称。雅乐是朝廷的乐曲，颂是宗庙祭祀的乐曲。后亦以"雅颂"称盛世之乐。

③也：语气词，表示停顿。

④作：指作《诗经·大雅·烝民》之诗。写周宣王委命仲山甫去齐地筑城，重臣尹吉甫作诗送别，其诗颂扬了主人公仲山甫对上宣扬君命、勤于王事，对下风度优雅、恭谨慎行、取法先王、勤学威仪，还表现了周宣王知人善任。

⑤人能弘道，非道弘人：语出《论语·卫灵公》。

〔译文〕

“道”就是从那里可以到达治理国家的路，仁义礼乐都是实现道的工具。所以圣明的君王已经死去，而他的子孙还能长久地统治，使社会安定几百年，这都是礼乐教化的功劳。君王没有实行自己的乐教时，就用先代君王的音乐中适宜当代的音乐，用它来深入教化民众。得不到教化的效果，雅颂之乐就无法形成，所以君王成就功业才可以作乐，用乐来歌颂君王的功德。“乐”是用来改变民风，教化民俗的；“乐”改变民风容易，教化民众的效果显著。所以“乐”的声音是为了抒发“和”的境界而源于人的自然感情，靠近于肌肤，深藏于骨髓。所以王道即使衰败残缺，而管弦之声却没有衰绝。虞舜不当政已经很久了，然而遗留下来的乐颂仍然存在，所以这是孔子在齐国能听到《韶》乐的原因。君王没有不想要国家安宁而讨厌国家危亡的，然而政治混乱、国家危亡的情况很多，这是因为所任用的官员不是称职的人，所遵从的准则不是治理国家的“道”，所以政事日渐毁灭。周代的“道”衰落于周厉王、周幽王时期，不是“道”亡了，而是周厉王、周幽王不遵循正“道”。到了周宣王时期，他思考过去先王的德行，复兴停滞的事情，补救敝败的情况，彰显周文王、周武王的功业，明亮的周道再次兴盛起来，诗人称赞这种情况而作诗，上天保佑周宣王，为他出生贤明的辅臣仲山甫，后世人称颂他，到现今都不曾断绝。这是周宣王早晚不懈怠地做善事得到的。孔子说“明智勤勉的人能把道发扬光大，不是用道把人发扬光大”。所以国家的安定与动乱、衰败与兴盛在于自己，并不是上天降下的命令不可反转，而是由于君王所信奉的有不合理的地方，而失去了王道的统领准则。

臣闻天之所大奉使之王者，必有非人力所能致而自至者，此受命之符也①。天下之人同心归之，若归父母，故天瑞应诚而至。《书》曰“白鱼入于王舟，有火复于王屋，流为乌”②，此盖受命之符也。周公曰“复哉复哉③”，孔子曰“德不孤，必有邻④”，皆积善累德之效也。及至后世，淫佚衰微⑤，不能统理群生，诸侯背畔⑥，残贼良民以争壤土，废德教而任刑罚。刑罚不中，则生邪气；邪气积于下，怨恶畜于上⑦。上下不和，则阴阳缪盭而妖孽生矣⑧。此灾异所缘而起也。

〔注释〕

①符：符命，古时以所谓“祥瑞”的征兆附会成君王得到天命的凭证。

②“《书》曰”句：语出《今文尚书·泰誓》。为周武王讨伐商纣王前的誓词。复：返回。乌：即三足乌，古代被认为是太阳的象征，带有浓厚的祥瑞色彩。《尚书大传》：“武王伐纣，观兵于孟津，有火流于王屋，化为赤乌，三足。”

③复哉复哉：颜师古注：“周公视火乌之瑞，乃曰：‘复哉复哉！’复，报也，言周有盛德，故天报以此瑞也。亦见今文《泰誓》也。”

④德不孤，必有邻：语出《论语·里仁》。邻：邻近。

⑤淫佚：同“淫逸”。

⑥畔：通“叛”。

⑦畜：同“蓄”，积聚。

⑧缪盭(lì)：错乱，违背。盭，乖戾，背离。妖孽：孽：灾害，妖祸。

〔译文〕

臣听说天要提供大的给予，使有德的人成为君王，一定有人为做不到而自然达到的事情，这就是君王得到天命的凭证。天下的人都齐心归附他，就像归附自己的父母，所以象征天命的祥瑞就会应和诚心而出现。《今文尚书》说“白鱼跳入周武王的船里，有火光返回周武王的屋里，变成了三足乌”，这就是周武王得到讨伐商纣王天命的凭证啊。周公说“善报啊善报啊”，孔子说“有德的人不会被孤立，一定有邻近帮助他的人”，这都是积累德行与善事的效果。到了周朝的后代，君王骄奢淫逸，政事衰微，没有能力统辖治理民众，诸侯们违背反叛他，残害良民来争夺土地，废弃道德教化而任用刑罚手段。不恰当地使用刑罚，就会产生坏的风气；坏的风气累积在民众，怨恨憎恶积聚在君王，民众与君王不和谐，就会阴阳错乱而产生妖祸了。这就是灾异所以发生的原因。

臣闻命者天之令也，性者生之质也，情者人之欲也。或夭或寿，或仁或鄙，陶冶而成之[①]，不能粹美[②]，有治乱之所生，故不齐也。孔子曰：“君子之德风，小人之德草，草上之风必偃。”[③]故尧舜行德则民仁寿，桀纣行暴则民鄙夭。夫上之化下，下之从上，犹泥之在钧[④]，唯甄者之所为[⑤]；犹金之在镕[⑥]，唯冶者之所铸。“绥之斯俫，动之斯和[⑦]”，此之谓也。

〔注释〕

①陶冶：颜师古注："陶以喻造瓦，冶以喻铸金也。言天之生人有似于此也。"

②粹：纯一。

③"君子之德风"等句：语出《论语·颜渊》。偃（yǎn）：倒下。

④钧：制作圆形陶器所用的转轮。

⑤甄者：制作陶器的人。

⑥镕（róng）：铸造器皿的模型。特指钱模。

⑦绥之斯俫，动之斯和：语出《论语·子张》，为子贡对陈子禽说的话。绥，安抚，安定。斯：连词，则、乃。俫，通"来"。

〔译文〕

臣听说，命就是天的命令，性就是生来的本性，情就是人的欲望。有的人是短命的，有的人是长寿的，有的人是仁德的，有的人是鄙陋的，人就像造瓦铸金一样，不能都是纯一美好的，有人生于安定的社会，有人生于动乱的时代，所以人的寿命与品行是不同的。孔子说："君子的德行好比风，小人的德行好比草，风吹在草上，草就必定跟着倒。"所以唐尧和虞舜实行德政，民众就有仁德而长寿；夏桀和商纣实行暴政，民众就鄙陋而短命。君王教化民众形成良好的风尚，民众服从君王，就像泥土在制作圆形陶器所用的转轮里，只能服从制陶者的行为；就像金属在铸造钱币的模型里，只能服从冶炼者的铸造。《论语》有子贡对陈子禽说的话"安抚民众，他们就会竞相前来，鼓动民众，他们就会和乐喜悦"。说的就是这个道理。

臣谨案《春秋》之文，求王道之端，得之于正。正次王，王次春①。春者，天之所为也；正者，王之所为也。其意曰，上承天之所为，而下以正其所为，正王道之端云尔。然则王者欲有所为，宜求其端于天。天道之大者在阴阳。阳为德，阴为刑；刑主杀而德主生。是故阳常居大夏，而以生育养长为事；阴常居大冬，而积于空虚不用之处。以此见天之任德不任刑也。天使阳出布施于上而主岁功，使阴入伏于下而时出佐阳；阳不得阴之助，亦不能独成岁。终阳以成岁为名②，此天意也。王者承天意以从事，故任德教而不任刑。刑者不可任以治世，犹阴之不可任以成岁也。为政而任刑，不顺于天，故先王莫之肯为也。今废先王德教之官，而独任执法之吏治民，毋乃任刑之意与！孔子曰："不教而诛谓之虐③。"虐政用于下，而欲德教之被四海④，故难成也。

〔注释〕

①正次王，王次春：颜师古注："解《春秋》书，'春王正月'之一句也。"这句为春、王、正月的次序。

②终阳以成岁为名：苏林注："卒以阳名岁，尚德不尚刑也。"颜师古注："谓年首称春也。即上文所云'王次春'者是也。"

③不教而诛谓之虐：语出《论语·尧曰》。

④被：施及。

〔译文〕

臣谨慎地查考《春秋》里的文字，寻求王道的开端，得到的答案是正。正月次于君王，君王次于春季。“春”是上天的安排；“正”是君王的行为。它的意思是，君王对上要秉承天的安排，而对下要匡正自己的行为，“正”是王道的开端，如此而已。那么君王想要有所作为，应当向天寻求王道的开端。天道中最重要的事情在于阴阳。阳就是德治，阴就是刑罚；刑罚主张杀生，德治主使人生存。所以阳常处于夏季，把生育滋养万物作为自己的事；阴常处于冬季，积聚在空虚不用的地方。从这里可以看出天是任用德治而不专任刑罚的。天使阳出现，在上面施行恩惠，主管一年的收获；天使阴进入，在下面潜伏，时常出来辅佐阳；阳得不到阴的帮助，也不能单独成就年岁。最终阳以成就年岁为名，这是上天的意旨。君王秉承上天的意旨来行事，所以任用德治而不专任刑罚。不可以专任刑罚来治理天下，就像阴不能单独成就年岁一样。执掌国政而专任刑罚，是不顺从上天的意旨，所以先代贤明的君王没有愿意这样做的。现今废除了先王设置的德教官吏，而专任执法官吏来治理民众，莫非是专任刑罚的意思吗！孔子说：“不进行教化就去诛杀，叫作暴虐。”暴虐的政治施用于天下，却想要使德教施及四海，所以是很难成功的。

臣谨案《春秋》谓一元之意[1]，一者万物之所从始也，元者辞之所谓大也。谓一为元者，视大始而欲正本也。《春秋》深探其本，而反自贵者始。故为人君者，正心以正朝廷，正朝廷以正百官，正百官以正万民，正万民以正四方。四方正，远近莫敢不壹于正，而亡有邪气奸其间者[②]。是以阴阳调而风雨时，群生和而万民殖，五谷孰而中木茂[③]，天地之间被润泽而大丰美，四海之内闻盛德而皆徕臣，诸福之物，可致之祥，莫不毕至[④]，而王道终矣[⑤]。

〔注释〕

①谓一元：《春秋》称“一”为“元”。颜师古注：“释公始即位何不称一年而言元年也。”

②奸（gān）：犯。

③孰：同“熟”，谷物成熟。

④毕：副词。全部，全都。

⑤终：完成。

〔译文〕

臣谨慎地查考《春秋》称“一”为“元”的意思，一的意思是万物所由来的开始，元的意思是文辞中所说的大。说“一”是“元”的意思，是表明从大开始并且端正其本源。《春秋》深刻地探究了它的本源，却反从尊贵的人开始。所以做君王的人，要使自己的心归正才能端正朝廷的方针政策，端正朝廷的方针政策才能端正百官的执行行为，端正百官的执行行为才能端正万民的道德思想，端正万民的道德思想才能端正全天下的政治秩序。全天下的政治秩序端正了，远近各族没有敢不统一于君王的正，而且不会有邪气在其中冒犯。所以阴阳调和而风雨及时，众生和谐而万民繁衍，五谷成熟而草木丰茂，天地之间受到恩泽，并呈现出丰富美好的景象，四海之内的人听闻君王的盛德都前来臣服，那些象征降福的事物，可以得到的祥瑞，没有不到来的，这样王道就完成了。

孔子曰："凤鸟不至，河不出图，吾已矣夫！"[①]自悲可致此物，而身卑贱不得致也。今陛下贵为天子，富有四海，居得致之位，操可致之势[②]，又有能致之资[③]，行高而恩厚，知明而意美，爱民而好士，可谓谊主矣[④]。然而天地未应而美祥莫至者，何也？凡以教化不立而万民不正也。夫万民之从利也，如水之走下，不以教化堤防之，不能止也。是故教化立而奸邪皆止者，其堤防完也；教化废而奸邪并出，刑罚不能胜者，其堤防坏也。古之王者明于此，是故南面而治天下[⑤]，莫不以教化为大务。立大学以教于国[⑥]，设庠序以化于邑[⑦]，渐民以仁[⑧]，摩民以谊[⑨]，节民以礼，故其刑罚甚轻而禁不犯者，教化行而习俗美也。

〔注释〕

①"凤鸟不至"等句：语出《论语·子罕》。颜师古注："凤鸟河图，皆王者之瑞。仲尼自叹有德无位，故不至也。"夫：语气词，用在句末，表示感叹。

②操：执持，拿着。这里引申为掌握，控制。

③资：资质，禀赋。

④谊主：仁义的君主。《春秋左传异文释》："《说文》云：谊，人所宜也。即古义字。《汉书》多以谊为今义字。"

⑤南面：古代以面向南为尊位，帝王之位南向，故称居帝位为“南面”。

⑥大(tài)学：古代学校名称。亦作“太学”。相传虞时的庠、夏朝的序、殷代的瞽宗、西周的辟雍均为古代大学。汉武帝元朔五年(前124)，置大学，设五经博士。后来的大学名称有所变化，如明、清时便称为“国子监”。

⑦庠(xiáng)序：泛指古代学校。

⑧渐：浸润，感染。

⑨摩：砥砺，磨砺。

〔译文〕

孔子说：“凤鸟不到来，黄河不出现图画，我要完了吧！”孔子悲叹自己有德可以招致这种祥瑞之物，但是因为自身地位卑贱而不能招致。现今陛下贵为天子，富足地拥有四海，居于可以招致祥瑞的地位，掌握了可以招致祥瑞的权势，又有胜任招致祥瑞的资质，品行高洁而恩德笃厚，才智英明而心地美好，爱护民众而重视有才之士，可以称为仁义的君主了。然而天地没有产生感应并且美好的祥瑞没有到来，这是为什么？大概是因为教化没有建立，万民的道德思想没有端正。万民追从私利，就像水向下流，不用教化提防他们，是不能阻止的。所以教化建立而奸诈邪恶的事就都阻止了，是因为它提防得完好；教化衰败而奸诈邪恶的事一同出现，用刑罚也不能制服，是因为它提防得不好。古代的君王明白这个道理，所以居于帝位来治理天下，他们没有不把教化当作重大的事务的。在国都设立太学来进行教育，在县邑设立学校来进行教化，用仁来感染民众，用义来磨砺民众，用礼来节制民众，所以，这种方式刑罚很轻却没有触犯禁令的人，这是教化施行而习俗美好。

圣王之继乱世也，埽除其迹而悉去之[1]，复修教化而崇起之。教化已明，习俗已成，子孙循之，行五六百岁尚未败也。至周之末世，大为亡道，以失天下。秦继其后，独不能改，又益甚之，重禁文学，不得挟书，弃捐礼谊而恶闻之，其心欲尽灭先王之道，而颛为自恣苟简之治[2]，故立为天子十四岁而国破亡矣。自古以来，未尝有以乱济乱[3]，大败天下之民如秦者也。其遗毒馀烈，至今未灭，使习俗薄恶，人民嚚顽[4]，抵冒殊扞[5]，孰烂如此之甚者也。孔子曰："腐朽之木不可雕也，粪土之墙不可圬也。"[6]今汉继秦之后，如朽木粪墙矣，虽欲善治之，亡可奈何。法出而奸生，令下而诈起，如以汤止沸[7]，抱薪救火[8]，愈甚亡益也。窃譬之琴瑟不调，甚者必解而更张之，乃可鼓也；为政而不行，甚者必变而更化之，乃可理也。当更张而不更张，虽有良工不能善调也；当更化而不更化，虽有大贤不能善治也。故汉得天下以来，常欲善治而至今不可善治者，失之于当更化而不更化也。古人有言曰："临渊羡鱼，不如退而结网。"今临政而愿治七十馀岁矣，不如退而更化；更化则可善治，善治则灾害日去，福禄日来。《诗》云："宜民宜人，受禄于天。"[9]为政而宜于民者，固当受禄于天。夫仁谊礼知信五常之道，王者所当脩饬也；五者脩饬[10]，故受天之佑，而享鬼神之灵，德施于方外，延及群生也。

〔注释〕

①埽：同“扫”，打扫，扫除。

②苟简：颜师古注：“苟谓苟于权利也，简谓简于仁义也。”

③济：增益。

④嚚（yín）顽：颜师古注：“口不道忠信之言为嚚，心不则德义之经为顽。”

⑤冒：冒犯。扞（hàn）：抵抗，抵御。

⑥“孔子曰”等句：语出《论语·公冶长》。颜师古注：“言内质败坏不可修治也。”粪土：脏土。圬（wū）：本义为抹墙用的抹子。这里作动词，指用抹子粉刷墙壁。

⑦汤：热水。

⑧薪：柴。

⑨“《诗》云”等句：诗出《诗经·大雅·假乐》。

⑩脩饬：谨慎整饬。引申为遵循，不逾规矩。脩：同“修”。

〔译文〕

在周朝，圣明的君王承继乱世，扫除乱世的痕迹并全部摒弃，重新整修教化并推崇启用。教化已经明确，习俗已经形成，子孙后代依循并推行他们，过了五六百年尚且没有败亡。到了周朝的末世，君王十分荒淫无道，以致失去天下。秦朝承继了周朝之后，不但没能改变，反而更加严重，严格地禁止儒家学说，不得私藏书籍，捐弃礼义甚至厌恶听到礼义的事情，其目的是想要把先王之道全部毁灭，专门用放纵自己、贪图利益、减少仁义的方式去治理国家，所以立为天子十四年国家就破败灭亡了。自古以来，不曾有像秦朝那样用乱政增益前代的乱政，严重危害天下的民众。秦朝遗留下来的有害风气与祸患，到现今还没消失，使得风俗习惯凉薄险恶，人民不说忠信的言语，不效法德义的准则，作奸犯科，抵抗法律，国家腐败到如此严重的地步。孔子说："腐朽的木头是不可以雕刻的，脏土垒的墙壁是不可以粉刷的。"现今汉朝承继了秦朝之后，国家的状况就像腐朽的木头和脏土垒的墙壁，即使想要好好地治理它却毫无办法。法令一颁布，犯罪的事情就发生，诏令一下达，虚假的现象就兴起，就像用热水去制止水的沸腾，抱着木柴去救火，只会助长祸患的气势而没有益处。我私自打个比方，琴瑟合奏时声音不协调，严重的情况下必须把琴瑟的弦放松后再重新拉紧，才可以弹奏；处理国家政事时无法推行，严重的情况下必须进行调整与改革，才可以治理好国家。琴瑟的弦应当重新拉紧却没有重新拉紧，即使有技艺精妙的乐工也不能弹奏出协调的声音；国家政事应当进行调整与改革却没有进行调整与改革，即使有十分贤明的君主也不能治理好国家。所以汉朝得到天下以来，陛下常常想要治理好国家却至今没有治理好，过失就在于应当进行调整与改革却没有进行调整与改革。古人有一句话这样说："站在水边希望得到鱼，不如自己回去结网捕鱼。"现今汉朝执政并且希望治理好国家已经七十多年了，不如回头进行调整与改革；进行调整与改革就可以治理好国家，治理好国家就会一天天地去除灾害、迎来福禄。《诗经》说："能安定民众、任用贤才为官，就能受到天的福禄。"执掌国政能使民众安定，本来就应当受到天的福禄。仁、义、礼、智、信为五常之道，这是君王应当遵循的；遵循这五者，就能受到天的佑助，并享有鬼神的威灵，这样您的恩德就会施及本国之外,并延伸到众生。

天子览其对而异焉,乃复册之曰:

制曰:盖闻虞舜之时,游于岩郎之上[①],垂拱无为[②],而天下太平。周文王至于日昃不暇食[③],而宇内亦治。夫帝王之道,岂不同条共贯与?何逸劳之殊也?

〔注释〕

①岩郎:高峻的廊庑。晋灼注:“堂边庑。岩郎,谓严峻之郎也。”廊,古作“郎”。后以喻庙堂和朝廷。

②垂拱:垂衣拱手,不亲理政务。古代形容太平无事,可无为而治。

③昃(zè):太阳偏西。

〔译文〕

汉武帝看了董仲舒的对策感到不寻常,于是又询问他:

策问道:听闻虞舜的时候,君王在高峻的廊庑上从容地行走,不亲理政务,无为而治,却天下太平。周文王每天处理朝政到太阳偏西,甚至没有时间吃饭,而天下也治理得很好。帝王治理国家的道,难道没有共同的条理与常例吗?为什么有安逸和劳苦的不同呢?

盖俭者不造玄黄旌旗之饰。及至周室,设两观[①],乘大路[②],朱干玉戚[③],八佾陈于庭[④],而颂声兴。夫帝王之道岂异指哉[⑤]?或曰良玉不瑑[⑥],又曰非文无以辅德,二端异焉。

〔注释〕

①两观：宫门前两边的望楼。

②大路：亦作“玉辂”，用珠玉装饰的车，多指帝王乘坐的大车。

③朱干玉戚：指古代武舞时所使用的兵器。朱干：红色的盾牌。玉戚：玉饰的大斧。

④八佾（yì）：古代一种宫廷乐舞，排列成行，纵横都是八人，共六十四人。佾：乐舞的行列。八人为一行，叫一佾。

⑤异指：意趣不同。

⑥瑑（zhuàn）：吊饰凸纹的玉器。这里为动词，雕刻，雕琢。

〔译文〕

勤俭的帝王不制作华饰的玄黄旌旗。到了周王朝，帝王却建造宫门前两边的望楼，乘坐用珠玉装饰的大车，武舞时用红色的盾牌与玉饰的大斧，乐舞时在庭上排列出八佾，便响起了歌颂本朝功绩的声音。帝王治理国家的道，难道意趣不同吗？有人说“美玉不需要雕琢”，又有人说“没有文采不能辅助德行”，两种说法是不同的。

殷人执五刑以督奸，伤肌肤以惩恶①。成康不式②，四十馀年天下不犯，囹圄空虚③。秦国用之，死者甚众，刑者相望，秏矣哀哉④！

〔注释〕

①五刑：五种轻重不等刑罚的总称。指墨、劓、刖（亦作“髌刑”或“膑

刑”)、宫、大辟(亦作“杀刑”,即死刑)。

②式:用。

③囹圄(língyǔ):牢狱。

④秏(hào):空虚。颜师古注:“言用刑酷烈,谋杀甚重,天下空虚也。”

〔译文〕

殷朝人执行五种刑罚来督责犯法之事,用伤害身体的方式来惩治作恶之人。周成王与周康王的时候不用刑罚,四十多年天下没有犯法,牢狱空虚。秦国使用刑罚,死的人很多,受刑的人接连不断,天下空虚了,悲哀呀!

乌虖!朕夙寤晨兴①,惟前帝王之宪②,永思所以奉至尊③,章洪业④,皆在力本任贤⑤。今朕亲耕藉田以为农先⑥,劝孝弟,崇有德,使者冠盖相望⑦,问勤劳,恤孤独,尽思极神,功烈休德未始云获也。今阴阳错缪,氛气充塞⑧,群生寡遂⑨,黎民未济,廉耻贸乱⑩,贤不肖浑殽⑪,未得其真,故详延特起之士⑫,庶几乎⑬!今子大夫待诏百有馀人,或道世务而未济,稽诸上古之不同,考之于今而难行,毋乃牵于文系而得不骋与⑭?将所繇异术⑮,所闻殊方与?各悉对⑯,著于篇,毋讳有司⑰。明其指略,切磋究之,以称朕意。

〔注释〕

①夙(sù):早。寤(wù):睡醒。

②惟:思考。宪:法令。

③永:深。

④章:彰明。洪:大。

⑤力本:勤力于农业生产。本:古代以农业为本。

⑥藉田:帝王亲自率耕之田。亦作“籍田”。虽然名义上是天子亲自耕作,实际仅“三推”而已,用意是借民力耕种,劝率天下以农业为本。

⑦冠盖:指官吏的官帽服饰和车乘的顶盖。这里代称官吏。

⑧氛气:恶气。充:充满。

⑨遂:顺利地成长。

⑩贸乱:混乱。

⑪浑殽(xiáo):混杂。

⑫特起:突出,杰出。

⑬庶几:也许可以,差不多,表示希望或揣测。

⑭牵于文系:颜师古注:“谓惧于文吏之法。”

⑮将:连词,抑或。

⑯悉:详尽。

⑰讳:忌讳,隐讳,有所顾忌不敢说或不愿说。有司:即官吏。古时设官分职,事有专司,故名。亦可指有关官府、有关部门。

〔译文〕

唉!我早晨睡醒起来,思考前代帝王的法令,深思为什么被奉为至尊,彰明了国家大业,原因在于勤力于农业生产并任用贤人。现今我亲自率耕农田为农民做先导,规劝民众要孝敬父母、友爱兄弟,尊崇有德行的人,并且派遣官吏,接连不断地去慰问辛勤劳作的人,体恤幼而无父和老而无子的人,穷尽思考,耗尽精力,但是不曾收获伟大的功业和美好的德行。现今阴阳错乱,国家充满了恶气，众生难以顺利地成长，民众没有得到救济，廉洁的人和无耻的人混淆在一起，贤能的人和不贤的人混杂不堪，得不到真正的贤士，所以我尽数地延揽杰出的人，也许可以吧！现今大夫们等待诏命的有一百多人，有的人讲述当世的要务却没有成功，稽考许多远古的事印证当世却不相同，用现今政事来考察却难以实行，莫非是惧怕被文臣之法牵累而不能毫无拘束地对策吗？抑或是所由来的是不同的学术，所传播的是不同的思想呢？各自详尽地对策，写在文章中，不要顾忌有关官吏不敢说。阐明你的要旨，并切磋探究它，来符合我的心意。

仲舒对曰：

臣闻尧受命[①]，以天下为忧，而未以位为乐也，故诛逐乱臣，务求贤圣，是以得舜、禹、稷、卨、咎繇[②]。众圣辅德，贤能佐职，教化大行，天下和洽，万民皆安仁乐谊，各得其宜，动作应礼，从容中道。故孔子曰“如有王者，必世而后仁”[③]，此之谓也。尧在位七十载，乃逊于位以禅虞舜[④]。尧崩，天下不归尧子丹朱而归舜。舜知不可辟，乃即天子之位，以禹为相，因尧之辅佐，继其统业，是以垂拱无为而天下治。孔子曰“《韶》尽美矣，又尽善矣”[⑤]，此之谓也。至于殷纣，逆天暴物，杀戮贤知，残贼百姓。伯夷、太公皆当世贤者[⑥]，隐处而不为臣。守职之人皆奔走逃亡，入于河海[⑦]。天下秏乱，万民不安，故天下去殷而从周。文王顺天理物，师用贤圣，是以闳夭、大颠、散宜生等亦聚于朝廷[⑧]。爱施兆民，天下归之，故太公起海滨而即三公也[9]。当此之时,纣尚在上,尊卑昏乱,百姓散亡,故文王悼痛而欲安之,是以日昃而不暇食也。孔子作《春秋》,先正王而系万事,见素王之文焉[10]。繇此观之,帝王之条贯同,然而劳逸异者,所遇之时异也。孔子曰"《武》尽美矣,未尽善也"[11],此之谓也。

〔注释〕

①尧:史称唐尧,曾为黄帝嫡裔高唐氏部落长。命羲和掌管天文、历象,设四岳(四时之官),敬授民时,又命鲧治水患。后定舜为继承人。

②舜:史称虞舜或虞帝。初为有虞氏部落长,后继承尧的职位,剪除四凶(鲧、共工、驩兜和三苗),命禹平水土,契管人民,益掌山川,皋陶为大理,扩大设官分职。禹:又称"大禹""夏禹""戎禹",鲧之子。原为夏后氏部落首领。奉舜之命治理洪水,开山辟水,兴修沟渠,疏导江河,并大力发展农业。前后治水十年,三过家门而不入。因治水有功,得继舜任部落联盟首领。稷(jì):为周族始祖。姬姓,名弃。相传为帝喾之子,又传其母姜源外出,偶履大人足印,遂怀孕而生,以为不祥,将他一度遗弃,故名之。好农耕,通稼穑之法,民皆仿效。尧时举为农师,教民耕种。舜时封于邰。周族认为他是最早种稷和麦的,因称"稷",后世奉为农神,亦称"后稷"。卨(xiè):相传为商族始祖。亦作"偰""契"。帝喾之子,母曰简狄。因助禹治水有功,被舜任为司徒,掌教化之职。封于商(今河南商丘)。神话传说简狄吞玄鸟之卵而生契。咎繇:或作"皋陶"。偃姓。舜命作掌刑法之官。以正直著称。禹继位,委之以政,被选为继承者。早死,未继位。

③"孔子曰"等句:语出《论语·子路》。颜师古注:"言如有受命王者,必三十年,仁政乃成。"世:三十年。

④逊:退让,辞让。禅(shàn):以帝王之位传人。

⑤"孔子曰"等句:语出《论语·八佾》。颜师古注:"《韶》,舜乐也。

孔子嘉舜之德，故听其乐，而云尽善尽美矣。”

⑥伯夷：西周武王时人。商朝孤竹君墨胎氏之长子。父立其弟叔齐，叔齐让位给他，不从，两人先后逃到周国。周武王伐纣，他们叩马谏阻。武王灭商后，两人耻食周粟，隐居首阳山，采薇而食，饿死在山里。太公：西周齐国国君，东海人，姜姓，吕氏，名尚，字子牙。家贫，钓于渭滨，文王遇之，与语，大悦曰：“吾太公望子久矣。”故称太公望，俗称姜太公。辅佐文王、武王为计灭商，有大功。武王时尊为师尚父，封于齐，至国修政，民多归之。后留周为太师，有征伐五侯九伯之权。

⑦守职之人：恪守职责的人。颜师古注：“谓若鼓方叔、播鼗武、少师阳之属也。”鼓方叔：击鼓的乐师，名方叔。播：摇。鼗（táo）：乐器名，长柄小摇鼓。

⑧闳夭、大颠、散宜生：都是周文王的贤臣。

⑨三公：周朝为最高辅政大臣的合称。

⑩见：显示。素王：有王者之德而无王者之位的人，这里特指孔子。

⑪“孔子曰”等句：语出《论语·八佾》。颜师古注：“《武》，周武王乐也。以其用兵伐纣，故有惭德，未尽善也。”

〔译文〕

董仲舒对策道：

臣听闻尧承受了天命，把天下的事当作忧虑的事，而不是把君位当作欢乐的事，所以诛杀、驱逐作乱的臣子，竭力地寻求贤圣的人，所以得到舜、禹、稷、卨、咎繇。众多圣明的人辅佐尧实行德政，贤能的人佐助他履行职责，于是政教风化广为推行，天下和谐融洽，万民都安于行仁德、乐于行道义，各自得到适宜的生活状态，行为举止符合礼和道。所以孔子说“如果有王者治理国家，必须经过三十年，而后才能实现仁政”，就是这个道理。

尧在位七十年，就让位给虞舜。尧死后，天下民众没有归心于尧的儿子丹朱，却归心于舜。舜知道不可躲避，于是即天子位，任用禹为相，继续任用尧时的贤臣来辅佐自己，继承了尧时的功业，所以不亲理政务，无为而治，却天下大治。孔子说“《韶》乐艺术形式好，思想内容也好”，就是这个道理。到了殷纣时，违背天道，暴虐万物，杀戮贤人智士，残害百姓。伯夷、姜太公都是当世的贤者，他们隐居而不愿意居于臣位。恪守职责的人，例如鼓方叔、播鼗武、少师阳，奔走逃亡到河海而不愿做官。天下黑暗混乱，万民无法安宁，所以天下人背弃殷纣而服从周。周文王顺从天命，治理天下，尊奉而重用贤圣之人，所以闳夭、大颠、散宜生等人也聚集在周的朝廷。他把爱施及万民，天下都归心于他，所以姜太公从东海之滨来辅佐他并位列三公之位。正当这时，商纣王还在天子之位，尊卑的位序昏乱不堪，百姓离散逃亡，因此周文王感到悲伤痛心并想要安定他们，他就每天处理朝政到太阳偏西，甚至没有时间吃饭。孔子作《春秋》，首先端正王道，再关联万事，这些都显示在孔子的文章中。由此来看，各个帝王治理国家的条理与常例相同，然而采用劳苦与安逸的不同方式，是因为所处的时代不同。孔子说“《武》乐艺术形式好，思想内容不完全好”，就是这个道理。

臣闻制度文采玄黄之饰[①]，所以明尊卑，异贵贱，而劝有德也。故《春秋》受命所先制者，改正朔，易服色[②]，所以应天也。然则宫室旌旗之制，有法而然者也。故孔子曰：“奢则不逊，俭则固。”[③]俭非圣人之中制也。臣闻良玉不瑑，资质润美，不待刻瑑，此亡异于达巷党人不学而自知也[④]。然则常玉不瑑，不成文章；君子不学，不成其德。

〔注释〕

①文采：错杂华丽的色彩。

②改正朔，易服色：改变历法，变更服装颜色。正朔，古指一年的第一天。正，一年的开始。朔，一月的开始。夏、商、周、秦所用历法不同，故每年开始的第一个月亦不同。夏正建寅，即以建寅之月（正月）为一年开始之月——正月。殷正建丑，即以建丑之月（十二月）为一年开始之月——正月。周正建子，即以建子之月（十一月）为一年开始之月——正月。秦虽统一了历法，但以建亥之月为岁首，即以夏历十月为岁首，但不改十月为正月，正月为四月，十月虽为岁首，仍称十月。汉王朝建立之初，一切沿用秦制，直至武帝太初元年（前104）正式改用夏历，《武帝纪》载"夏五月，正历，以正月为岁首，色上黄，数用五"。

③"孔子曰"等句：语出《论语·述而》。逊：谦逊，恭顺。固：鄙陋。

④达巷党人：指项橐。相传他七岁而为孔子师。

〔译文〕

臣听闻国家制定了饰物的各种色彩，例如玄黄之色，是用来分明尊卑、区别贵贱和劝勉人们要有德行的。所以《春秋》承受了天命，它首先制定的是改变历法与变更服装颜色，是为了顺应天命。那么宫室和旌旗的标准，是按照规制才会这样。所以孔子说："奢侈了就不够谦逊，节俭了就会鄙陋。"那么节俭不是圣人适中的制度。臣听闻美玉不需要雕琢，是因为它自然赋予的材质是温润美好的，用不着雕琢，这无异于项橐没有经过学习就自然知晓学问。但是普通的玉不经过雕琢,就不能成就美丽的光彩;君子不经过学习,就不能成就美好的品德。

臣闻圣王之治天下也,少则习之学,长则材诸位[①],爵禄以养其德,刑罚以威其恶,故民晓于礼谊而耻犯其上。武王行大谊[②],平残贼,周公作礼乐以文之[③],至于成康之隆[④],囹圄空虚四十馀年。此亦教化之渐而仁谊之流,非独伤肌肤之效也。至秦则不然。师申商之法[⑤],行韩非之说[⑥],憎帝王之道,以贪狼为俗[⑦],非有文德以教训于下也。诛名而不察实[⑧],为善者不必免,而犯恶者未必刑也。是以百官皆饰虚辞而不顾实,外有事君之礼,内有背上之心,造伪饰诈,趣利无耻;又好用憯酷之吏[⑨],赋敛亡度,竭民财力,百姓散亡,不得从耕织之业,群盗并起。是以刑者甚众,死者相望,而奸不息,俗化使然也。故孔子曰:“导之以政,齐之以刑,民免而无耻。”[⑩]此之谓也。

〔注释〕

①材诸位:应劭注:“随其材之优劣而授之位也。”

②武王:西周建立者。即姬发,文王次子。文王临终时,嘱他早图灭商。武王继位第二年,在孟津(今河南孟县南)大会诸侯,检阅军容,举行伐商演习。商纣王不加警戒,仍顽固拒谏,肆意伤残百姓,打击宗室重臣,引起众叛亲离。武王看到灭商时机成熟,亲率战车三百辆,虎贲三千人,甲士四万五千人,联合各方国部落,一举进攻商都朝歌(今河南淇县)。经

牧野(今河南淇县西南)会战,与阵前起义的商奴隶兵配合,推翻了纣王的暴虐统治,建立了西周王朝,定都镐京(今陕西西安西南),号称“宗周”。

③周公:即姬旦,文王第四子,一称叔旦,因采邑在周(今陕西岐山北),故称周公。曾辅佐武王伐商,多次建功。武王死,因成王年幼,由他摄理政事。管叔、蔡叔等起而反对,散布流言蜚语,纣子武庚乘机勾结管、蔡和东夷部族联合叛周。他亲率大军再次东征,讨平叛乱。又派召公奭营建东都雒邑(今河南洛阳),驻兵八师,对殷顽民加强监督,称成周。全面实行封邦建国方针,先后建置七十一国,包括同姓五十五人,异姓十六人,作为捍卫王室的屏藩。在封区范围内普遍推行井田制,将土地统一规划,巩固和加强了奴隶制国家的经济基础。归政成王后,他把主要精力用于制礼作乐,建立各项典章制度,使奴隶制获得进一步的巩固。一生注重礼贤下士,善待来者,并主张“明德慎罚”,即使对待殷人,也实行“义刑义杀”。

④成康:指周成王、周康王。周成王:即姬诵。文王之孙,武王之子。武王死时,他年幼,由周公旦摄理政事,安定大局。亲政后,继续大封诸侯,加强宗法统治权力;又委任周公制礼作乐,规划各项典章制度,奠定了西周王朝的根基。周康王:即姬钊。成王之子。即位后经济持续发展,政局日益稳定,曾发动对鬼方(今陕西西北境)及东南各地的战争,掠夺奴隶和土地,分赏给各级贵族。

⑤申商:指申不害、商鞅,皆为战国时期法家代表人物。申不害:以“术”著称,为韩昭侯相,为相期间,内修政教,外应诸侯,国治兵强。但法治改革贯彻不力,为法家韩非所诟病。商鞅:为秦孝公相,根据李悝《法经》,结合秦国实际制定出一整套变法方案,这些改革措施推动了社会生产力的发展,使秦国得以富强。

⑥韩非:指韩非子,战国末期思想家,法家代表人物。他原为韩国公族,与李斯同出荀卿门下,曾多次上书韩王倡议变法图强却未被采用,乃发奋著书立说。后来秦王政慕其名,遗书韩王,强邀他出使秦国。他提出

“以法为本”“法”“术”“势”结合的政治理论。在秦为李斯、姚贾所诬害，冤死狱中。

⑦贪狼：颜师古注：“狼性皆贪，故谓贪为贪狼也。”

⑧诛：责。

⑨憯（cǎn）：同“惨”，惨毒。

⑩“孔子曰”等句：语出《论语·为政》。颜师古注：“言以政法教导之，以刑戮整齐之，则人苟免而已，无耻愧也。”

〔译文〕

臣听闻圣明的君王治理天下，臣民们年少时就教导他们学习知识，年长时就根据他们的才能优劣授予适当的职位，官爵和俸禄修养了他们的品德，刑罚政令震慑了他们的恶劣行为，所以民众知晓礼义而耻于犯上作乱。周武王推行大义，平定了商纣的残暴统治，周公制礼作乐，以文教治民，到了周成王和周康王的兴隆盛世，天下没有犯法，牢狱空虚了四十多年。这也是教化的影响与仁义的施行，不仅仅依靠刑罚手段的功效。到了秦朝就不是这样。秦朝效法申不害、商鞅的法治改革，推行韩非子的学说，憎恶古代帝王的治国之道，使得像狼一样贪婪残暴成为风俗，不用礼乐教化来教导训诫民众。责罚有罪名的人而不去核查实际情况，行善的人未必免于刑罚，但作恶的人未必受到刑罚。这是因为朝廷百官都用不实的话粉饰太平却不顾及实际，外在表现出侍奉君主的礼仪，内心却满怀着背叛君主的思想，弄虚作假以掩饰狡诈，追逐利益，毫无羞耻；又喜欢任用严刑峻法、惨毒人民的官吏，征收赋税不依法度，耗竭了民众的财力，民众离散逃亡，不能从事耕种和纺织的劳作，同时出现了许多结伙盗窃的行为。所以受到刑罚的人越来越多,死亡的人接连不断,但是作奸犯法的事情没有停止,这是风俗教化所造成的。所以孔子说:"用政令教导民众,用刑罚整顿社会,民众因为惧怕政令和刑罚才免于犯罪,却没有羞耻愧疚之心。"说的就是这个道理。

今陛下并有天下,海内莫不率服①,广览兼听,极群下之知,尽天下之美,至德昭然,施于方外。夜郎②、康居③,殊方万里,说德归谊,此太平之致也。然而功不加于百姓者,殆王心未加焉④。曾子曰⑤:"尊其所闻,则高明矣;行其所知,则光大矣。高明光大,不在于它,在乎加之意而已。"愿陛下因用所闻,设诚于内而致行之,则三王何异哉!

〔注释〕

①率:遵循。

②夜郎:古国名。南夷民族建立之国。其地在战国至秦汉时主要有今贵州(除去东北部)、广西西北部、云南东部及四川南部边缘地带。秦及汉初,已进入定居的农业社会。与南越、巴、蜀皆有经济联系。汉武帝元鼎六年(前111)于其地置牂柯郡,同时并存夜郎国号。

③康居:古西域国名。汉时地处大宛西北,大月氏之北,乌孙以西,奄蔡之东,丁零、坚昆以南。境域约当今哈萨克斯坦南部及锡尔河中上游(包括乌兹别克斯坦东部地)。居民以游牧为主。

④殆(dài):大概,恐怕。

⑤曾子:即曾参。春秋时鲁国南武城(今山东费县西南)人。字子舆,

为孔子弟子。曾任小吏,俸禄不过釜钟,而自乐其职,孝养父母,后南游于越。年五十余而卒于鲁。孔子誉其能通孝道,曾作《孝经》。后世称其为“述圣”。

〔译文〕

现今陛下统一了天下,四海之内没有不遵循、归服的,您广泛地考察并听取多方面的意见,极尽群臣的智慧,尽显天下贤者的美德,并彰显您的盛德施及域外。夜郎与康居,远在万里之外,却欣赏您的盛德并归服于您的大义,这是天下太平的到来。然而盛世功业没有施加到百姓,大概是您的内心想法还没有施加到百姓。曾子说:“尊崇自己所听到的意见,就高超明智了;实行自己所知道的道理,就光显盛大了。思想的高超明智与功业的光显盛大,不在于其他,而在于诚心地施行罢了。”希望陛下继续采用所听到的多方面意见,诚心地去施行国家政策,那么与三代圣王又有什么不同呢!

陛下亲耕藉田以为农先,夙寤晨兴,忧劳万民,思惟往古,而务以求贤,此亦尧舜之用心也,然而未云获者,士素不厉也[①]。夫不素养士而欲求贤,譬犹不琢玉而求文采也。故养士之大者,莫大虖太学;太学者,贤士之所关也[②],教化之本原也。今以一郡一国之众,对亡应书者[③],是王道往往而绝也。臣愿陛下兴太学,置明师,以养天下之士,数考问以尽其材,则英俊宜可得矣。今之郡守、县令,民之师帅[④],所使承流而宣化也;故师帅不贤，则主德不宣，恩泽不流。今吏既亡教训于下，或不承用主上之法，暴虐百姓，与奸为市⑤，贫穷孤弱，冤苦失职，甚不称陛下之意。是以阴阳错缪，氛气充塞，群生寡遂，黎民未济，皆长吏不明⑥，使至于此也。

〔注释〕

①厉：磨砺。

②关：由。

③书：颜师古注："书谓举贤良文学之诏书也。"

④师帅：表率。帅：同"率"。

⑤与奸为市：颜师古注："言小吏有为奸欺者，守令不举，乃反与之交易求利也。"

⑥长吏：汉朝一般称六百石以上官吏为长吏。县丞(尉)秩虽四百石至二百石，也与县令(长)并称长吏。

〔译文〕

陛下亲自率耕农田为农民做先导，早晨睡醒起来，为万民忧虑而操劳，思念远古的盛世，致力于寻求贤士，这也是尧舜那样的明君尽心去做的事，却不曾有所收获，是因为人才平时没有受到教育的磨砺。平时没有培养人才却想要寻求贤士辅助自己，就像不雕琢玉却要求有美丽的光彩。所以培养人才最重要的方式在于兴办太学；太学是产生贤士的地方，是教化的本原。现今每个郡国的人口有很多，有的郡国却没有应"举贤良文学"诏书进行对策的人。这是王道常常断绝的原因。臣希望陛下兴办太学，选派贤明的老师去培养天下的人才，多次考核询问他们的学习情况以充分地展现他们的才能，那么才能出众的人就可以得到了。现今的郡守、县令，是民众的表率，他们承接良好的风尚传统去宣扬君德、教化民众；所以民众的表率不是贤士的话，君主的盛德就无法宣扬，君主的恩泽就无法流传。现今的官吏既没有教导训诫下属，又不承接并实行君主的法令，暴虐百姓，与欺诈百姓的奸邪小吏进行交易而谋求私利，使得百姓贫穷孤弱、冤屈痛苦、流离失所，严重地违背了陛下的意愿。所以阴阳错乱，国家充满了恶气，众生难以顺利地成长，民众没有得到救济，都是因为长吏不贤明，才造成这样的局面。

夫长吏多出于郎中、中郎①，吏二千石子弟选郎吏②，又以富訾③，未必贤也。且古所谓功者，以任官称职为差，非谓积日累久也。故小材虽累日，不离于小官；贤材虽未久，不害为辅佐④。是以有司竭力尽知，务治其业而以赴功。今则不然。絫日以取贵，积久以致官，是以廉耻贸乱，贤不肖浑殽，未得其真。臣愚以为使诸列侯、郡守、二千石各择其吏民之贤者⑤，岁贡各二人以给宿卫⑥，且以观大臣之能；所贡贤者有赏，所贡不肖者有罚。夫如是，诸侯、吏二千石皆尽心于求贤，天下之士可得而官使也⑦。遍得天下之贤人，则三王之盛易为，而尧舜之名可及也。毋以日月为功，实试贤能为上，量材而授官，录德而定位，则廉耻殊路，贤不肖异处矣。陛下加惠，宽臣之罪，令勿牵制于文，使得切磋究之，臣敢不尽愚！

〔注释〕

①郎中:官名。春秋战国为郎官通称,侍从君主左右,参与谋议,执兵宿卫,亦备差遣出使。秦、西汉掌执戟殿下,守卫宫殿门户,出充车骑扈从,又分车、户、骑郎,隶郎中令所辖郎中车、户、骑将。其初多由功臣充任,地位亲近尊显,后稍减,位次中郎、侍郎,秩比三百石。任满一定期限,选补内外官职。中郎:官名。秦、西汉高级郎官之一,秩比六百石,位高于侍郎、郎中。给事禁中,宿卫宫禁,出充车骑,常侍皇帝左右,拾遗补缺,参议政事,在郎官中与皇帝最亲近。武帝以后由议郎专职议论,拾遗补缺,中郎仍职宿卫近侍,亦常给事于中朝、外朝各种机构。隶郎中令,由五官、左、右中郎将分别统率。

②郎吏:汉朝对中郎、侍郎、郎中等的统称。亦称"郎官"。

③訾:同"资"。

④害:妨害。

⑤愚:自称的谦辞。

⑥岁贡:古代地方定期向中央政权贡士的制度。

⑦官使:颜师古注:"授之以官,以使其材也。"

〔译文〕

朝中的长吏多数出于郎中、中郎,从俸禄等级二千石的官吏子弟中选任郎吏,又有富有的资财,却未必贤明。而且古时所说的官吏的功绩,是依照做官是否称职来区分优劣的,并不是说以做官时间的长短来评判。所以才能较低的人即使做官时间长,不会被调离较低的官位;才能出众的人即使做官时间短,并不妨碍他成为辅佐国君的重臣。所以各个部门的官吏都竭力地展现自己的才智,致力于处理好政务,争取建立功业。现今却不是这样。官吏们积累长久的做官时间就可以得到尊贵的官位，所以廉洁的人和无耻的人混淆在一起，贤能的人和不贤的人混杂不堪，得不到真正的贤士。臣认为让各位诸侯、郡守、俸禄等级二千石的大臣们，各自从所管辖的官吏、民众中挑选出贤者，定期向朝廷荐举两人来担任宫中的宿卫，并且以此观察大臣们挑选贤者的能力；所荐举的人贤能就有奖赏，所荐举的人不贤就有惩罚。如果这样做，诸侯、俸禄等级二千石的大臣们都尽心地寻求贤才，那么天下的贤士就会被陛下得到并被授予官职发挥他们的才能。如果得到天下的所有贤人，那么三王的盛世就很容易做到，尧舜的盛名也可以赶上。不要依照做官时间的长短来评判官吏的功绩，实际考核他们的贤能为主要依据，衡量了才能后再授予官职，考察了德行后再确定职位，这样，廉洁的人和无耻的人有所区别，贤能的人和不贤的人处于不同的官位了。请陛下外加恩惠，宽恕臣的罪过，让我不惧怕被文臣之法牵累，使得能够切磋研究，臣怎敢不尽心地对策！

对既毕，天子以仲舒为江都相[①]，事易王[②]。易王，帝兄，素骄，好勇。仲舒以礼谊匡正，王敬重焉。久之，王问仲舒曰："粤王句践与大夫泄庸、种、蠡谋伐吴[③]，遂灭之。孔子称殷有三仁[④]，寡人亦以为粤有三仁。桓公决疑于管仲[⑤]，寡人决疑于君。"仲舒对曰："臣愚不足以奉大对。闻昔者鲁君问柳下惠[⑥]：'吾欲伐齐，何如？'柳下惠曰：'不可。'归而有忧色，曰：'吾闻伐国不问仁人，此言何为至于我哉！'徒见问耳[⑦]，且犹羞之，况设诈以伐吴乎？繇此言之，粤本无一仁。夫仁人者，正其谊不谋其利，明其道不计其功，是以仲尼之门，五尺之童羞称五伯⑧，为其先诈力而后仁谊也。苟为诈而已，故不足称于大君子之门也⑨。五伯比于他诸侯为贤，其比三王，犹武夫之与美玉也⑩。"王曰："善。"

〔注释〕

①江都：诸侯王国名。汉景帝之子刘非封国。都广陵（故治在今江苏扬州西北蜀冈上）。辖境相当今江苏淮河故道以南地区和长江以南的江苏茅山以西，浙江新安江流域以北，安徽黟县、歙县、宣城、芜湖以东地区。汉武帝元狩二年（前121）王国除，改为广陵郡。

②易王：即刘非。西汉诸侯王，景帝之子。有才气。景帝二年（前155）封汝南王。次年，吴楚七国乱，他上书请自击吴，景帝赐予将军印，率军与汉军并力平乱。四年，改封江都王，受令治吴王刘濞领地。在位生活奢侈，大治宫馆，招纳四方豪杰。元朔元年卒，谥易。

③粤：古国名。一作"越"，即春秋战国时的越国。句（gōu）践：一作"勾践"。春秋末越国国君。周敬王二十四年（前496）即位。同年，败吴于槜李，吴王阖闾受伤，旋死。三年后，败于夫差，屈服求和。后返国，任用范蠡、文种整顿国政，卧薪尝胆，十年生聚，十年教训，终一举攻破吴国，迫夫差自杀。又乘胜北上，在徐州（今山东滕州南）大会诸侯，号称霸主。泄庸：春秋时越国大夫。种：文种。春秋时楚国郢人，字少禽，一作子禽，事越王句践为大夫。越被吴击败，困守会稽，文种献计贿赂吴太宰嚭，得免亡国。句践回国后，授以国政，上下刻苦图强，终于灭吴。后句践听信谗言，赐剑令自杀。蠡（lǐ）：范蠡，即陶朱公。春秋时楚国宛人，字少伯。越国大夫。与宛令文种为友，随种入越事越王允常。句践继立，用为谋臣。越为吴所败，文种守国，蠡乞成于吴，且随句践为臣仆于吴三年。既

归,与文种戮力图强。句践十五年,破吴都。二十二年越围吴,三年而灭吴,为上将军。蠡以大名之下难以久居,且句践为人可与共患难而难与处安。相传易名鸱夷子皮赴齐,治产获千万,复散财以去。旋入宋,止于陶,自称陶朱公。经商成巨富,卒于陶。

④殷有三仁:语出《论语·微子》。三仁:指微子、箕子、比干。微子规劝殷纣王不听,便离开朝廷;而箕子劝说殷纣王不听,最后被降为奴隶;比干屡次进谏纣王不听,最后被杀。"三仁"去,殷不久即亡。

⑤桓公:齐桓公。春秋时齐国国君。姜姓,名小白,襄公之弟。襄公被杀,与公子纠争位,得立为君,任管仲为相。周襄王元年(前651),在蔡丘(今河南兰考)约集宋、鲁、卫、郑、许、曹等国会盟,周襄王亦派代表参加,并正式承认其为"盟主"。在位期间,"九合诸侯,一匡天下",首开春秋时期大国称霸之局面。在位四十二年卒,谥桓。管仲:春秋时齐国大臣。初事公子纠。襄公乱政,他和公子纠逃奔鲁国,旋助纠与公子小白(即齐桓公)争夺君位,遭失败。桓公欲治其罪,经鲍叔牙力荐,任齐相,助桓公进行改革。

⑥柳下惠:春秋时鲁国大夫。即展禽,名获,字禽。食邑在柳下,谥惠,故称"柳下惠"。曾任士师(刑狱官)。僖公二十六年(前634),齐伐鲁,他曾派人劝齐退兵。以善于讲究贵族礼节著称,深受孔子赞赏。

⑦徒:仅。见:助动词。表示被动,相当于"被"。

⑧五伯:亦作"五霸"。指春秋时期先后争霸的五个诸侯,说法不一。一说指齐桓公、晋文公、宋襄公、楚庄王、秦穆公;一说指齐桓公、晋文公、楚庄王、吴王阖闾、越王勾践。

⑨大:张晏注:"仲尼之门,故称大也。"

⑩武夫:似玉的美石,赤地白纹。亦作珷玞、碔砆。

〔译文〕

对策已经完毕,武帝任命董仲舒为江都相,辅佐易王刘非。

易王是武帝的兄长，素来骄横，好逞勇武。董仲舒用礼义匡正易王，易王对他很敬重。过了一段时间，易王问董仲舒道："越王勾践与大夫泄庸、文种、范蠡谋划攻打吴国，终于消灭了吴国。孔子称殷纣王有三位仁人是微子、箕子、比干，我认为越王勾践也有三位仁人是泄庸、文种、范蠡。管仲辅助齐桓公解决疑难问题，你辅助我解决疑难问题。"董仲舒回答道："臣愚昧不足以对答您的策问。我听闻鲁国国君曾经问鲁国大夫柳下惠道：'我想要攻打齐国，怎么样？'柳下惠回答：'不可以。'他回家后很忧愁，说：'我听闻攻打别国这样的事不询问仁德的人，这么说来为什么国君问我呢！'柳下惠仅被询问罢了，尚且感到羞愧，何况是施用诡计去攻打吴国呢？由此说来，越国根本没有一位仁人。被称作仁人的人，端正"义"却不谋私利，阐明"道"却不计功劳，所以孔子的弟子中，即使是未成年的孩童也羞于谈论春秋五霸，因为他们以诡诈武力为先，而后才推行仁义。越王君臣姑且施用诡计而已，所以不足以孔子弟子谈论。春秋五霸比其他诸侯贤明，可是与三代圣王相比，就好像似玉的石块与美玉相比。"易王说："说得好。"

仲舒治国，以《春秋》灾异之变推阴阳所以错行，故求雨，闭诸阳，纵诸阴，其止雨反是；行之一国，未尝不得所欲。中废为中大夫[①]。先是辽东高庙、长陵高园殿灾[②]，仲舒居家推说其意，草稿未上，主父偃候仲舒[③]，私见，嫉之，窃其书而奏焉。上召视诸儒，仲舒弟子吕步舒不知其师书，以为大愚。于是下仲舒吏，当死，诏赦之。

仲舒遂不敢复言灾异。

〔注释〕

①中大夫：官名。秦、汉时置，为皇帝侍从官员，属郎中令，秩比二千石。掌论议，无定员，多至数十人。汉武帝太初元年(前104)更名光禄大夫。

②辽东：郡名。因在辽水之东得名。治所在襄平(今辽宁辽阳)。《地理志》载领县十八。辖境相当今辽宁本溪、朝鲜博川以西，辽宁大凌河下游、阜新以东，新民、铁岭以南地区。高庙：宗庙名。祀汉高祖。本在今陕西西安市西北汉长安故城。惠帝即位，遍布各郡国。长陵高园：古陵园名。汉高祖长陵陵园。故址在今陕西咸阳市东北白庙村东。《汉书·五行志》："武帝建元六年六月丁酉，辽东高庙灾。四月壬子，高园便殿火。"

③主父偃：西汉官吏。初习纵横家言，晚乃学《易》《春秋》及百家之说。武帝元光初上书言事，共举九事，内八事为律令，一为谏伐匈奴，被任为郎中。一年之内四次迁官，至中大夫。提出削弱诸侯王势力的"推恩令"，主张抑制豪强贵族的兼并，建议设置朔方郡，以抗击北方匈奴的侵扰。

〔译文〕

董仲舒辅佐治国，是考察《春秋》记载的灾异变化，推导阴阳交感运行的规律，所以求雨时闭阳纵阴，止雨时闭阴纵阳；这种求雨、止雨的方法推行到整个江都国，产生了很好的效果。后来董仲舒的江都相一职被废，为中大夫。在这之前，辽东郡的高祖庙和长陵高园殿先后发生火灾，董仲舒在家推论火灾的天意，奏章草稿写好了还没呈给武帝，这时主父偃来探望他，私自看了奏章草稿后很是嫉妒，便窃取了他的奏章草稿而上奏武帝。武帝召集了很多儒生给他们看，董仲舒的弟子吕步舒不知道这是自己老师的奏章草稿，认为是非常愚昧的。于是董仲舒被治罪，应当处以死刑，武帝下诏赦免了他。董仲舒于是不敢再谈论灾异之说。

仲舒为人廉直。是时方外攘四夷[①]，公孙弘治《春秋》不如仲舒，而弘希世用事，位至公卿[②]。仲舒以弘为从谀，弘嫉之。胶西王亦上兄也[③]，尤纵恣，数害吏二千石。弘乃言于上曰："独董仲舒可使相胶西王。"胶西王闻仲舒大儒，善待之，仲舒恐久获罪，病免。凡相两国，辄事骄王，正身以率下，数上疏谏争，教令国中，所居而治。及去位归居，终不问家产业，以修学著书为事。

〔注释〕

①四夷：东夷、西戎、南蛮、北狄。为古代对华夏族以外四方各民族的泛称。

②公卿：古代泛指中央高级官员。

③胶西王：即刘端，景帝之子。景帝前元三年（前 154）平定吴楚七国之乱后，被封为胶西王。为人狠戾，数犯朝廷之法，景帝不忍诛杀，削去封地大半。他心怀不满，就故意不修府库，致使财物腐坏以巨万计。又令吏毋收租赋，皆撤宫卫，封其宫门，仅剩一门出入。并数变名姓，为布衣私出封国境，行为乖张。

〔译文〕

董仲舒为人廉洁持正。这时候正当朝廷向外排除四方少数民族的侵扰，公孙弘研学《春秋》的成就不如董仲舒，但是公孙弘善于逢迎世俗，掌握大权，位至公卿。董仲舒认为公孙弘专擅阿谀奉承，公孙弘嫉妒董仲舒。胶西王也是武帝的兄长，十分放纵肆意，狠毒暴戾，多次谋害二千石的官吏。公孙弘于是对武帝说："只有董仲舒可以担当胶西王相。"胶西王刘端素闻董仲舒道德学问修养极高，很好地礼遇他，董仲舒害怕居官久了会获罪，就称病辞官回家。董仲舒共计做过江都相、胶西相，总是辅佐骄横的诸侯王，他端正自身为下属作表率，多次向武帝进呈奏疏直言进谏，在国中颁布教令，他所居官的江都、胶西两国治理得很好。到了卸职回家后，他始终不问家族产业，把研习学问、撰写著作为主要事情。

仲舒在家，朝廷如有大议，使使者及廷尉张汤就其家而问之①，其对皆有明法。自武帝初立，魏其、武安侯为相而隆儒矣②。及仲舒对册，推明孔氏，抑黜百家。立学校之官，州郡举茂材孝廉③，皆自仲舒发之。年老，以寿终于家。家徙茂陵，子及孙皆以学至大官。

〔注释〕

①就：趋近。这里引申为往那里去。

②魏其、武安侯：魏其侯窦婴、武安侯田蚡。隆：尊崇，重视。

③茂材：两汉察举科目名。颜师古注："茂，美也。茂材者，有美材之人也。"始置于武帝元封五年（前106），时称秀才，后因避光武帝刘秀讳改为现名。其举主具有多元性，但以州举最为常见。所举之人资历高，任用重，相对人数亦少，是比举孝廉更高一级的察举。两汉绝无先察茂材后举

孝廉的实例。孝廉:察举科目名。始置于汉武帝元光元年(前134)。孝廉即孝子、廉吏。为两汉最重要的岁举科目,是汉世选官的最主要途径之一。西汉时规定郡国每年向中央举荐二人;东汉改为按郡国人口比例贡举,率二十万人岁举一人,另还有限年考试之法。所举之人,多为儒者,官贵子弟居多数,但也确有部分平民乃至穷苦读书人入选。其授官,大多先拜郎中,然后内升或外放。

〔译文〕

董仲舒在家时,朝廷如果集议国家大事,就派遣使者和廷尉张汤去他家询问他的建议,他的对策都有明确的法令依据。从武帝刚开始即位,魏其侯窦婴和武安侯田蚡任丞相而尊崇儒学。到了董仲舒对策,推崇宣扬孔子,抑黜百家。设立管理学校的官吏,州郡举荐茂材孝廉,都是从董仲舒开始的。董仲舒年老时,在家安然死去。后来他家徙到茂陵,他的儿子和孙子都凭借学问官至高位。

仲舒所著,皆明经术之意,及上疏条教,凡百二十三篇。而说《春秋》事得失,《闻举》《玉杯》《蕃露》《清明》《竹林》之属,复数十篇①,十馀万言,皆传于后世。掇其切当世施朝廷者著于篇②。

〔注释〕

①复:又。

②掇(duó):摘取,选取。

〔译文〕

董仲舒的著说，都是阐明儒家经学意旨的，以及向皇帝进呈的奏章，为江都、胶西相的教令，共计一百二十三篇。而解说《春秋》记事的得失，《闻举》《玉杯》《蕃露》《清明》和《竹林》之类的篇目，又有几十篇，十多万字，都传播到了后世。我选取其中切合当世情况及朝廷可以施行的内容写在本篇。

赞曰：刘向称“董仲舒有王佐之材①，虽伊吕亡以加②，管晏之属③，伯者之佐，殆不及也④。”至向子歆以为“伊吕乃圣人之耦⑤，王者不得则不兴。故颜渊死⑥，孔子曰‘噫！天丧余。’⑦唯此一人为能当之，自宰我、子赣、子游、子夏不与焉⑧。仲舒遭汉承秦灭学之后，《六经》离析，下帷发愤，潜心大业，令后学者有所统壹，为群儒首。然考其师友渊源所渐⑨，犹未及乎游夏⑩，而曰管晏弗及，伊吕不加，过矣。”至向曾孙龚，笃论君子也，以歆之言为然。

〔注释〕

①刘向：西汉学者。楚元王刘交四世孙。年十二为辇郎，二十岁任谏大夫。宣帝时，与王褒、张子侨等名儒进见而对诏命，献赋颂数十篇，为帝所赏识，迁散骑大夫给事中。元帝时，曾用阴阳灾异推论时政得失，弹劾外戚宦官专权，遭排挤打击，曾两次入狱，罢官数年。成帝即位，复被起用，后迁光禄大夫，官至中垒校尉。博极群书，兼善绘画。撰有《新序》《说

苑》五十篇，分类编纂先秦至汉朝史事，又整理宫廷藏书，撰成《别录》，为我国目录学之祖。

②伊吕：伊尹、吕望。伊尹：商初大臣。原名伊挚，尹为官名。汤时任右相，助汤灭夏建商。汤卒，历相外丙、仲壬、太甲。吕望：西周开国功臣。姜姓，名尚，字子牙。其先封于吕，故又以吕为氏。相传年老时隐居渭水之阳垂钓，文王用为太师，号“太公望”。武王即位，尊为师尚父。辅佐武王灭纣，以功封于齐，为齐国始祖，故称齐太公。

③管晏：管仲、晏婴。晏婴：春秋时齐国大臣、政治家。字仲，谥平，称“晏平仲”，或“晏子”。齐灵公二十六年（前556），其父晏桓子卒，他继任齐卿，执政五十余年，以力行俭朴、恭谨下士、诤谏直劝著称于时。后人采其言行编成《晏子春秋》。

④殆（dài）：大概，恐怕。

⑤歆：即刘歆。西汉古文经学家。少时通《诗》《书》，能属文，为成帝召为黄门郎。河平中，受诏与父刘向共领校秘书，讲六艺传记，诸子、诗赋、数术、方技，无所不究。向死，继为中垒校尉。哀帝初，被王莽荐举任侍中太中大夫，迁骑都尉，奉车光禄大夫。复领《五经》，完成刘向未竟之业，集六艺群书，分门别类，编成《七略》奏上，是我国历史上第一部图书目录书。耦（ǒu）：成双，匹配。

⑥颜渊：春秋时鲁国人。字子渊，一作“颜回”，孔子门人。以好学著称，重德行，恪守“仁”。虽箪食瓢饮，贫居陋巷，而不改其乐，以贤为孔子称道。年三十二卒。

⑦“孔子曰”句：语出《论语·先进》。噫（yī）：叹词。

⑧宰我、子赣、子游、子夏：皆为孔子弟子。宰我：名予，字我，又作“子我”，善于言辞。仕于齐，任临淄大夫。子赣：姓端木氏，名赐，字子贡。卫国人，亦曰卫赐。善辞令。经商于曹、鲁间，富至千金。曾于鲁、卫做官，又游说齐、吴，促使吴伐齐救鲁。子游：姓言氏，名偃，擅长文学。曾任武城宰，提倡以礼乐为教，境内有“弦歌之声”。尝宣扬孔子关于“君子学道

则爱人,小人学道则易使也”的观点。子夏:姓卜,名商。古人称其才优品高,尤以文学见称。为莒父宰。孔子死后,到魏国讲学。主张国君习《春秋》,提出“学而优则仕,仕而优则学”等观点。与(yù):参与。

⑨渐:浸润。

⑩犹:副词,尚且。

〔译文〕

班固评论说:刘向称“董仲舒有辅佐君王的才能,即使是伊尹、吕望也不能超过他,管仲、晏婴之类,是称霸者的辅佐,恐怕是比不上他的。”刘向的儿子刘歆认为“伊尹、吕望是圣人的匹配,王者得不到他们就不能兴旺。所以颜渊死去,孔子说‘噫!天要亡我。’只有颜渊一人的才能和伊尹、吕望相当,至于宰我、子赣、子游、子夏等人就不能参与其中。董仲舒遭逢汉朝承接秦朝的焚书坑儒之后,《六经》分崩离析,于是他教授弟子、发愤钻研,潜心于经学大业,使得后来的儒家学者有所统一,成了群儒的首领。然而考察他的师友渊源的浸润关系,董仲舒尚且赶不上子游、子夏,却说管仲、晏婴比不上他,伊尹、吕望不能超过他,这是错误的。”到了刘向的曾孙刘龚,他是可以确当评论的君子,他认为刘歆说的话是对的。

张骞传

〔题解〕

张骞是西汉著名的外交家,在中国历史上为开辟通往西域的丝绸之路立下了汗马功绩。本篇选自《张骞李广利传》,集中体现了张骞历经艰辛两次出使西域的事迹,材料丰富,记述翔实,具有实录精神。第一次于武帝建元二年(前139)张骞应募出使月氏,去联络共击匈奴,他亲历大宛、康居、大月氏、大夏等地,在来去途中还曾被匈奴扣留十余年,他做到了不失汉节,始终保持坚贞不屈,终回汉朝。即使因为大月氏不愿攻打匈奴而未完成出使任务,但他却带回了西域各国的政治经济、地形地况、风土人情等信息,并向武帝提出从西南绕道北通西域的建议。第二次于元狩四年(前119)他奉命出使乌孙,来分离匈奴的力量。虽然乌孙未与汉朝结盟,但他分别派遣副使去到大夏等国,自此开通了丝绸之路。正因博望侯张骞"为人强力,宽大信人",在西域声望极高,所以之后出使西域的使者都称"博望侯"。

张骞坚韧不拔的毅力、高尚的民族气节、以国家使命为己任的担当,闪耀着人格魅力的光辉,为后人树立了榜样。他的两次出使,增进了汉朝与西域各国政治经济文化等多方面的联系,并对中西方的交流有筚路蓝缕的“凿空”之功，至今为人称道。

张骞，汉中人也①，建元中为郎。时匈奴降者言匈奴破月氏王②，以其头为饮器，月氏遁而怨匈奴③，无与共击之。汉方欲事灭胡，闻此言，欲通使，道必更匈奴中④，乃募能使者。骞以郎应募，使月氏，与堂邑氏奴甘父俱出陇西⑤。径匈奴，匈奴得之，传诣单于。单于曰：“月氏在吾北，汉何以得往使？吾欲使越，汉肯听我乎？”留骞十馀岁，予妻，有子，然骞持汉节不失。

〔注释〕

①汉中：郡名，治所在南郑县（今陕西汉中市）。

②月氏（zhī）：古族名。原在敦煌、祁连间（今甘肃兰州以西至敦煌的河西走廊一带）。汉文帝时，因遭匈奴攻击，大部分西迁塞种地区（今新疆西部伊犁河流域及其迤西一带），后又西迁大夏（今阿姆河上流），称大月氏；一部分进入南山（今祁连山），与羌人杂居，称小月氏。

③遁（dùn）：逃走，逃避。

④更：经过。

⑤甘父：本为胡人，后为汉人堂邑氏家奴，史称堂邑父。甘父是他的本名。陇西：郡名，治所在狄道县（今甘肃临洮县）。

〔译文〕

张骞，汉中郡人，汉武帝建元年间任郎官。当时匈奴的投降者说，匈奴攻破月氏王，用他的头作为饮酒器具，月氏人逃走了并且很怨恨匈奴，但是无人援助他们共同打击匈奴。汉朝本就想消灭匈奴，听到这个消息，打算与月氏互通使者，但途中必须经过匈奴地区，于是就招募能够出使月氏的人。张骞以郎官的身份应募，出使月氏，与堂邑氏的家奴甘父一起从陇西郡出发。途经匈奴时，被匈奴人擒获，移送到单于处。单于说："月氏在我们的北面，汉朝怎么能往月氏派遣使者呢？如果我想派使者到南越，汉朝能够听我的吗？"就这样，将张骞留在匈奴十几年，给他娶妻子并生了孩子，但是张骞始终保留着汉天子所授予的符节，不曾丢失。

乡居匈奴西，骞因与其属亡乡月氏，西走数十日至大宛①。大宛闻汉之饶财，欲通不得，见骞，喜，问欲何之。骞曰："为汉使月氏而为匈奴所闭道，今亡，唯王使人道送我。诚得至，反汉，汉之赂遗王财物不可胜言。"大宛以为然，遣骞，为发译道②，抵康居③。康居传致大月氏。大月氏王已为胡所杀，立其夫人为王。既臣大夏而君之④，地肥饶，少寇，志安乐，又自以远远汉，殊无报胡之心。骞从月氏至大夏，竟不能得月氏要领。

［注释］

①大宛（yuān）：古西域国名。领地相当今中亚费尔干纳盆地。居民多从事农牧业，商业也较为发达，产葡萄、苜蓿，以产汗血马而著名。自从张骞出使西域后，与汉朝往来逐渐频繁。

②道（dǎo）：向导。

③抵：到达。康居：古西域国名。汉朝时地处大宛西北，大月氏以北，乌孙以西，奄蔡以东，丁零、坚昆以南。境域约在今哈萨克斯坦南部及锡

尔河中上游(包括乌兹别克东部)。居民以游牧为主。

④大夏:中亚古国名。其地在兴都库什山与阿姆河上游之间,即今阿富汗北部。本为古波斯帝国一行省,后隶属于马其顿亚历山大帝国与塞琉西王国。公元前3世纪中叶独立,都城在蓝市城(即今阿富汗巴里黑),公元前3世纪末至前2世纪初国力强盛,辖区范围北起阿姆河上游、南至印度河流域的广大地区,后来分裂、衰落。约在公元前140年—前130年被大月氏人吞并。

〔译文〕

张骞居住在匈奴的西边,由此可以与一起出使的官属逃向月氏,他们向西奔走了数十天抵达大宛。大宛人听说汉朝资财富足,想和汉朝往来却未能实现,他们见到张骞很高兴,就问张骞想要做什么。张骞说:"我是汉朝派来出使月氏的使者,却被匈奴阻拦了道路,如今逃亡出来,希望大王派人引路送我。如果真能到达大月氏的话,待我返回汉朝时,汉朝送给大王的礼物将数不胜数。"大宛王认可了张骞的说法,送别张骞,并为他派遣了翻译和向导,从而到达了康居。康居人又将他们送到了大月氏。大月氏王已经被匈奴人杀死,大月氏人拥立了他的夫人为新王。大月氏人使大夏人臣服,并成为他们的君主,这里土地肥沃富饶,很少有敌寇入侵,他们以享受安宁快乐的生活为志向,又自认为与汉朝距离甚远而疏远汉朝,根本没有报复匈奴的意愿。张骞从大月氏一直到大夏,竟然一直没有得到大月氏的明确答复。

留岁馀,还,并南山①,欲从羌中归②,复为匈奴所得。留岁馀，单于死，国内乱，骞与胡妻及堂邑父俱亡归汉。拜骞太中大夫[3]，堂邑父为奉使君[4]。

〔注释〕

①南山：山名，即今新疆南部昆仑山、阿尔金山与甘肃南界祁连山。

②羌：古族名，散居在甘肃、新疆南部、青海、西藏东北部和四川西部。汉初匈奴强大，羌人服属匈奴，部分迁居陇西郡狄道（今甘肃临洮）、安故（今甘肃临洮南）、临洮（今甘肃岷县）、氐道（今甘肃礼县西北）、羌道（今甘肃岷县南）。汉武帝为反击匈奴侵扰，开辟河西四郡，隔断羌匈联系，并设护羌校尉，总辖羌中事务。羌人畜牧业发达，农业也有一定发展，以畜产与汉人交换粮、布及手工业制品，与西域、西南夷也有贸易往来。

③太中大夫：官名，侍从皇帝左右，掌顾问应对，参谋议政，奉诏出使。

④奉使君：封号名，即奉命出使之君。

〔译文〕

张骞在大月氏停留了一年多，回来时，沿着南山行进，想从羌族的领地回到汉朝，却又被匈奴人抓住。在匈奴被扣留了一年多，单于去世了，匈奴国内一片混乱，张骞便与他的胡人妻子及堂邑父一起逃回汉朝。汉武帝授予张骞为太中大夫，堂邑父为奉使君。

骞为人强力[1]，宽大信人，蛮夷爱之[2]。堂邑父胡人，善射，穷急射禽兽给食[3]。初，骞行时百馀人，去十三岁[4]，唯二人得还。

〔注释〕

①强力：坚忍有毅力。

②蛮夷：古代对华夏中原民族以外各民族的泛称。

③给：供给。

④十三年：从建元三年至元朔三年(即前138—前126)。

〔译文〕

张骞坚忍有毅力，宽宏大量，诚信待人，少数民族人很敬爱他。堂邑父是胡人，擅长射箭，在穷困危急时能够射猎鸟兽当作食物供给。当年，随张骞出使的有一百余人，去了十三年，只有他和堂邑父两人回来。

骞身所至者，大宛、大月氏、大夏、康居，而传闻其旁大国五六，具为天子言其地形[1]，所有。语皆在《西域传》。

〔注释〕

①具：副词，全都。

〔译文〕

张骞所到的地方有大宛、大月氏、大夏、康居，而他听说在这些国家旁边还有五六个大国，他全都向汉武帝讲述了这些国家的地形和所出产之物。所说的内容都在《西域传》有记载。

骞曰："臣在大夏时，见邛竹杖、蜀布[①]，问安得此，大夏国人曰：'吾贾人往市之身毒国[②]。身毒国在大夏东南可数千里。其俗土著[③]，与大夏同，而卑湿暑热。其民乘象以战。其国临大水焉。'以骞度之，大夏去汉万二千里，居西南。今身毒又居大夏东南数千里，有蜀物，此其去蜀不远矣。今使大夏，从羌中，险，羌人恶之；少北，则为匈奴所得；从蜀，宜径[④]，又无寇。"天子既闻大宛及大夏、安息之属皆大国，多奇物，土著，颇与中国同俗，而兵弱，贵汉财物；其北则大月氏、康居之属，兵强，可以赂遗设利朝也。诚得而以义属之，则广地万里，重九译，致殊俗，威德遍于四海。天子欣欣以骞言为然。乃令因蜀犍为发间使[⑤]，四道并出：出駹[⑥]，出莋[⑦]，出徙[⑧]、邛[⑨]，出僰[⑩]，皆各行一二千里。其北方闭氐、莋[⑪]，南方闭嶲、昆明[⑫]。昆明之属无君长，善寇盗，辄杀略汉使[⑬]，终莫得通。然闻其西可千馀里，有乘象国，名滇越，而蜀贾间出物者或至焉，于是汉以求大夏道始通滇国。初，汉欲通西南夷[⑭]，费多，罢之。及骞言可以通大夏，乃复事西南夷。

〔注释〕

①邛(qióng)竹杖：邛竹制成的拐杖。《史记正义》云："邛都邛山出此竹，因名'邛竹'。节高实中，或寄生，可为杖。"邛竹，俗名"扶老竹"。邛：山名，邛山，在今四川西昌东南。一说为邛崃山，在今四川荥经西南。

②市:买。身毒国:印度河流域古国名。汉语对印度的最早译名,亦作"申毒""辛头""天竺"等,皆同音异译。其领域有时也包括印度河以东南亚次大陆。

③土著:有城郭可常居,不随畜牧迁徙。

④宜:应当。径:直道。

⑤蜀:郡名,治所在成都县(今四川成都市)。犍为:郡名,治所在僰道(今四川宜宾西南)。

⑥駹(máng):古族名,在今四川茂汶地区。

⑦莋(zuó):古族名,西夷的一支,分布在今四川汉源地区,从事农牧业,汉于其地置沈黎郡。

⑧徙:古族名,西夷的一支,分布在今四川雅安一带,汉于其地置徙县。

⑨邛(qióng):古族名,西夷的一支,分布在今四川西昌地区,从事农业,汉于其地置越巂郡。

⑩僰(bó):古族名,原为氐羌的一部分,是西南少数民族中经济文化水平最高和较先进的民族,也是滇国的主体民族。主要活动中心在滇池周围,湟水流域、岷江流域、四川雅安凉山地区、贵州西部地区和云南全省均有分布。

⑪氐(dī):古族名,原先分布在汉中以西、冉駹东北、洮岷以东、汧陇以南,即今陕西西南部、四川北部和甘肃南部地区。汉武帝时部分迁徙酒泉。

⑫巂(xī):古族名,西夷的一支,分布在今云南保山县以东,北至大理境内。昆明:古族名,分布在今云南保山东北至大理州一带。大理州以北永胜至四川盐源、盐边一带,自大理向东至滇池、曲靖,直至云南、四川、贵州三省连接地带,亦有昆明族分布。

⑬辄(zhé):总是,就。

⑭西南夷:即西夷和南夷。汉时对分布在今甘肃南部,四川西部和南

部,贵州西部、北部,云南和四川昌都地区诸少数民族的统称。主要有夜郎、滇、邛都、巂、昆明、徙、莋都、冉駹、白马等。

〔译文〕

张骞说:“我在大夏国时,见到邛山产的竹杖和蜀郡产的细布,问他们如何得到这些东西?大夏国的人说:‘是我国商人从身毒国买来的。身毒国在大夏的东南,大约有几千里。他们的风俗是常居于一地不随畜牧迁徙,和大夏相同,但地势低洼潮湿,酷暑炎热。那里的民众骑着大象打仗。他们的国家附近有丰富的水源。根据我的推测,大夏距离汉朝约有一万二千里,在汉朝的西南方向。现在身毒国又在大夏的东南几千里,有蜀郡的物产,这样看来距离蜀郡不远。如今出使大夏,如果从羌族的地区经过,存在风险,羌族人很厌恶汉朝;如果稍稍往北,则会被匈奴人俘获;如果从蜀地去身毒国应当是直道,又没有敌人的侵扰。”汉武帝听说大宛、大夏、安息等都是大国,有许多奇特的物产,又过着定居的生活,与汉朝的风俗很是相似,但是兵力衰弱,重视汉朝的财物;北方则是大月氏、康居等国,兵力强大,可以用赠送财物、给予好处的方法,诱使他们前来朝拜。如果真的能够通过道义使他们臣服,那么汉朝就能扩大疆土万余里,重视多种语言的翻译,招引多种风俗的人来,汉朝的威望德泽就可普及四海。汉武帝很高兴,认为张骞说的话很有道理。于是下令顺着蜀郡和犍为郡派遣相机而行的使者,分四路同时出发:分别出使駹族、莋族、徙族和邛族、僰族,都行走一二千里路程。北方的通道被氐族和莋族所阻挡,南方的通道被巂族和昆明族所阻挡。昆明的部族没有首领,擅长劫掠之事,总是杀害劫掠汉使,这条路最终没能通行。但是听说往西千余里的地方，有一个骑大象的国家，叫滇越，而蜀郡有的私自贩卖商品的人到过那里，于是汉朝开始为了寻求通往大夏的道路而与滇国往来。最初，汉朝想与西南夷往来，但是因费用太高而作罢。直到张骞说可以通过西南夷与大夏往来，这才重新与西南夷往来。

骞以校尉从大将军击匈奴①，知水草处，军得以不乏②，乃封骞为博望侯。是岁元朔六年也③。后二年，骞为卫尉④，与李广俱出右北平击匈奴⑤。匈奴围李将军，军失亡多，而骞后期当斩⑥，赎为庶人。是岁骠骑将军破匈奴西边，杀数万人，至祁连山⑦。其秋，浑邪王率众降汉⑧，而金城、河西并南山至盐泽⑨，空无匈奴。匈奴时有候者到⑩，而希矣。后二年，汉击走单于于幕北⑪。

〔注释〕

①校尉：官名，为统兵武官，略次于将军，高于都尉。

②乏：疲倦。

③元朔六年：即公元前123年。

④卫尉：官名，掌管宫门警卫。

⑤右北平：郡名，治所在平刚县（今辽宁凌源县西南）。

⑥后期：迟误期限。

⑦祁连山：山名，即今甘肃、青海交界祁连山脉。

⑧浑邪王：西汉诸侯，亦作“昆邪王”“混邪王”，原为匈奴诸王。汉武帝时他有数万兵，活动在今祁连山及河西走廊一带，常常侵犯汉朝边境。元狩二年（前121），汉朝派遣骠骑将军霍去病率数万骑兵出击匈奴，他多

次兵败。匈奴伊稚斜单于怨他作战无能,想要治罪于他,他就率兵数万降服于汉朝。

⑨金城:县名,治所在今甘肃兰州市西北黄河南岸。河西:地区名,在今甘肃、青海两省黄河以西,即今河西走廊与湟水流域。因在黄河之西而得名。盐泽:一名蒲昌海、泑泽、牢兰海、辅日海、临海,即今新疆罗布泊。

⑩候者:军中任侦察之兵士。

⑪幕北:一作漠北,泛指内蒙古高原大沙漠以北地区。

〔译文〕

张骞以校尉身份跟随大将军卫青出击匈奴,因为他知道当地的水草分布,军队才能不疲劳作战,于是张骞被封为博望侯。这年是汉武帝元朔六年。两年后,张骞被封为卫尉,与李广一起从右北平郡出兵抗击匈奴。匈奴包围了李广将军,汉军伤亡惨重,而张骞迟误了到达期限,应当处以斩刑,他用财物赎为平民。同年,骠骑将军霍去病在西边打败了匈奴,斩杀了数万敌人,一直杀到祁连山。秋天,浑邪王率军投降于汉朝。自此,从金城、河西,沿祁连山直至盐泽,没有了匈奴人。匈奴有时会派侦察兵前来,但是数量很少。又过了两年,汉朝打败了单于并将其赶到了漠北。

天子数问骞大夏之属。骞既失侯,因曰:"臣居匈奴中,闻乌孙王号昆莫①。昆莫父难兜靡本与大月氏俱在祁连、敦煌间,小国也。大月氏攻杀难兜靡,夺其地,人民亡走匈奴。子昆莫新生,傅父布就翎侯抱亡置草中②,为求食,还,见狼乳之,又乌衔肉翔其旁,以为神,遂持归匈奴，单于爱养之。及壮，以其父民众与昆莫，使将兵，数有功。时，月氏已为匈奴所破，西击塞王[③]。塞王南走远徙，月氏居其地。昆莫既健，自请单于报父怨，遂西攻破大月氏。大月氏复西走，徙大夏地。昆莫略其众[④]，因留居，兵稍强，会单于死[⑤]，不肯复朝事匈奴。匈奴遣兵击之，不胜，益以为神而远之[⑥]。今单于新困于汉[⑦]，而昆莫地空。蛮夷恋故地，又贪汉物，诚以此时厚赂乌孙，招以东居故地，汉遣公主为夫人，结昆弟，其势宜听，则是断匈奴右臂也。既连乌孙，自其西大夏之属皆可招来而为外臣。"天子以为然，拜骞为中郎将[⑧]，将三百人，马各二匹，牛羊以万数，赍金币帛直数千巨万[⑨]，多持节副使，道可便遣之旁国。骞既至乌孙，致赐谕指，未能得其决。语在《西域传》。骞即分遣副使使大宛、康居、月氏、大夏。乌孙发译道送骞，与乌孙使数十人，马数十匹，报谢，因令窥汉[⑩]，知其广大。

〔注释〕

①乌孙：古族名，最初在祁连山以东，敦煌以西。汉文帝后元三年（前161）左右西迁至今伊犁河和吉尔吉斯斯坦境内伊塞克湖一带，并建立乌孙国。昆莫：西汉时乌孙王，名猎骄靡。

②傅父：古代保育、辅导贵族子女的老年男子。布就：翎侯的别号。就像汉朝的右将军、左将军等。翎侯：乌孙大臣的官号。就像汉朝的将军。

③塞：古族名，古代中亚游牧部族。最初居住在伊犁河流域。月氏为

匈奴所破，西迁伊犁河流域，塞人就南移，其王族征服了罽宾，其他塞人分散在疏勒西北、休循、捐毒等地。

④略：通“掠”，掠夺，侵略。

⑤会：恰逢。

⑥益：更加。远：离。

⑦新：不久以前，刚刚。

⑧中郎将：官名，为郎中令的属官，职掌宫禁宿卫，随行护驾，协助郎中令考核选拔郎官及从官，也常常奉诏出使。

⑨赍(jī)：携带。

⑩因：副词，于是，因此就。

〔译文〕

汉武帝多次问张骞大夏国的事情。张骞已经失去侯爵之位，于是说：“我居住在匈奴时，听说乌孙王叫昆莫。昆莫的父亲难兜靡本来与大月氏都在祁连山、敦煌之间，他是个小国。大月氏进攻并杀害了难兜靡，夺取了他的领地，乌孙人民就逃亡投奔了匈奴。难兜靡的儿子昆莫那时刚出生，布就翎侯就像傅父一样抱着他逃亡，将他放在草丛中，去为他寻找食物，回来时，看见一条狼用奶喂他，又有乌鸦衔着肉在他旁边飞，他把昆莫当作神，就抱着昆莫归附匈奴，单于疼爱并养育他。等昆莫长大，单于把他父亲的民众还给他，派他率领军队，昆莫多次立功。此时，月氏已经被匈奴攻破，向西进攻塞王，塞王向南远远地迁走了，月氏人便居住在塞王的地区。昆莫的力量已经壮大，自己向单于请战以报父仇，于是向西进攻并击败了大月氏。大月氏人再次向西逃亡，迁徙到大夏的领地。昆莫掠夺了月氏民众，就留在了大月氏领地上，兵力逐渐强大起来，恰逢单于去世，便不肯再听从匈奴的指挥。匈奴派兵攻击他，没有战胜，更加认为昆莫是神而远离他。如今单于刚刚被汉朝打败，而昆莫原来的地方无人居住。蛮夷依恋着故土，又贪图汉朝的财物，如果此时真诚地用丰厚的财物贿赂乌孙，招引他们到东边的故土居住，汉朝派遣公主给乌孙王做夫人，双方结成亲密友爱的关系，根据当前的形势，乌孙一定会事事听从于汉，这样就斩断了匈奴的右臂。已经联合了乌孙，那么自乌孙以西的大夏等国就都可招来而成为您的外臣。"汉武帝认为张骞说得对，任命为中郎将，率领三百人，每人两匹马，数以万计的牛羊，以及携带着成千上万的黄金和锦帛。另有众多手持符节的汉使为张骞的副使，便于张骞在途中调遣。张骞已经到达乌孙，将汉武帝的旨意转达给乌孙王，但未能得到乌孙王与汉朝结盟的决断。具体内容在《西域传》有记载。张骞便派遣副使出使到大宛、康居、月氏、大夏。乌孙王派遣翻译和向导护送张骞，连同几十个乌孙国的使者，带着几十匹马，来到汉朝报谢天子，于是让他们察看汉朝，了解汉朝的广大。

骞还，拜为大行①。岁馀，骞卒。后岁馀，其所遣副使通大夏之属者皆颇与其人俱来，于是西北国始通于汉矣。然骞凿空②，诸后使往者皆称博望侯，以为质于外国③，外国由是信之。其后，乌孙竟与汉结婚。

〔注释〕

①大行：官名，大行令的省称。为大鸿胪的属官，协助大鸿胪掌管安排诸侯王、列侯入朝之迎送接待、朝会、封授等活动，百官朝会、少数民族

使节朝见的礼仪。

②凿空:凿通孔穴。这里指开辟通道。空,通“孔”,孔穴。

③质:信。

〔译文〕

张骞返回汉朝,被授予大行令。一年多后,张骞去世。又过了一年多,他所派遣去沟通大夏等国的副使都与这些国家的使者一起回来,于是西北各国开始与汉朝通行。由于是张骞开辟了与西域的通道,后来出使西域的使者都称博望侯,以此取得外国的信任,外国于是信任他们。后来,乌孙王最终与汉朝联姻。

初,天子发书《易》[①],曰“神马当以西北来”。得乌孙马好,名曰“天马”。及得宛汗血马,益壮,更名乌孙马曰“西极马”,宛马曰“天马”云。而汉始筑令居以西[②],初置酒泉郡[③],以通西北国。因益发使抵安息、奄蔡、犛靬、条支、身毒国[④]。而天子好宛马,使者相望于道,一辈大者数百,少者百馀人,所赍操[⑤],大放博望侯时[⑥]。其后益习而衰少焉。汉率一岁中使者多者十馀,少者五六辈,远者八九岁,近者数岁而反。

〔注释〕

①发:打开。

②令居:县名,治所在今甘肃永登县西北。

③酒泉郡:郡名,治所在今禄福(今甘肃酒泉市)。

④安息:中东古国名,即帕提亚帝国。公元前250年—前248年(或前

247）酋长阿萨息斯（Arsaces）兄弟起义，宣告独立。波斯史家多称安息国创建者为安息（Arsak），所以汉朝以其王名为国名。在密司立对提一世当政时期（前171—前138或前137）逐渐强盛，建立了东自大夏、身毒，南及波斯湾，西至两河流域，北达里海的大帝国。为古代“丝绸之路”必经之地。奄蔡：古西域族名，国名，一作“阖苏”“阿兰”，都是希腊、罗马文音译。约分布在今咸海、黑海北部草原，居民多从事游牧。犛（lí）靬：古西域国名，亦作“犁靬”“黎靬”“骊靬”，皆同音异字。其地历来众说纷纭，日本白鸟库吉、法国伯希和等人说为埃及亚历山大城，理由似较充分。张骞出使西域时由传闻得悉西方此国，其时亚历山大城为埃及托勒密王国都城，地处欧、亚、非交通枢纽，是地中海东部商业繁荣、文化发达之所。汉使是否抵达此地，未见明确记载。西汉中期以后，丝绸之路畅通，双方应当有所往来。中国习惯称之为大秦。条支：古西域国名，在今伊拉克境内。

⑤赍操：携带。

⑥放（fǎng）：依据。

〔译文〕

当初，汉武帝打开《易》进行卜筮，说：“神马应当从西北来。”得到了乌孙马认为很好，就命名为“天马”。又得到了大宛汗血马，更加健壮，将乌孙马更名为“西极马”，称大宛马为“天马”。汉朝开始从令居县以西筑塞，开始设置酒泉郡，为了通向西域各国。因此更加派遣使者到安息、奄蔡、犛靬、条支、身毒国。而汉武帝喜欢大宛马，出使西域的使者时常在途中相遇，一批人多的时候有几百，少的时候也有一百多，所携带的符节和货物，大多依据博望侯张骞时的规格。之后，对西域情况日益熟悉，使者的数量渐渐减少。一年中出使的使者多则十几批，少则五六批，道远的去八九年，路近的几年就可返回。

是时，汉既灭越，蜀所通西南夷皆震，请吏。置牂柯、越嶲、益州、沈黎、文山郡[①]，欲地接以前通大夏。乃遣使岁十馀辈，出此初郡，皆复闭昆明，为所杀，夺币物。于是汉发兵击昆明，斩首数万。后复遣使，竟不得通。语在《西南夷传》。

〔注释〕

①牂（zāng）柯：郡名，治所在故且兰县（今贵州凯里市西北）。越嶲（xī）：郡名，治所在邛都县（今四川西昌县东南）。益州：郡名，治所在滇池县（今云南晋宁县东北晋城镇）。沈黎：郡名，治所在筰都县（今四川汉源县东北）。文山郡：郡名，一作“汶山郡”，治所在汶江县（今四川茂县北）。

〔译文〕

这时，汉朝已灭亡了南越，与蜀郡相通的西南夷都很震惊，主动请求汉朝派遣官吏来。汉朝在西南夷开始设置了牂柯郡、越嶲郡、益州郡、沈黎郡、文山郡，希望用这种方式使得地界相通，以便前往大夏国。汉朝每年派遣使者十余批，从这些新设置的郡出发，但是他们都再次被昆明族阻塞，汉使被杀，金钱货物都被抢夺。于是汉朝发兵攻击昆明族，斩杀首级数万。后来又派遣使者，竟然还是不能通过。相关内容在《西南夷传》有记载。

自骞开外国道以尊贵，其吏士争上书言外国奇怪利害，求使。天子为其绝远，非人所乐，听其言，予节，募吏民无问所从来，为具备人众遣之，以广其道。来还不能无侵盗币物，及使失指，天子为其习之[①]，辄覆按致重罪[②]，以激怒令赎，复求使。使端无穷[③]，而轻犯法。其吏卒亦辄复盛推外国所有，言大者予节，言小者为副，故妄言无行之徒皆争相效。其使皆私县官赍物，欲贱市以私其利。外国亦厌汉使人人有言轻重，度汉兵远，不能至，而禁其食物，以苦汉使。汉使乏绝，责怨，至相攻击。楼兰、姑师小国[④]，当空道，攻劫汉使王恢等尤甚。而匈奴奇兵又时时遮击之[⑤]。使者争言外国利害，皆有城邑，兵弱易击。于是天子遣从票侯破奴将属国骑及郡兵数万以击胡[⑥]，胡皆去。明年，击破姑师，虏楼兰王。酒泉列亭鄣至玉门矣[⑦]。

〔注释〕

①习：对某事熟悉。

②辄：就。覆按：审察，查究。

③端：端由，缘由。

④楼兰：古西域国名。王治楼兰城（今新疆罗布泊西北楼兰故城）。辖境相当今新疆阿尔金山北麓及罗布泊、孔雀河下游地区。地处中西交通要道。汉初时顺从归属于匈奴。汉武帝初通西域时，楼兰攻劫汉使。元封三年（前108）被赵破奴所破。以后遂向汉与匈奴两面称臣。姑师：古西域国名，“车师”原名。王治交河城（故治在今新疆吐鲁番西北雅尔湖村西交河故城），辖境相当今新疆乌鲁木齐、昌吉、吐鲁番、哈密等地区。

⑤遮:遏止。

⑥破奴:即赵破奴,西汉将领。曾逃亡匈奴,不久归汉。元狩二年(前121),跟从霍去病北击匈奴,俘获二王,被封为从票侯。元鼎五年(前112)坐酎金免侯。元封三年(前108),任匈河将军出击楼兰,复封为浞野侯。

⑦亭鄣:古代设置在边疆险要之处以供防守的堡垒。“鄣”也作“障”。玉门:古关名,即玉门关,在今甘肃敦煌西北小方盘城。

〔译文〕

自从张骞开辟了通往西域的道路而获得尊贵的地位,官府属吏争着向天子上书讲述外国稀奇物产以及通使的利害关系,请求出使。汉武帝因为西域偏僻遥远,并非人人愿意去,便同意了他们的请求,赐予出使的符节,不问出身地招募官吏和民众,为这些人准备好物资派遣出去,用来拓宽出使的道路。这些人往来时,不可避免有侵吞和盗窃来的财物,以及违背汉武帝旨意的事情,汉武帝因为他们对西域熟悉,就审查他们致以重罪,来激怒他们赎罪,再次请求出使。出使西域的缘由无穷无尽,而且轻易地触犯法律。那些吏卒也就再次力推外国的物产,说得夸张程度大的被赐予符节,夸张程度小的被封为副使,因此导致说胡话无德行的人都争相效仿。这些使者都想要将朝廷赐给西域各国的财物据为私有,企图用便宜的价格交易从中私吞钱财。外国人也厌恶汉朝使者所说的话轻重不实,又推测汉军距离遥远不能到达,便断绝了汉使的食物,让他们受苦。汉使困乏绝望,责怪抱怨,以致相互攻击。楼兰、姑师等小国,正当交通要道,攻击劫掠汉使者王恢等更加严重,并且匈奴骑兵更是时时遏止并攻击汉使。使者们争相言明这些国家对汉朝的利害关系,他们都有城邑，军队羸弱容易攻击。于是汉武帝派遣从票侯赵破奴率领各属国骑兵以及各郡兵数万人，去攻击匈奴，匈奴兵都逃走了。第二年，赵破奴击败了姑师，俘获了楼兰王。汉朝从酒泉郡开始设置用以防守的堡垒，直到玉门关。

而大宛诸国发使随汉使来，观汉广大，以大鸟卵及犛靬眩人献于汉①，天子大说②。而汉使穷河源，其山多玉石，采来，天子案古图书③，名河所出山曰昆仑云。

〔注释〕

①大鸟卵：指鸵鸟蛋。鸵鸟卵很大，重达二斤。眩（huàn）人：西汉时来自安息国玩魔术的艺人。能表演吞刀、吐火、植瓜、种树、屠人、截马等惊险节目。也作“眩者”。眩通“幻”。

②说（yuè）：同“悦”，高兴，愉快。

③案：依照，按照。

〔译文〕

大宛等国派遣使者跟随汉使来到汉朝，以观摩汉朝的广大。他们向汉朝献上鸵鸟蛋和犛靬会玩魔术的艺人，汉武帝非常高兴。而汉使走到了黄河的源头，那里的山上盛产玉石，汉使采取运回来，汉武帝依照古代疆域版图的书籍，将黄河源头出产玉石的山命名为昆仑山。

是时，上方数巡狩海上①，乃悉从外国客，大都多人则过之，散财帛赏赐，厚具饶给之，以览视汉富厚焉。大角氐[②]，出奇戏诸怪物，多聚观者，行赏赐，酒池肉林，令外国客遍观各仓库府臧之积，欲以见汉广大[③]，倾骇之[④]。及加其眩者之工，而角氐奇戏岁增变，其益兴，自此始。而外国使更来更去。大宛以西皆自恃远，尚骄恣，未可诎以礼羁縻而使也[⑤]。

〔注释〕

①方：正好，正当。

②大角氐：古代一种技艺表演。传说起源于战国，类似现代的“摔跤”。汉时亦泛称各种乐舞杂技为角氐、角抵或大角氐、大角抵。

③见（xiàn）：同“现”，显现。

④倾：倾倒，佩服。骇：惊诧。

⑤诎（qū）：屈服，折服。羁縻（mí）：笼络，怀柔。

〔译文〕

当时，汉武帝正好多次到海边巡察，跟从的竟都是外国客人，遇到大城市且人多的地方就从那里通过，散发财物布帛以作赏赐，准备丰厚的礼物送给他们，来展示汉朝雄厚的物质财富。表演大角抵、奇戏等新奇的事情，聚集了很多围观者，大行赏赐，赐予许多酒肉，使得外国客人全面地参观汉朝各仓库府藏的储备，想要以此显现汉朝的广大，使他们对汉朝既佩服又惊诧。至于加强眩者的技艺，角抵、奇戏每年都增加变化，它们更加兴盛，就是从这时开始的。而且外国使者不断地交替往来，前后不绝。大宛国以西的国家都自依仗着距离汉朝遥远，还是骄傲放纵，汉朝没能用礼义笼络他们而派来使者。

汉使往既多，其少从率进孰于天子[1]，言大宛有善马在贰师城[2]，匿不肯示汉使。天子既好宛马，闻之甘心，使壮士车令等持千金及金马以请宛王贰师城善马。宛国饶汉物，相与谋曰："汉去我远，而盐水中数有败[3]，出其北有胡寇，出其南乏水草，又且往往而绝邑，乏食者多。汉使数百人为辈来，常乏食，死者过半，是安能致大军乎？且贰师马，宛宝马也。"遂不肯予汉使。汉使怒，妄言，椎金马而去[4]。宛中贵人怒曰："汉使至轻我！"遣汉使去，令其东边郁成王遮攻[5]，杀汉使，取其财物。天子大怒。诸尝使宛姚定汉等言。"宛兵弱，诚以汉兵不过三千人，强弩射之，即破宛矣。"天子以尝使浞野侯攻楼兰，以七百骑先至，虏其王，以定汉等言为然，而欲侯宠姬李氏[6]，乃以李广利为将军，伐宛。

〔注释〕

①少从：出国使者的随从，多为少年。进孰：进虚美之言。

②贰师城：古城名，本为大宛的属地，在今吉尔吉斯斯坦南部马尔哈马特。

③盐水：服虔曰："水名，道从水中行。"颜师古曰："沙碛之中不生水草，水又咸苦，即今敦煌西北恶碛者也。"

④椎(chuí)：椎击，椎破。

⑤遮：遏止，拦住。

⑥李氏：为西汉武帝宠妃李夫人，李广利之妹。本为乐娼，其兄李延

年善歌舞，武帝很喜爱，她才得以召入为姬，因为妙丽善舞，颇受宠幸。

〔译文〕

汉朝出使西域的人很多，那些出国使者的少年随从多向汉武帝进虚美之言，说大宛国的贰师城有好马，藏起来不肯让汉使看。汉武帝又喜欢宛马，听到后很开心，就派遣壮士车令等带着千金和金马去请求换取大宛王贰师城的好马。大宛国有许多汉朝的财物，所以不贪恋千金和金马。他们互相谋划说：“汉朝距离我们遥远，而从盐水经过总有人死亡，它的北面有匈奴的寇掠，它的南面缺乏水草，再加上沿途没有可以居住的城邑，缺乏食物的情况多有发生。几百人一批结队前来，常常缺乏食物，一半人死去，像这样汉朝的大军怎么能到来呢？并且贰师马是大宛的宝马啊。”于是就不肯给汉使贰师马。汉使很气愤，谩骂一番，椎破金制的马匹而离开了。大宛国中的贵臣们生气地说：“汉使太轻视我们了！”打发汉使离开大宛国后，下令东边的郁成王拦住并攻打他们，杀害汉使，夺取他们的财物。汉武帝十分愤怒。曾经出使到大宛的姚定汉等人说：“大宛兵力弱，只需约三千汉军，用强弓劲弩射击他们，就可以攻破大宛。”汉武帝因为曾经派遣浞野侯赵破奴攻打楼兰，用七百骑兵先到达楼兰，掳获了楼兰王，就认为姚定汉等人说得有道理，同时想封宠姬李夫人的兄弟为侯，就任李广利为将军，去讨伐大宛。

蹇孙猛[①]，字子游，有俊才，元帝时为光禄大夫[②]，使匈奴，给事中[③]，为石显所谮[④]，自杀。

〔注释〕

①猛：张猛，西汉官吏。为儒者周堪的门生。他疾恶如仇，刚直不阿，引起宦官石显及外戚的不满，屡用屡贬。永光四年（前40），被石显所谮，自杀而亡。

②光禄大夫：官名，掌议论，在诸大夫中地位最尊，实为皇帝高级参谋。

③给事中：官名，为加官，大夫、博士、议郎、御史大夫、三公、将军、九卿等亦有加者。凡是加此官者，常侍从皇帝左右，备顾问应对，每日上朝谒见，负责实际政务，为中朝要职，多以名儒国亲充任。

④石显：西汉元帝时奸臣。他担任中书令的官职，受到元帝的宠信，元帝生病时，政事无论大小都由他决定，扰乱了朝政。萧望之等人因上书其专权邪僻而被迫害。汉成帝即位后，石显逐渐失权，被人弹劾免官，病死在回乡的路上。谮（zèn）：诬陷，说人坏话。

〔译文〕

张骞的孙子张猛，字子游，颇有才能，汉元帝时被封为光禄大夫，出使匈奴后，被封为给事中，被石显诬陷而自杀。

郭解传

〔题解〕

本篇选自《汉书·游侠传》,记述了西汉武帝时期郭解的事迹。他年少时为人静悍阴贼,窝藏亡命之徒,作奸抢掠,铸钱掘冢,杀了很多人,却屡次逃脱公法的制裁;等到年长时却以德报怨,主事公正,宽以待人,低调不居功,其行为被很多人仰慕。武帝迁徙天下豪强于茂陵时,郭解家本不在迁徙之列,但武帝因他仅一介布衣却影响到使将军卫青为他说话的地步,得以迁徙,关中贤豪也争相与其交好。而后因为他的侄子和门客杀害诋毁者,御史大夫公孙弘认为他"任侠行权,以睚眦杀人,解不知,此罪甚于解知杀之";被诛灭全族。

《史记》与《汉书》皆为游侠作传,司马迁对布衣之侠的品德给予肯定,班固却对郭解之类"以匹夫之细,窃杀生之权"的行为进行批判,他还认为游侠的"温良泛爱,振穷周急,谦退不伐",其实是"惜乎不入于道德,苟放纵于末流,杀身亡宗,非不幸也"。班固从维护大一统集权专制的历史视角来看待此问题,以此消解人们对于游侠的尊崇与效仿。

郭解，河内轵人也[①]，温善相人许负外孙也[②]。解父任侠[③]，孝文时诛死。解为人静悍[④]，不饮酒。少时阴贼感概[⑤]，不快意[⑥]，所杀甚众。以躯耤友报仇[⑦]，臧命作奸剽攻[⑧]，休乃铸钱掘冢，不可胜数。适有天幸[⑨]，窘急常得脱，若遇赦。

〔注释〕

①河内：郡名，治所在怀县（今河南武陟县西南）。轵（zhǐ）：县名，治所在今河南济源市南轵城镇。

②温：县名，治所在今河南温县西南。相人：观察人的体貌以推断其吉凶祸福。许负：西汉初著名相士。汉朝建立后，刘邦曾封他为鸣雌亭侯。文帝时，又曾为周亚夫看相。

③任侠：与人交往讲信用，遇到不平之事行侠仗义。

④静悍：沉静而勇悍。

⑤阴贼：阴狠残忍。感概：情感愤激有节概。

⑥快意：称心。

⑦耤：同“藉”，借助。

⑧臧命：窝藏亡命之人。作奸：做坏事，做违法之事。剽（piào）：抢劫。

⑨适：副词。正巧，恰好。

〔译文〕

郭解，河内郡轵县人，是温县著名相士许负的外孙。郭解的父亲是一个与人交往讲信用，遇到不平之事行侠仗义的人，孝文帝时被诛杀而死。郭解这个人性格沉静而勇悍，不爱饮酒。他年少时阴狠残忍,情感愤激,一不称心,就动武杀人,被他杀死的人很多。他以自己的力量帮助朋友报仇,窝藏亡命之人,做违法之事,抢劫掠夺他人财物,闲暇之余就铸造假钱、挖掘坟墓,这样的劣行很多。恰好有上天保佑,他在困窘时常能解脱,好像遇上大赦一样。

及解年长,更折节为俭,以德报怨,厚施而薄望。然其自喜为侠益甚。既已振人之命,不矜其功,其阴贼著于心本发于睚眦如故云[①]。而少年慕其行,亦辄为报仇,不使知也。

〔注释〕

①睚:眼眶。眦(zì):眼角。

〔译文〕

等到郭解年纪渐长,就改变平时的行为而节俭,以仁德回报怨恨,乐善好施又淡泊名利。然而他喜爱当侠士的想法却越来越强烈。虽然已经做了一些救济他人之命、不为功名的事情,但其阴狠残忍的本心显现在眉宇之间,还像以前那样。而少年仰慕他的品行,也总是为他报仇,还不让他知道。

解姊子负解之势[①],与人饮,使之釂[②],非其任,强灌之。人怒,刺杀解姊子,亡去。解姊怒曰:"以翁伯时人杀吾子[③],贼不得!"弃其尸道旁,弗葬,欲以辱解。解使人微知贼处[④]。贼窘自归,具以实告解。解曰:“公杀之当,吾儿不直。”遂去其贼[⑤],罪其姊子,收而葬之。诸公闻之,皆多解之义[⑥],益附焉。

〔注释〕

①负:仗着,依靠。

②釂(jiào):饮酒干杯。

③翁伯:郭解的字。

④微:暗中察访。

⑤去:除去其罪。

⑥多:推重,赞扬。

〔译文〕

郭解姐姐的儿子仗着郭解的势力霸道凌人,一次与别人喝酒,让人干杯,那人不能承受,他就强行灌那人酒。被灌酒的人十分愤怒,刺杀了郭解姐姐的儿子逃亡而去。郭解姐姐发怒说道:“因为郭解有人杀了我的儿子,贼人却逃跑了!”于是郭解姐姐把其子的尸体弃置路边,没有埋葬,想以此羞辱郭解。郭解派人暗中察访贼人的去处。杀人者困窘不得已找到郭解,把所发生的情况都如实告诉他。郭解说:“你杀得对,是我家孩子自身行为不正。”于是放他走了,归罪于姐姐的儿子,将尸体收殓埋葬。众人听到这件事,都赞扬郭解的仁义,附从他的人就更多了。

解出,人皆避,有一人独箕踞视之[①]。解问其姓名,客欲杀之。解曰:"居邑屋不见敬②,是吾德不脩也③,彼何罪!"乃阴请尉史曰④:"是人吾所重,至践更时脱之⑤。"每至直更,数过,吏弗求。怪之,问其故,解使脱之。箕踞者乃肉袒谢罪。少年闻之,愈益慕解之行。

〔注释〕

①箕踞(jījù):即随意张开两腿坐着,形似簸箕。一种轻慢、不拘礼节的坐姿。

②邑屋:邑里的房舍,这里指乡里。

③脩:同"修",修养。

④尉史:官名,县尉的属吏。

⑤践更:汉代一种徭役和代役钱的名称。按照汉制,男年二十三至五十六,每人一生中除服两年兵役外,每年还要在本郡县为官府轮流更替服役一个月,叫作"更卒"或"卒更";不服役者,出钱二千雇人代役,叫作"践更"。实际上,不论自行服役或雇人代役,都可以称之为践更。践更就是履行更役的意思。脱:免。

〔译文〕

一次郭解外出,人们都躲避他,只有一个人很不礼貌地随意张开两腿坐着。郭解问他的姓名,门客想要杀了那个人。郭解说:"在乡里得不到人们的敬重,是我没有修养好德行,那个人又有什么罪呢!"于是私下请求尉史说:"这个人是我所敬重的,到他履行更役时请放过他。"每到那人履行更役时,多次前去,管事的官吏都没有要求他服役。他感觉奇怪,于是询问其中的缘故,原来是郭解使人免除的。箕踞者袒露胸背向郭解谢罪致歉。少年们听闻这件事,越来越多的人更加仰慕郭解的品行。

洛阳人有相仇者,邑中贤豪居间以十数[①],终不听。客乃见解。解夜见仇家,仇家曲听。解谓仇家:“吾闻洛阳诸公在间,多不听。今子幸而听解,解奈何从它县夺人邑贤大夫权乎!”乃夜去,不使人知,曰:“且毋庸[②],待我去,令洛阳豪居间乃听。”

〔注释〕

①居间:指处于两方之间进行调解、说合。

②庸:用。

〔译文〕

洛阳人有相互结仇的人,城邑中的贤士豪杰进行调解的人有十几位,那人始终不听劝说。有宾客便去拜见郭解。郭解晚上去见结仇的人家,那人委曲心意听从了劝说。郭解对那人说:“我听说洛阳很多人从中调解,你多数不听。现在你意外地听从我的话,我郭解又怎能用其他地方人的身份来夺取本地贤大夫的权威呢!”于是他晚上离去,不让任何人知道,并且说:“这次暂且不要和解,等我离去,让洛阳的贤士豪杰进行调解时再听从他们的劝说。”

解为人短小,恭俭,出未尝有骑,不敢乘车入其县庭[①]。之旁郡国,为人请求事,事可出,出之;不可者,各令厌其意[2]，然后乃敢尝酒食。诸公以此严重之[3]，争为用。邑中少年及旁近县豪夜半过门，常十馀车，请得解客舍养之。

〔注释〕

①县庭：古称县官行使政令的处所。

②厌：满足。

③严重：敬重。

〔译文〕

郭解其人身材矮小，恭谦俭约，外出时从没有随从的车骑，也不敢乘车进入县庭。到了邻近的郡国，为人请求办事，事情可以办成的，一定办成；不能办成的，尽量满足每个人的意愿，然后才敢品尝别人给的酒食。众人因为这样而敬重他，争相为他所用。县邑中的少年们和邻近县的贤士豪杰半夜登门拜访郭解，经常有十余辆马车停在他门前，请求供养郭解。

及徙豪茂陵也[1]，解贫，不中訾[2]。吏恐，不敢不徙。卫将军为言"郭解家贫，不中徙"。上曰："解布衣，权至使将军，此其家不贫！"解徙，诸公送者出千馀万。轵人杨季主子为县掾[3]，鬲之[4]，解兄子断杨掾头。解入关，关中贤豪知与不知，闻声争交欢。邑人又杀杨季主，季主家上书人又杀阙下[5]。上闻，乃下吏捕解。解亡，置其母家室夏阳[6]，身至临晋[7]。临晋籍少翁素不知解，因出关。籍少翁已出解,解传太原[8],所过辄告主人处。吏逐迹至籍少翁,少翁自杀,口绝。久之得解,穷治所犯为,而解所杀,皆在赦前。

〔注释〕

①徙豪茂陵:迁徙天下豪杰到茂陵。不仅充实茂陵邑,还抑制天下豪强。茂陵:县名,治所在今陕西兴平市东北。因为汉武帝刘彻建茂陵,才设置此县。

②不中訾:钱财没有达到迁徙的规定。当时规定家资三百万以上者可迁至茂陵。訾(zī):钱财。

③掾(yuàn):原意为佐助,后为属官的通称。

④鬲:阻隔。

⑤阙:宫廷。

⑥夏阳:县名,治所在今陕西韩城市南。

⑦临晋:县名,治所在今陕西大荔县东南朝邑镇西南。

⑧传:转移。太原:郡名,治所在晋阳县(今山西太原市西南古城营西古城)。

〔译文〕

到了汉武帝迁徙天下豪杰到茂陵时,郭解因贫穷,钱财没有达到迁徙的规定。而相关官吏害怕,不敢不让他迁徙。卫青将军替他说:“郭解家贫,不在迁徙的范围内。”皇上说:“郭解只是一介平民,影响范围到了使将军说话的地步,这就说明他家不贫穷!”郭解迁徙时,送行的人赠予他千余万财物。轵县人杨季主的儿子为县里的属官,阻隔了送行的人,郭解哥哥的儿子竟砍了杨属官的头。郭解入关后,关中的贤士豪客不论是认识的还是不认识的，听到这个消息都争相与他结交并取得他的欢心。乡里人又杀了杨季主，杨季主家向皇上上书的人又被杀死在宫门之外。皇上听闻后，就派吏员逮捕郭解。郭解听闻后逃亡了，安置他老母亲与家眷到夏阳县，自己只身去了临晋县。临晋县籍少翁向来不认识郭解，因此郭解得以出关。籍少翁已经放郭解出关，郭解又转移到太原郡，每经过一个地方，郭解就把这件事告诉那里的主人。捕吏追踪到籍少翁，籍少翁自杀而死，线索便断绝了。很久以后逮捕到郭解，彻底查办他所犯的罪行，而郭解的杀人罪行，却都发生在大赦之前，所以无法判处。

轵有儒生侍使者坐，客誉郭解，生曰："解专以奸犯公法，何谓贤？"解客闻之，杀此生，断舌。吏以责解，解实不知杀者，杀者亦竟莫知为谁。吏奏解无罪。御史大夫公孙弘议曰①："解布衣为任侠行权，以睚眦杀人，解不知，此罪甚于解知杀之。当大逆无道②。"遂族解。

〔注释〕

①御史大夫：官名，辅佐丞相处理天下政务，为全国最高监察、执法长官。

②大逆无道：又作"大逆不道"。罪名。《宣帝纪》："大逆不道，要斩。"

〔译文〕

轵县有一个儒生陪着使者坐在旁边，众人都赞誉郭解，儒生却说："郭解专门作奸盗之事触犯法律，又怎么能说他是贤人呢?”郭解的门客听到这番话,就杀了这个儒生,并割断他的舌头。官吏以此要责罚郭解,但郭解确实不知道杀人者是谁,也始终没有查出来杀人者是谁。官吏就上奏说郭解无罪。御史大夫公孙弘议论道:“郭解本为一介平民,却为任侠之士,滥用权力,因为小事而杀人,郭解自己不知道,这罪行已超过郭解知道杀人者的罪行。应当判处大逆不道罪名。”于是皇上下令诛灭郭解全族。

自是之后,侠者极众,而无足数者①。然关中长安樊中子②,槐里赵王孙③,长陵高公子④,西河郭翁中⑤,太原鲁翁孺,临淮兒长卿⑥,东阳陈君孺⑦,虽为侠而恂恂有退让君子之风⑧。至若北道姚氏,西道诸杜,南道仇景,东道佗羽公子⑨,南阳赵调之徒⑩,盗跖而居民间者耳⑪,曷足道哉!此乃乡者朱家所羞也⑫。

〔注释〕

①足:值得,够得上。

②长安:县名,治所在今陕西西安市西北。

③槐里:县名,治所在今陕西兴平市东南南佐村。

④长陵:县名,治所在今陕西咸阳市东北。

⑤西河:郡名,治所在平定县(今陕西府谷县西北)。

⑥临淮:郡名,治所在徐县(今江苏泗洪县南大徐台子)。

⑦东阳:县名,治所在今山东武城县东北。

⑧恂恂:温顺恭谨。

⑨北道、西道、南道、东道:古道路名,京师长安通往四方的道路。佗

(tuó)羽公子：西汉游侠。姓佗，名羽，字公子。

⑩南阳：郡名，治所在宛县(今河南南阳市)。

⑪盗跖(zhí)：春秋战国之际人。一说为秦国大盗。据说他率领九千人，横行天下，后转战北方各地，名声如日月。

⑫朱家：人名，汉高祖时，以任侠闻名。常藏匿救助豪士，赈济贫贱，且衣食节俭，名震关东。

〔译文〕

自此以后，各地的侠士很多，却没有值得说的。然而关中长安县的樊中子，槐里县的赵王孙，长陵县的高公子，西河郡的郭翁中，太原的鲁翁孺，临淮郡的兒长卿，东阳县的陈君孺等，他们虽然为侠士却有温顺恭谨、谦逊礼让的君子风范。至于北道的姚氏，西道的诸位杜氏，南道的仇景，东道的佗羽公子，南阳郡的赵调等人，都是像盗跖一样混迹在民间的人，怎么值得称道呢！这是从前的游侠朱家也感到羞耻的事情。